Konzepte der Humanwissenschaften

Ingeborg Wagner

Aufmerksamkeitstraining mit impulsiven Kindern

Ernst Klett Verlag
Stuttgart

CIP-Kurztitelaufnahme der Deutschen Bibliothek

Wagner, Ingeborg
Aufmerksamkeitstraining mit impulsiven Kindern.
(Konzepte der Humanwissenschaften)
ISBN 3-12-928530-X

1. Auflage 1976

Einbandgestaltung und Typographie: Heinz Edelmann
Satz und Druck: Druckerei Ludwig Auer, Donauwörth

Inhalt

Vorwort

In diesem Buch werden u. a. Forschungsergebnisse der „Forschungsgruppe Förderung kognitiver Prozesse" berichtet, die seit 1969 am Psychologischen Institut der Ruhr-Universität Bochum besteht. Hauptthema der Gruppe war das Problem der „kognitiven Impulsivität und Reflexivität". Die Gruppenmitglieder waren Studenten der Psychologie, die unter Anleitung ihre Diplom-Arbeiten angefertigt haben. Ich bin den Teilnehmern der Forschungsgruppe zu großem Dank verpflichtet: Viele Gedanken, die in diesem Buch vorgetragen werden, sind aus den intensiven Diskussionen der Gruppe hervorgegangen. Bei der Planung der psychologischen Untersuchungen waren auch Diskussionen mit den Kollegen der „Arbeitseinheit Kognitive Psychologie" sehr hilfreich.

Ihre Diplom-Arbeiten haben in der Forschungsgruppe oder im Kontakt mit ihr die folgenden Kollegen angefertigt:

Anja Boulboullé, Birgit Brandt, Gerhard Brinks, Vera Bümlein-Lees, Michael Büttner, Elmar Cimiotti, Mechthild Dietrich-Hossbach, Renate Dringenberg, Ingeborg Düring, Siegfried Essen, Else Giott, Karl-Heinz Grimm, Ulla Haar, Peter Kipkeew, Ilse Köster, Sieglinde Kohl, Marlies Pottschull, Maria Weigmann.

Meinem Lehrer, Herrn Prof. Dr. Dr. h. c. Wolfgang Metzger, Universität Münster, danke ich für eine kritische Durchsicht des Manuskripts.

Ingeborg Wagner

1

Einleitung und Problemstellung

Alltägliche Erfahrungen

„Im Ansatz richtig, aber leider Rechenfehler." Wer hätte eine solche Notiz nicht in der Schule gelegentlich unter seinen Arbeiten gefunden? Und die Fehler waren dann meist von der banalsten Art. „Zu viele Flüchtigkeitsfehler". „Schriftlich vier, mündlich besser". Wer erinnert sich nicht an zahllose Ermahnungen: „Wo hast du nur deine Gedanken mal wieder gehabt? – Konzentrier dich doch mal etwas besser. – Du mußt gucken, was du tust. – Sei doch nicht so baselig. – Immer alles nochmal durchlesen, bevor du es abgibst." Dabei waren wir uns nie so recht einer Schuld bewußt, nur belästigt haben wir uns gefühlt, und es blieb auch alles beim alten. Oder mochten sie sich auch die rührendste Mühe geben – einige waren immer die „Schussel". Gegen die Ermahnungen stumpften wir ab, und wer hätte uns schon gesagt, was wir *genau tun* sollten, um die „Flüchtigkeitsfehler" auszumerzen?

Elternklagen

Ein Brief aus der Kummerecke der „Brigitte" (1974) illustriert übliche Elternfragen:
„Er kann sich nicht konzentrieren.
Was kann ich mit einem Jungen anstellen, der nicht in der Lage ist, sich zu konzentrieren? Er ist zwölf Jahre alt und im zweiten Jahr auf dem Gymnasium. Gibt es Bücher, die Anleitungen geben, wie man es als Kind erlernen kann, sich einer Aufgabe konsequent zu widmen? Ich brauche bald Ihren Rat, weil seine schulischen Leistungen immer schlechter werden und er unter seinen Mißerfolgen leidet."
„Sie beschreiben meine Tochter" oder „Wie bei unserem Sohn" – so sagen Eltern, wenn wir gelegentlich von unseren Forschungen über impulsive Kinder zu sprechen anfangen, und fragen dann sofort: „Was kann man da tun?"
Alte Jahresberichte einer Erziehungsberatungsstelle (Münster 1960–62) weisen aus, daß durchschnittlich 25–40% aller dort untersuchten Kinder schon damals u. a. wegen „Konzentrationsstörungen" vorgestellt wurden; bei 25% wurde zusätzlich über „allgemeine motorische Unruhe" geklagt,

und 40–50% kamen wegen Schulversagens. Die Häufigkeit von Konzentrationsstörungen wird heute sogar noch viel höher eingeschätzt (Bochum ca. 70 %, desgl. 67% KLEBER & SCHWARZER 1973).

Lehrerprobleme

„Was kann man aber tun?“, das fragten erst recht die Lehrer, wenn wir sie baten, die „impulsiven“ und zum Vergleich die besonders bedächtigen, reflektierenden Kinder ihrer Klassen mit psychologischen Tests untersuchen zu dürfen. Klagen über Aufmerksamkeitsstörungen und Konzentrationsschwierigkeiten begleiteten uns überall in den Schulen. Und uns begleitete daneben das Eingeständnis der Lehrer, sich für eine Abhilfe wenig kompetent zu fühlen. Große Hoffnungen, vielleicht zu große, pflegten unsere Ankündigungen zu erwecken, daß wir versuchen wollten, „impulsiven“ Kindern durch systematisches Üben zu besserer Aufmerksamkeitshaltung zu verhelfen.
Offenbar haben wir an ein sehr vitales Problem gerührt, das viele beschäftigt, das mit vielen alltäglichen Sorgen zusammenhängt, das lebhafte Emotionen erwecken kann und für das nur unbefriedigende Lösungsmöglichkeiten bekannt sind.

Kann der Arzt helfen?

Viele Kinder bekommen wohl Beruhigungsmittel, damit sie sich besser konzentrieren sollen. Unter den Indikationen eines beliebigen harmlosen Nervenberuhigungsmittels fanden wir z. B.: „Konzentrationsschwäche. Bei nervösen Kindern, auch vor Klassenarbeiten“.
Medikamente können in seltenen krankhaften Fällen zur Beseitigung der Ursachen einer übergroßen Nervosität beitragen, sie können auch evtl. das systematische Erlernen konzentrierten Arbeitens unterstützen, aber es muß pädagogisch mehr befriedigen, das Individuum von äußeren Faktoren letztlich unabhängig zu machen und seine innere Selbststeuerung zu erhöhen. Dazu aber helfen keine Pillen, dazu ist mitmenschliche Bemühung erforderlich. Wie kann man die Selbststeuerung eines konzentrierten Arbeitens fördern?

Was sagen Psychologen?

Von Pädagogen und Psychologen kann man mit Recht eine Antwort erwarten. Sehen wir uns ein Beispiel an, die Antwort auf den zitierten Elternbrief:

„Konzentrationsschwierigkeiten können vielerlei Ursachen haben. Ich will Ihnen einige nennen: 1. Das Kind hat kein Interesse an dem, was es lernen soll. Wenn das der Fall ist, müßten Sie es allerdings daran merken, daß Ihr Sohn sich bei Sachen, die ihm Spaß machen, wohl konzentrieren kann. 2. Das Kind ist überreizt und nervös. 3. Das Kind hat über eine lange Zeit hinweg gelernt, allen Anstrengungen auszuweichen, und versucht, weiterhin nur das zu tun, was keine Mühe macht. 4. Das Kind ist nicht für das Gymnasium begabt und wird daher überfordert.
Das sind nur einige der möglichen Ursachen für Konzentrationsschwäche. Was für Ihren Sohn zutrifft, kann ich nicht beurteilen. Wenn Sie den Eindruck haben, daß Punkt 1 zutrifft, sollten Sie versuchen, das Interesse des Jungen an den Schulfächern dadurch zu wecken, daß Sie ihn durch Gespräche, Bücher, Bilder über das jeweilige Fach anregen. Sie sollten sich dafür viel Zeit nehmen. Punkt 2: Wenn der Junge nervös ist, würde ich mit ihm zum Arzt gehen. Punkt 3: Sehr wahrscheinlich erscheint mir, daß die Konzentrationsschwäche das Ergebnis einer verwöhnenden Erziehung ist. In diesem Fall müßten Sie den Jungen ganz konsequent dazu anhalten, sich anzustrengen zu lernen. Wie macht man das? Am besten nach der Schritt-für-Schritt-Methode. Regelmäßig Tag für Tag müssen Sie über eine längere Zeit hinweg mit dem Jungen üben. Beginnen Sie mit ganz kleinen Arbeitsabschnitten und Aufgaben, die dem Kind liegen. Fünf Minuten Arbeitszeit sind für den Anfang genug. Hält Ihr Sohn eine Übung durch, müssen Sie ihn „belohnen". Sei es mit Worten, oder indem Sie ihm Punkte geben. Für eine bestimmte Anzahl Punkte bekommt er dann eine Belohnung. Allmählich können Sie den Umfang der Arbeit immer mehr steigern, so daß Sie im Laufe eines halben Jahres auf eine Stunde Übungszeit kommen. Dabei sollten Sie mehr und mehr die Aufgaben, die er mag, mit solchen mischen, die ihm zuwider sind. Vergessen Sie nicht, jedes Durchhalten prompt zu belohnen. Versagt der Junge dagegen, sollten Sie das nur nebenbei oder – besser noch – überhaupt nicht bemerken. Und verlieren Sie die Geduld nicht. Erfolge kommen nur langsam, aber sie kommen!
Punkt 4: Ob sich Ihr Sohn für das Gymnasium eignet, können Sie durch einen Schulpsychologen testen lassen. Wenn nicht, sollten Sie die Konsequenzen ziehen und ihn in eine andere Schule schicken" (Baersch 1974).

Es finden sich da eine ganze Reihe von Aspekten, die Hinweise auf die Komplexität unseres Themas geben. Eine differenzierte Betrachtung des Problems im Einzelfall ist offenbar unerläßlich.

Die gemessene Konzentrationsfähigkeit

Wenden wir uns vorerst nochmals lediglich der Frage zu, was Konzentration und Aufmerksamkeit sei, so finden wir in der psychologischen und der pädagogisch-psychologischen Literatur eine Reihe von Definitionen, und wir finden eine Reihe von sog. Konzentrationstests und einige wenige Anleitungen zu konzentriertem Arbeiten.
Hat man eine Zeit lang Konzentrationstests angewandt, legt man sie im Alltag der psychologischen Beratungsarbeit meist enttäuscht wieder beiseite: Sie differenzieren nicht hinreichend da, wo „Konzentrationsschwierigkeiten" mit als Grund der Vorstellung für eine psychologische Untersuchung angegeben wurden. Diese Tests sind (1.) als Ausdauertests (meist für die Auslese für bestimmte Berufe) entweder extrem einseitig und langweilig und erregen Abwehr (wie Rechentests), oder (2.) sie verlangen nur kurzfristig erhöhte Konzentration, die vom Klienten durchaus aufgebracht werden kann. Beide Anforderungsarten scheinen für die Anforderungen des Schulalltags nicht sehr repräsentativ zu sein: Was dort die „Konzentrations"-Probleme des Schülers sind, das scheint sich mit solchen Tests nicht abbilden zu lassen. Die Auskunft, jemand könne sich unter diesen spezifischen Testbedingungen gut konzentrieren, nützt aber den Betroffenen nichts. Offenbar spielen Interessen, Motivationen sowie Persönlichkeitsfaktoren und Begabungen in die konzentrierte Leistung erheblich hinein, und der Arbeitsstil wird von vielen Faktoren außerhalb dessen bestimmt, was nach den Tests unter „Konzentration" zu verstehen ist (vgl. Kap. 3, 10, 12).

Der Impulsivitätsbegriff

Wir glauben nunmehr, durch einen anderen Zugang einen Teil der fraglichen Probleme besser abbilden zu können. Wir haben eine Test-Aufgabe gefunden, die mehr von einer komplexer verstandenen Aufmerksamkeit im Sinne eines individuellen Arbeitsstils erfaßbar macht, eines Arbeitsstils, wie er sich auch in Schulleistungen auffinden läßt. Es handelt sich um einen sog. „Impulsivitäts"-Test (Kap. 2), der schon in einer großen Zahl von psychologischen Untersuchungen verwendet worden ist.

Liefert die Impulsivitäts-Forschung besser brauchbare Begriffe und Instrumente als die Konzentrations- und Aufmerksamkeitsliteratur? Es scheint so (Kap. 2, 3). Vor allem liefert sie eine Fülle von Trainingsmethoden für „impulsive" Kinder (Kap. 6 ff.).
Auf den ersten Blick ist „Impulsivität" ein ausgezeichnetes Schlagwort, das nach unserer Erfahrung leicht und allzu gern übernommen wird. Wir möchten hier schon deutlich ankündigen, daß wir das Wort in einer sehr engen, genau definierten Bedeutung verwenden werden: wir verwenden es im Sinne von „kognitiv impulsiv", – es meint nur „überstürztes, unbesonnenes Vorgehen beim Problemlösen" (s. Kap. 2). „Kognitiv" bedeutet – im Gegensatz etwa zu emotional –: „das Denken, das Problemlösen, das Wahrnehmen betreffend". Wir beziehen also das Wort auch nicht auf die ganze Persönlichkeit, sondern nur auf den engen Bereich des Lernens und des Umgangs mit dem Problemlösen. Der Begriff „kognitive Impulsivität" hat als seinen Gegenbegriff den der „kognitiven Reflexivität" (Kap. 2). „Reflexive" Kinder machen in Problemlösungsaufgaben wenige Fehler und benötigen viel Zeit, „Impulsive" machen bei denselben Aufgaben viele Fehler und nehmen sich wenig Zeit.

Impulsivität als positive Eigenschaft

Häufig verbinden wir in der Umgangssprache mit dem Wort „impulsiv" viele positive Eigenschaften. Die Assoziationen sind etwa: temperamentvoll, spontan, aktiv, lebhaft, natürlich, ungezwungen, zugänglich, umgänglich. Seltener denkt man an negativere Assoziationen wie: heftig, ungesteuert, unkontrolliert, unbeherrscht. Diese mehr negativen Assoziationen werden besonders in der psychologischen und persönlichkeitspsychologischen und in der tiefenpsychologischen und psychiatrischen Literatur mit dem Begriff verbunden.

Schnell sein und gut sein – ein Konflikt

Die Güte und die Dauer einer Aufgabenlösung sind in fast allen Aufgabenarten von Bedeutung. Zwei erzieherische Forderungen scheinen in allen Leistungsarten zu konkurrieren: einerseits schnell zu sein, ein „fixer Kerl", andererseits aber richtig zu reagieren, zuverlässig zu arbeiten. Man darf darüber hinaus nicht aus dem Auge verlieren, daß jede Leistung in einem komplexen Zusammenspiel der verschiedensten Bedingungen entsteht. Auch Leistungsängstlichkeit kann ja etwa überstürztes oder aber verzögertes Reagieren hervorbringen. Es ist bisher nicht befriedigend geklärt, ob etwa ein Kind impulsiv handelt, weil es leistungsängstlich ist – oder ob es wegen einer Leistungsängstlichkeit etwa gerade reflexiv handelt; plausibel erscheinen beide Möglichkeiten, und es mag sein, daß es beide Typen von Reaktionen bei Leistungsängstlichkeit gibt. Weiter sei nur angedeutet, daß natürlich auch Situationseinflüsse ein vorschnelles, unüberlegt hastiges Antworten bedingen können, z. B. psychischer Druck, Sorgen, Schüchternheit, Ängstlichkeit im Angesicht einer Klasse, die vermeintlich oder wirklich nur darauf wartet, daß man wieder einen Fehler produziert.

Das impulsive und das reflexive Vorgehen beim Problemlösen

Geht jemand an alle Probleme oder Aufgaben in gleicher Weise so heran, daß er immer schnell reagiert, so muß er notwendig in manchen komplexen Situationen Fehler machen, und hier ist die Bedeutsamkeit der Reaktionszeit für die Qualität von Leistung erkennbar. Impulsive Kinder sind oft sehr schnell mit ihren Aufgaben fertig, müssen aber immer etwas nochmal machen.

Für manche Aufgaben muß also viel Zeit investiert werden, wenn sie richtig gelöst werden sollen – es sind solche mit hohem Ungewißheitsgrad, wo erst viele Einzelentscheidungen die Gesamtlösung vorbereiten, wo viele Lösungsmöglichkeiten miteinander konkurrieren, wie z. B. beim Lösen einer mathematischen Gleichung. Bei anderen „Aufgaben" kann oder muß sogar sehr schnell eine – richtige – „Lösung" angeboten werden, z. B. bei kritischen Situationen im Straßenverkehr. Diese lassen wir hier vorläufig außer Betracht, kommt es doch hier zunächst darauf an, das ungerechtfertigt schnelle Reagieren unter die Lupe – und später unter Kontrolle zu nehmen (Kap. 5).

„Kognitiv reflexiv" nennen wir also jene Kinder, die sehr sorgfältig hinschauen, die „reflektieren", genau arbeiten und dabei oft auch viel Zeit brauchen. Diese Kinder haben gelernt, wieviel Zeit sie für bestimmte Aufgaben investieren müssen; die impulsiven haben das noch nicht gelernt. Ob die reflexiven, nebenbei gesagt, immer optimal arbeiten oder nicht manchmal unökonomisch, wollen wir hier noch vernachlässigen (vgl. dazu Kap. 5).

Ein Beispiel aus der Schule: Sätze abschreiben

Leser werden jene „impulsiven" Kinder kennen, die noch im zweiten Schuljahr oder später beim Abschreiben eines Wortes gar nicht erst das ganze Wort ansehen, sondern vielleicht nur den Anfangs- und den Endbuchstaben, und dann die Mitte hinzufabulieren.
Wenn ein Satz abgeschrieben werden soll, kann das für ein siebenjähriges und für ein zwölfjähriges Kind eine Aufgabe von sehr verschiedenem Ungewißheits- oder Schwierigkeitsgrad sein: Das siebenjährige Kind muß noch bei vielen Buchstaben überlegen, was sie bedeuten und wie es seine Hand führen muß, um sie erfolgreich aufs Papier zu bringen, während das zwölfjährige vielleicht nur einmal hinschaut und den ganzen Satz schnell auswendig hinschreibt. Die Ungewißheit über die Aufgabenlösung ist beim älteren Kind sehr gering geworden.

Impulsivität und Lese-Rechtschreib-Schwäche

Unter normal lesenden Kindern sind mehr kognitiv reflexive Kinder, die bedächtig und sorgfältig arbeiten. Unter den Kindern, die besonders große Schwierigkeiten beim Erlernen des Lesens und Schreibens haben, finden sich im Vergleich dazu auffällig viele, die zugleich kognitiv impulsiv sind, die also allgemein vorschnell mit ihren Aufgaben fertig sind und nicht ausreichend über ihre Antworten reflektieren. Übergroße motorische Unruhe und mangelnde Konzentration werden häufig bei diesen Kindern beobachtet (Kap. 3).

Andere Problemlösungsstile

Reflexivität-Impulsivität sind Pole eines sogenannten „kognitiven Stiles", sie sind persönliche Stile des Problem-Erkennens und -Verarbeitens. Eine „fixe" Gruppe kann man noch von den impulsiven und reflexiven Gruppen unterscheiden, die auch trotz schnellen Arbeitens nicht viele Fehler macht, oft besonders gut begabte Kinder. (Diese Gruppe nennen wir nicht impulsiv, denn dazu gehören ja die vielen Fehler.)
Neben den kognitiv impulsiven Kindern, die ja *schnell* reagieren und viele Fehler machen, gibt es noch eine Gruppe von Kindern, die *langsam* und trotzdem fehlerhaft arbeiten. Das sind solche Kinder, die geistig nicht so gut entwickelt sind, die Aufgabe richtig zu bearbeiten, oder aber vor allem solche, die nicht gelernt haben, ihre Arbeitszeit richtig anzuwenden,

die beim Abschreiben also vielleicht zwischendurch herumgucken, oder die an anderes denken, was sie vielleicht belastet und ablenkt oder sie mehr interessiert.

Weitere Beobachtungen an impulsiven Kindern

Impulsive lernen nicht nur langsamer und schlechter lesen und schreiben als reflexive Kinder, man konnte auch den Einfluß von „kognitiver Impulsivität" und Flüchtigkeit in vielen Fertigkeiten nachweisen, in denen eine sorgfältige Beachtung vieler Einzelheiten eine Rolle spielt, so beim Rechnen und bei der Durchführung von Testaufgaben. Die Impulsiven schneiden in fast allen Schulnoten und Intelligenztests schlechter ab als Reflexive, obwohl sie keineswegs dümmer sind als diese; das kann man zeigen, wenn man den Kindern die Testaufgaben mit besonderen Instruktionen gibt, bei denen die Flüchtigkeit kurzfristig ausgeschaltet werden kann. Es handelt sich also meist lediglich um ein Defizit in der „kognitiven Steuerung" oder der „kognitiven Selbstkontrolle"; es fehlt eine Fertigkeit, Handlungsimpulse kurzfristig zu bremsen und sich erstmal zu besinnen, bevor eine Aufgabenlösung angeboten wird (Kap. 3).

Vom „Stil" zur „Strategie": Trainingsversuche mit impulsiven Kindern

Die kognitive Impulsivität mit ihrem Gegenpol, der kognitiven Reflexivität, wird, wie angeführt, zu den sog. „kognitiven Stilen" gezählt. Das sind persönliche Stile des Problem-Erkennens und -Verarbeitens, die sich im Laufe der frühen Lebensjahre u. a. unter Erziehungseinflüssen entwikkeln (Kap. 4).

Zu unseren Zielen gehört es nun, durch ein Training impulsiven Kindern zusätzlich die Möglichkeit zu eröffnen, auch reflexiv zu reagieren, wenn die Aufgabe es erfordert. Wir wollen also so etwas wie „kognitive Strategien" ausbilden (Kap. 5 ff.).

Mit impulsiven Kindern wurden inzwischen viele erfolgreiche Trainingsexperimente durchgeführt. Wir können jetzt angeben, unter welchen Bedingungen ein Reflexivitäts-Training erfolgreich sein kann. Dabei ist es nicht sinnvoll, Reflexivität um jeden Preis und für alle Situationen anzustreben; hingegen wäre eher als Ziel zu nennen, die Kinder dahin zu bringen, Situationen daraufhin zu unterscheiden, ob man sich hier schnell oder bedächtig entscheiden muß, also ein aufgaben- und situationsangemessenes Verhalten zu üben. Dazu ist aber vorläufig noch die Erreichung

von reflexiven Strategien ein notwendiger Umweg, der zu optimaleren Entscheidungsstrategien führen kann.
Das Training mit Impulsiven wurde bisher meist in Sitzungen mit nur einem einzelnen Kind durchgeführt, seltener in kleinen Gruppen. Trainiert wurden meist Schüler von acht bis zehn Jahren, gelegentlich Vorschulkinder. Inzwischen wissen wir, daß sich die Prinzipien des Trainings mühelos auf Gruppen anwenden lassen (Kap. 8).

Nehmen wir den Kindern nicht ihre Spontaneität, ihre Kreativität?

Es wird manchmal befürchtet, daß ein Training der zu beschreibenden Art Kindern eine Einschränkung ihrer natürlichen schöpferischen Fähigkeiten auferlegen könnte. Das wäre ein ernstzunehmender Einwand, wenn er berechtigt wäre. Aber einmal abgesehen davon, daß wir unsere Methoden wiederum nicht für so mächtig halten, daß sie ein echtes produktives Talent hemmen würden – und abgesehen davon, daß sie bei einem solchen Ergebnis bestimmt falsch angewandt worden wären –, Kreativität hat sich als unabhängig von Reflexivität und Impulsivität erwiesen. Es handelt sich bei den Trainings auch nicht etwa um Methoden zur Verhinderung von Ideen, sondern um solche, mit denen erst einmal die Produktion einer Fülle von Alternativlösungen und Ideen ermöglicht werden kann, mit welchen also vorschnelles Akzeptieren *einer* Lösungsmöglichkeit oder einer unfertigen Idee gerade ausgeschaltet werden können. Und reflexives Handeln ist noch dazu eine Methode zur Überprüfung von Ideen – welchem produktiven Geist sollte es aber schaden, seine Ideen zu überprüfen? (vgl. weiter Kap. 5).

Wie soll man mit den Kindern üben?

Man hat die verschiedensten Methoden ausgearbeitet, um impulsive Kinder zu einem sorgfältigen Arbeiten zu erziehen. Alle theoretischen psychologischen Lernmodelle wurden auf Trainings angewandt, mit unterschiedlich intensiven Bemühungen und unterschiedlichen Erfolgen. Zwei Teilziele wurden entsprechend den Schwierigkeiten der impulsiven Kinder den Trainings zugrundegelegt. Die Kinder sollten zum einen (1.) trainiert werden, ihre Reaktionen zu verzögern, also Denkpausen einzulegen, und zum anderen (2.) sollten sie trainiert werden, richtige Lösungen zu finden und Fehler zu vermeiden.
Die Ergebnisse der vorliegenden Untersuchungen zeigen, daß es ziemlich

leicht ist, eine Reaktionsverzögerung zu erreichen – das ist ja auch schon durch eine Einschüchterung möglich, wie jeder weiß.
Die Untersuchungen zeigen aber auch, daß es viel schwerer ist, auch die Fehlerzahl zu senken. Die Fehlersenkung ist ja aber das eigentliche Ziel unserer Bemühungen.
Wir überprüfen die veröffentlichten Trainingsversuche mit impulsiven Kindern daraufhin, welches die erfolgreichsten Methoden und ihre Lernprinzipien sind (Kap. 6 ff., Literaturangaben s. dort).
Wir geben ferner an, wie ein erfolgreiches Training aufgebaut sein kann, nach welchen Kriterien man Trainingsmaterialien aussuchen kann und welche Arten von Arbeitsanweisungen hilfreich sind (Kap. 6 ff.). Der Leser soll letztlich dadurch nur angeregt werden, eigene Programme aufzubauen, die seinen Möglichkeiten und Vorlieben entsprechen. Einige Programme werden ausführlich dargestellt (Kap. 7–10).

Welches Material soll man zum Training verwenden?

Wir glauben, daß genügend Arbeitsmaterialien für Trainings auf dem Markt sind, daß aber eben zur Anwendung oft nicht hinreichend angeleitet wird und eine theoretische Begründung für die Methoden auch oft fehlt. Im Anhang werden einige Spiele und Übungsmappen aufgeführt, die Brauchbares zum Training enthalten. Es wurde auch konventionelles Material auf seine Verwendbarkeit überprüft (Kap. 8). Man kann aber auch gänzlich ohne kommerzielles Material auskommen (s. Kap. 11).
Es soll aus verschiedenen Gründen kein bestimmtes vorliegendes Material empfohlen werden. Auch wird sich für die verschiedenen Altersgruppen die Auswahl der Materialien unterscheiden müssen. Hier kann man sich nach den Interessen der Kinder richten (s. Kap. 11).

Nützt dieses Training nur impulsiven Kindern?

Man kann die für das Reflexivitätstraining geschaffenen und erprobten Methoden gut auch für solche Kinder verwenden, die nicht impulsiv sind, aber auch Probleme mit dem präzisen Arbeiten haben. Ein Sorgfaltstraining benötigen ja auch viele andere Kinder, z. B. auch die langsamen Kinder, die viele Fehler machen, weil sie unsystematisch arbeiten und keine günstigen Arbeitsstrategien haben. Das gleiche gilt für andere konzentrationsgestörte, für niedrig motivierte, für antriebsschwache, für leistungsängstliche oder leistungsabweisende, entmutigte Kinder, die sich gehäuft etwa unter Legasthenikern finden.

Laien können lernen, solche Trainings durchzuführen

In den Trainingsversuchen, die bisher durchgeführt wurden, waren die Trainer meist Psychologen oder Psychologiestudenten, seltener Kindergärtnerinnen oder Mütter. Man braucht aber durchaus kein Psychologe zu sein, um sich hier einzuarbeiten und sehr erfolgreich zu arbeiten.
Unsere Methoden sind nebenbei gar nichts Neues; sie sind allgemein hilfreiche Lehrmethoden, die Lehrer und Eltern oft spontan verwenden. Wir entwickeln hier lediglich eine systematische Konzeption. Erzieher können also an ihre Erfahrung anknüpfen und etwas systematischer und bewußter das tun, was sie ohne viel Nachdenken sowieso schon getan haben (Kap. 9, 10).
Mancher wird sich erinnert sehen an praktische Methoden aus Kindergartenarbeit und Heilpädagogik. Angehörige dieser Berufsgruppen, die sich oft mit speziellen Förderungsaufgaben beschäftigen, vermissen aber oft die Begründung für das, was sie tagtäglich tun, und sie verlangen danach, ihre Methoden gezielt und mit einer stichhaltigen Begründung anzuwenden. Wir liefern zu solchen Begründungen einen Beitrag (Kap. 2, 3).

Hält solches Training eigentlich vor?

Bisher gibt es kaum Untersuchungen über die Langzeitwirkung und die Generalisierung der Wirkungen von Reflexivitäts-Trainings (vgl. Kap. 4, 6, 7, 8). Nun wird keiner erwarten, daß ein kurzfristiges Training ein für allemal Konzentrationsprobleme lösen kann, so wie auch einmalige hochdosierte Vitamingaben nicht späteren Mangelerscheinungen vorbeugen können. Wiederholte Trainings, Stabilisierung des Erreichten sind nötig, und es sind dringend Untersuchungen über langfristige Effekte von Trainings notwendig. Letztlich sollten sich natürlich die Übungen selbst überflüssig machen, und das Individuum soll zur Selbstkontrolle und Selbststeuerung auch auf diesem Gebiet fähig werden. Wenn wir diesen Zeitpunkt durch Trainings auf dem Gebiet der Aufmerksamkeit verfrühen könnten, wäre u. E. für manchen Schüler (und Lehrer) eine spürbare Entlastung im Schulalltag zu erwarten. Es ist natürlich sinnvoll, ein Training für Impulsive nach Möglichkeit schon sehr früh anzusetzen, damit Schulprobleme vielleicht erst gar nicht in so großem Maße auftreten.

Es sollte bei einer Erziehung zur Tüchtigkeit, wie wir sie anstreben, eine angemessene Selbständigkeit und emotionale Stabilität der Kinder mit erstrebt werden, damit die Kinder lernen, sich, soweit es geht, selbst als die Wirkursache ihres Tuns zu erleben und nicht als ausgeliefert an undurchschaubare Anforderungen und Mächte. Speziell sehen wir das Training optimaler Entscheidungsstrategien oder kognitiver Selbststeuerung für wichtiger an als ein bloßes Reflexivitäts-Training (vgl. Kap. 5). Wir erweitern daher zuletzt unsere Trainingskonzeption. Anstatt etwa einem schematischen Drill das Wort zu reden, werden wir in unsere Vorschläge als Hintergrund einige neue Aspekte der Motivationsforschung einbauen, die unseres Erachtens bei der Vermittlung von Bewältigungstechniken für Problemsituationen bedacht werden sollten (Kap. 10, 12). Wir sehen diese Vorschläge im Hinblick auf ein breiteres Erziehungskonzept, das eine gesunde emotionale Gesamtentwicklung im Auge hat und nicht nur die Förderung einzelner kognitiver Funktionen.

Hinweis: Der hauptsächlich an der Praxis der Übungen interessierte Leser mag sich von den ersten Kapiteln nur die Zusammenfassungen ansehen und dann gleich zu Kap. 5 oder 7 übergehen. Die genauen Anweisungen für verschiedene Übungsarten wird er in den Kapiteln 7 ff. leicht ausfindig machen; allerdings sei ihm empfohlen, auch die Begründungen in diesen Kapiteln mit zu lesen. Die Kapitel 11 und 12 geben noch einmal die Quintessenz der Übungen und einen größeren Rahmen für die Einbettung der Übungen. Besonders Kap. 12 sollte sehr sorgfältig berücksichtigt werden.

2 Die Erfassung der Impulsivität

2.1. Der MFF-Test

Zur Erfassung der sogenannten „kognitiven Impulsivität und Reflexivität“ schufen KAGAN und Mitarbeiter (1964) einen experimentellen Test, den Matching Familiar Figures Test (MFF), der ein „Zuordnen“ oder „Vergleichen vertrauter Abbildungen“ verlangt. Der Test ist bisher nicht standardisiert worden[1].

Der MFF-Test hat zwölf Aufgaben (Items). Abb. 2.1. gibt ein Beispiel.

Im MFF muß aus einer Anordnung optisch dargebotener Vorlagen diejenige Variante herausgesucht werden, die einer Vorlage, dem Standard, genau entspricht. Der Testleiter stoppt die Zeit bis zur ersten Antwort des Kindes und notiert die Lösung[2]. Eine Zeitbegrenzung gibt es bei diesem Test nicht.

Man kann den MFF als eine Problemlösungsaufgabe mit hoher Antwortunsicherheit beschreiben, bei der Hypothesen geprüft und Entscheidungen getroffen werden müssen.

Als *„kognitiv impulsiv“* werden solche Personen bezeichnet, die im MFF *wenig Zeit* aufwenden und *viele Fehler* machen; „viele Fehler“ heißt hier, daß die jeweilige Versuchsperson (= Vp) mehr Fehler macht als der Durchschnitt der gerade untersuchten Gruppe, „wenig Zeit“, daß die Vp weniger Zeit als der Durchschnitt gebraucht hat.

---

[1] Es gibt nur eine standardisierte Kleinkindform „KRISP“ des MFF (WRIGHT, 1971). Eine kritische Erörterung der Aussagefähigkeit des MFF-Tests hat erst kürzlich eingesetzt (HAAR 1973, WAGNER 1973, 1974, 1975, BLOCK, BLOCK & HARRINGTON 1974, AULT, MITCHELL & HARTMANN 1975, HASKINS & MCKINNEY 1975, MCCLUSKEY & WRIGHT 1975, SALKIND 1975, WELCH 1975, ZELNIKER 1975).

[2] KAGAN und viele andere Autoren lassen die Kinder bei fehlerhaften Antworten so lange weitersuchen, bis sie die richtige Alternative gefunden haben. Wie WARD (1968b) fand, entsteht aber besonders bei impulsiven Kindern durch die Fehlerrückmeldung aktuell eine verlängerte Reaktionszeit: dies bestätigen auch MESSER (1970b), der vor der MFF-Anwendung Mißerfolgserlebnisse induzierte, und MASSARI & SCHACK (1972), die ein Bekräftigungslernen mit festen Anteilen von Erfolg und Mißerfolg (70:30 vs. 30:70%) anwendeten. Daraus kann man u. E. nur den Schluß ziehen, daß alle Erstlösungen zu akzeptieren und keine Fehlerrückmeldungen zu geben sind, um die Bedingungen für alle Kinder einigermaßen konstant zu halten. Diese Folgerung wird allerdings in der Literatur meist nicht gezogen.

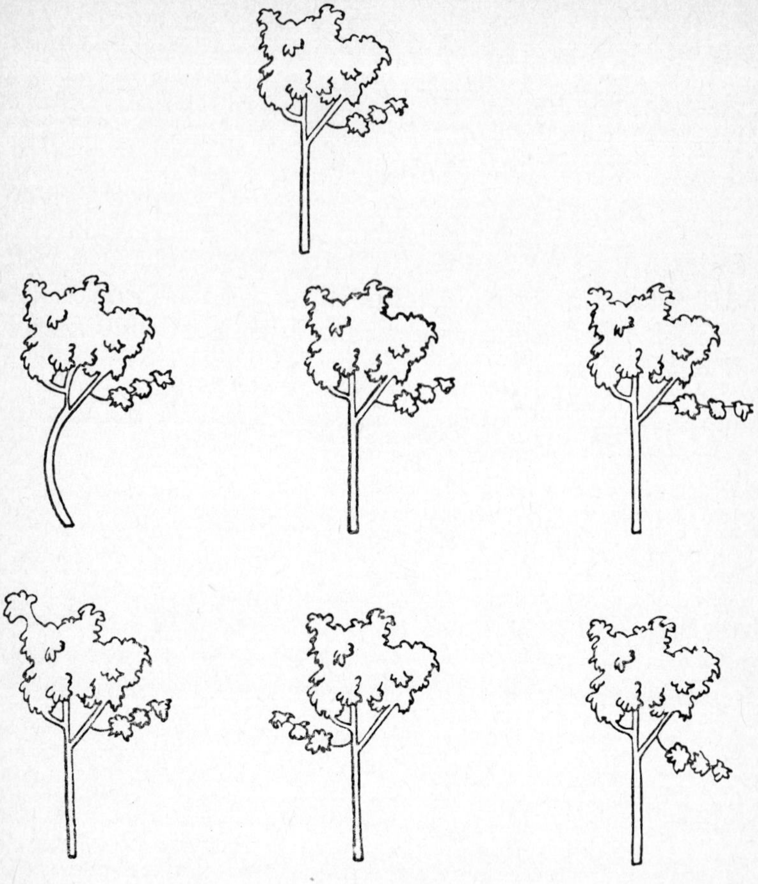

Abb. 2.1.: Eine Aufgabe aus dem Matching Familiar Figures Test (MFF) von Kagan (stark verkleinert). Von den 6 Varianten (unten) unterscheiden sich 5 vom Standard (oben) jeweils durch ein Detail.

Die – meist positiven – umgangssprachlichen Mitbedeutungen insbesondere des Wortes „impulsiv" muß man hier vorübergehend vergessen; *„kognitive Impulsivität" bezieht sich nur auf überstürztes Problemlösungsverhalten,* nicht auf sonstige Persönlichkeitseigenschaften.
„Kognitiv" ist ein Oberbegriff, mit dem in der Psychologie solche psychischen Funktionen, Strukturen oder Prozesse bezeichnet werden, die mit Wahrnehmen, Denken, Aufmerksamkeit, Gedächtnis, allgemein: mit dem Erkennen von etwas, mit „Informationsverarbeitung" zu tun haben, im Gegensatz etwa zu „motivationalen" oder „emotionalen" Prozessen.

Als „*kognitiv reflexiv*“ werden solche Personen bezeichnet, die im MFF *viel Zeit* brauchen und *wenige Fehler* machen. Die im MFF schnell und richtig entscheidenden Kinder und die langsam und fehlerhaft entscheidenden sind gering an der Zahl und wurden meist aus den Untersuchungen ausgeschlossen (Abb. 2.2.).

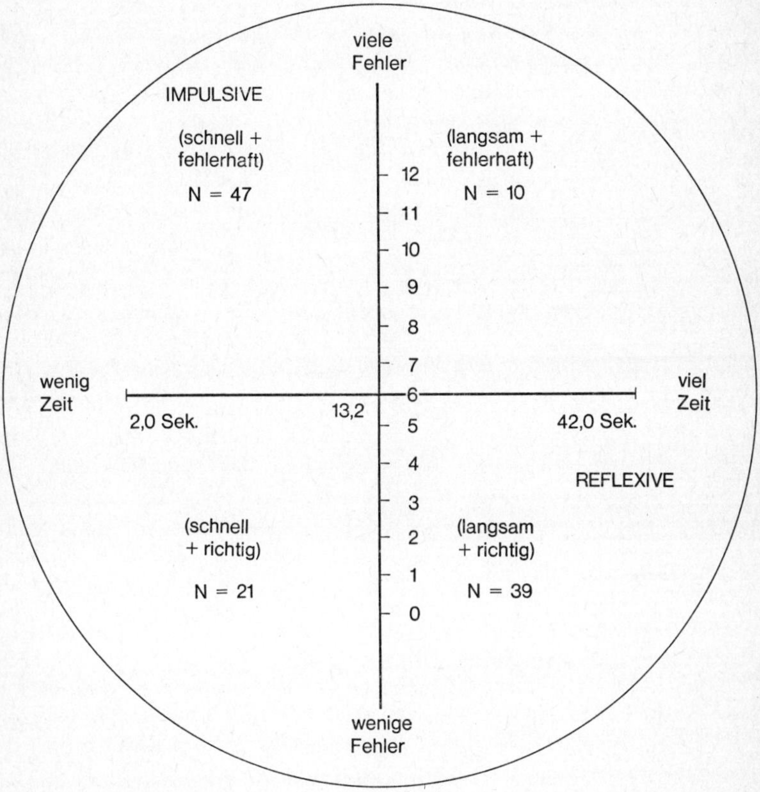

Abb. 2.2.: Verteilungsschema einer Stichprobe von 117 Jungen, die nach dem MFF-Test in vier Sorgfaltsgruppen eingeteilt wurden (nach Büttner 1970). Mittelwert der Gruppe für Fehler: 6; Mittelwert für Reaktionszeiten: 13,2 Sekunden, N = Anzahl. Für den Vergleich von Impulsiven und Reflexiven werden hier immer Extremgruppen gebildet: Diejenigen Personen werden ausgeschieden, deren Zeit- und Fehlerwerte sehr nahe an den Mittelwerten liegen (vgl. Wagner 1975a).

Nicht alle Kinder, die schnell reagieren, sind daher in unserem Sinne impulsiv. Impulsiv nennen wir nur diejenigen, die schnell reagieren und dabei sehr viele Fehler machen. Wenn wir in späteren Kapiteln von kognitiver Impulsivität (I) und Reflexivität (R) sprechen, meinen wir *immer* die mit dem MFF-Test gemessene R-I.

„Kognitive Impulsivität und Reflexivität" werden theoretisch eingeordnet als Pole einer sog. „kognitiven Stil-Dimension", die von KAGAN (et al. 1964) in die entwicklungspsychologische Forschung eingeführt wurde. Sie war bei der genaueren Analyse der kognitiven Prozesse in Experimenten zu Stilen der Begriffsbildung entdeckt worden („conceptual style", KAGAN 1965, KAGAN, MOSS & SIGEL 1963).

Kognitive Stile sind individuelle Stile der Informationsaufnahme und -verarbeitung. Sie beschreiben unterschiedliche individuelle Neigungen, präzise und gut kontrolliert oder unpräzise und weniger gut kontrolliert wahrzunehmen, zu denken, zu lernen und sich zu erinnern (vgl. auch MESSICK 1968).

Die begriffliche Einordnung in „kognitive Stile" hat allerdings nur klassifikatorischen Charakter und ist nicht mehr unumstritten (vgl. Fußnote 1). Erklärt ist damit über die Reflexivität-Impulsivität nichts.

Eine einfache Überlegung zeigt, wie beide Pole, Impulsivität und Reflexivität, zusammenhängen und daß sie nicht die ganze Breite der Reaktionsmöglichkeiten erfassen. Jede Leistung, z. B. beim Problemlösen, kommt in einer bestimmten *Zeit* zustande, und sie hat ein bestimmtes, positives oder negatives *Ergebnis*, am Ende steht also eine Lösung oder eine Fehllösung eines Problems. Die *Qualität* einer Leistung ist sicher das wichtigere und letztlich allein entscheidende Kriterium. Für manche Probleme nun muß aber viel Zeit investiert werden, wenn sie richtig gelöst werden sollen — es sind solche mit hohem Ungewißheitsgrad, wo erst viele einzelne Entscheidungen die Gesamtlösung vorbereiten, wo viele Lösungsmöglichkeiten miteinander konkurrieren (für den Erwachsenen etwa beim Lösen einer mathematischen Gleichung, für den Legastheniker beim Lesen eines unbekannten Wortes). Bei anderen Problemen kann oder muß man sogar sehr „schnell und richtig" reagieren.

Es wird deutlich, daß das „impulsive" und das „reflexive" Reagieren nur zwei der möglichen vier Kombinationsmöglichkeiten von Reaktionszeiten und Lösungsqualitäten betrifft. Für Trainingsversuche mit impulsiven Kindern müßte eigentlich auch gerade der schnell-richtige Reaktionsstil als Modell interessant sein (vgl. Kap. 5).

Wir können den nicht-standardisierten MFF-Test nicht öffentlich zugänglich machen. Umfangreiche Forschungen sind nötig, bis der Test aus dem Stadium des Experiments heraus ist. Eine Anwendung des Tests würde

jetzt in der Praxis eine unerwünschte Schein-Exaktheit vortäuschen. Wir mußten die Impulsivitäts-Diagnostik dennoch hier besprechen, weil die R-I-Definition damit verknüpft ist und die Grundlagen der – allgemeiner anwendbaren – Trainings ohne sie nicht verständlich geworden wären. „Impulsivität" wird als Schlagwort allzu gern übernommen. Wir hoffen, mit der Vorstellung des Begriffs der *„kognitiven* Impulsivität" und ihrer Erfassungsmethode diesem unbedachten Sprachgebrauch entgegengearbeitet zu haben. Die Bedeutung von Impulsivität ist im Sinne KAGANS anhand des MFF eingeengt auf „überstürztes Vorgehen beim Problemlösen". Untersuchungen zum Zusammenhang zwischen den verschiedenen Impulsivitäts-Begriffen der persönlichkeitspsychologischen, der psychoanalytischen und der psychiatrischen Literatur fehlen bisher.
Vorläufig sollen unsere Erörterungen zwei Aufgaben erfüllen: Sie sollen die Auswirkungen der gemessenen kognitiven Impulsivität-Reflexivität auf die Leistungen der Kinder und auf deren Beurteilung durch die Lehrer aufzeigen, und sie sollen die Aufmerksamkeit der Erzieher auf die Förderung des Arbeitsstils der Kinder lenken.
Auch wenn der Erzieher nicht selbst eine Impulsivitätsdiagnostik durchführen kann, kann er doch die Übungsverfahren anwenden: Diese sind in jedem Fall für die Kinder verwendbar, die viele Fehler machen – sei es nun, weil sie überstürzt-„impulsiv" reagieren oder aber weil sie „trödelnd-abgelenkt" sind. Spezielle Trainingsverfahren für die beiden Gruppen werden voraussichtlich nicht gebraucht, da die aus den Reflexivitätstrainings heraus entwickelten Verfahren auf sehr generellen theoretischen Erwägungen und Prinzipien beruhen:
Während nämlich, kurz gesagt, die kognitiv Impulsiven z. B. durch das Erlernen von angemessenen Selbst-Instruktionen ein Verzögern ihrer Reaktion erst erlernen müssen, müssen die „Trödelnden" eine sinnvolle Ausnutzung ihrer Reaktionsdauer – ebenfalls z. B. durch verbesserte Selbstinstruktion – erlernen.
Welche Prozesse spielen sich aber ab, wenn ein Kind im MFF impulsiv oder reflexiv reagiert, wie allgemein ist seine impulsive oder reflexive Handlungstendenz, wie weit kann sie verändert werden? Was insbesondere hat R-I mit „Konzentration", mit „Aufmerksamkeit" zu tun?

2.2. Der Arbeitsstil der kognitiv impulsiven und reflexiven Kinder im MFF-Test

Wir wissen aus der Beobachtung ihres Verhaltens, daß die Strategien der Informationsaufnahme bei kognitiv impulsiven und reflexiven Kindern verschieden sind: Schon am Beginn der Bearbeitung des MFF sind die Strategien der Reflexiven besser problemangemessen. Die Untersuchung der Wahrnehmungsprozesse bei impulsiven und reflexiven Kindern begann kurz nach der Entdeckung der R-I-Dimension (vgl. dazu WAGNER & CIMIOTTI 1973, 1975).

Man kann den Kriteriumstest für Reflexivität-Impulsivität, den MFF, als eine *Problemlösungsaufgabe* mit hoher Antwortunsicherheit beschreiben, bei der *Hypothesen geprüft* und *Entscheidungen getroffen* werden müssen. Es war naheliegend, zur Erfassung eines solchen Hypothesenprüfungsprozesses, da er sich an visuellem Material abspielt, die *Blickbewegungsmuster* heranzuziehen. Seit KAGAN (1965 c, d) wurden hin und wieder interindividuelle Unterschiede im visuellen Abtastverhalten belegt, die mit dem kognitiven Stil R-I in Zusammenhang gebracht werden. Die Blickbewegungsmuster werden als Indikatoren für Strategien bei der Hypothesenprüfung im Problemlösungsprozeß genommen.

GOODMAN (nach MEICHENBAUM 1971a) führte eine freie *Beobachtung* des visuellen Verhaltens von Kindern beim MFF sowie eine Befragung über das Verhalten der impulsiven und der reflexiven Kinder beim Bearbeiten des MFF durch. Dabei zeigte sich zunächst einmal, daß impulsive (I) und reflexive (R) Kinder *gleiche Angaben* über ihr *Vorgehen beim visuellen Vergleichen* formulierten; aber nur die reflexiven Kinder hatten solche Strategien auch tatsächlich angewandt.

Welches sind nun diese *Strategien?* Genau bekannt geworden sind diese erst durch das *Filmen* der Blickbewegungen. Das visuelle Abtastverhalten der R und der I unterscheidet sich danach schon in den ersten 4 Sekunden, wo R sich im MFF mehr am Standard orientieren. Aus dem Gesamtverlauf des visuellen Abtastens erschließt schon DRAKE (1970) Strategien der Impulsiven und der Reflexiven. Dabei handelt es sich um *erschlossene Regeln,* nicht um *beobachtete Strategien.* Solche beschrieb erst CIMIOTTI (1972; vgl. WAGNER & CIMIOTTI 1973, 1975); sie stimmen mit DRAKES Regeln überein:

Insgesamt verfolgen Reflexive beim MFF zwei visuelle Strategien, die auch kombiniert auftreten: eine Strategie des Ausschlusses von Varianten durch systematischen Vergleich der Varianten 1. untereinander und 2. mit dem Standard. Nur Reflexive überprüfen alle Varianten und konzen-

trieren ihre Aufmerksamkeit schließlich auf die richtige Variante, die sie vor einer Entscheidung mehrfach mit dem Standard vergleichen. Bei Impulsiven fehlen diese systematischen Such-Strategien: Impulsive wenden sich bevorzugt solchen Varianten zu, die in der Mitte oder rechts dargeboten werden, und überprüfen nur die Hälfte der gebotenen Alternativen beim MFF. Einen Beleg dafür zeigt Abb. 2.3.
Wir verstehen danach, warum Impulsive im MFF und in vergleichbaren Aufgaben viele Fehler machen.
Hinzu kommt, daß die Entscheidungen der Impulsiven auch viel unverbindlicher zu sein scheinen als die der Reflexiven: nach Brandt (1971) berichtigten von 21 impulsiven Kindern 18 spontan ihre erste Antwort im MFF, während sich nur 5 von 23 reflexiven Kindern korrigieren mußten ($p < .001$)[3]. Offenbar verfügen die reflexiven Kinder über eine bessere innere Steuerung ihrer Aufmerksamkeit, die sich in einem allgemein systematischeren, kontrollierten Vorgehen äußert.
Wir sehen in diesen Blickbewegungs-Untersuchungen gleich mehrere konkrete Ansatzpunkte für erfolgversprechende Trainingsversuche, die auch schon in zahlreichen Trainings berücksichtigt worden sind.

2.3. Probleme des Messens von Reflexivität-Impulsivität in verschiedenen Aufgabenarten

Die theoretische und die praktische Bedeutsamkeit des oben definierten kognitiven Stils „Reflexivität – Impulsivität" liegt darin, daß die strikten Kriterien der Operationalisierung, nämlich *Güte und Dauer der Auf-*

[3] Die p-Werte, manchmal auch Prozentzahlen, geben die sogenannte „Zufallswahrscheinlichkeit" oder „Signifikanz" eines Unterschiedes an: Eine Zufallswahrscheinlichkeit von 5% (auch: $p = .05$) bedeutet, daß nur 5% Wahrscheinlichkeit dafür besteht, daß ein Unterschied durch Zufall zustandegekommen ist, oder: nur 5 von 100 Wiederholungen desselben Experiments würden andere Ergebnisse erwarten lassen. 5% ist das konventionelle „Signifikanz-Niveau"; es wird auch durch ein kleines „s" neben einem Befund mitgeteilt. Werden besonders hohe Anforderungen an die Verläßlichkeit eines Ergebnisses gestellt, kann das Signifikanzniveau auf 1% ($p = .01$) oder darunter festgesetzt werden ($p = .001$). Ein Ergebnis, das nur noch 1% Zufallswahrscheinlichkeit besitzt, ist „sehr signifikant" = „ss". Bei Zufallswahrscheinlichkeiten von 10% ($p \leq .10$) kann man noch von einer „Tendenz" sprechen; man wird aber in der Regel nach einer weiteren Überprüfung seiner Hypothesen suchen.
„ns" bedeutet: nicht signifikant
$<$ bedeutet: „kleiner als"; $>$: „größer als"

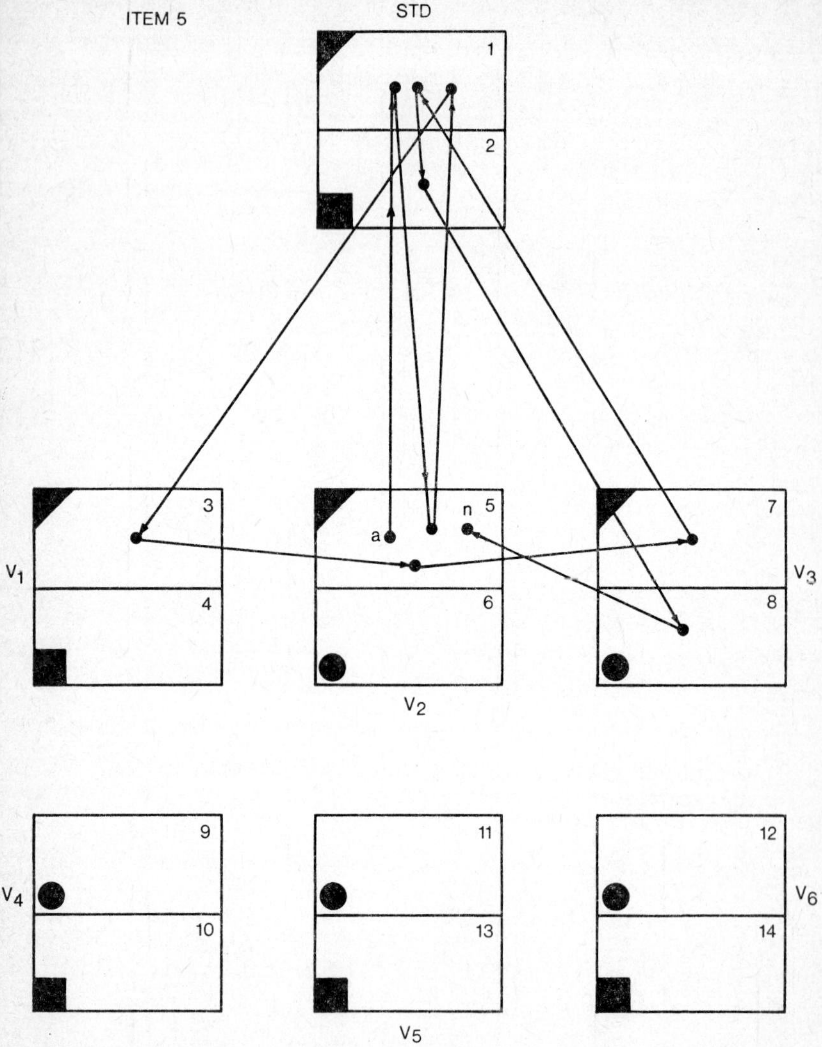

Abb. 2.3.: Die visuelle Abtastsequenz eines kognitiv impulsiven (links) und eines reflexiven Kindes (rechts) bei der Aufgabe „Blume" (nach Cimiotti 1972).

Variante (V) 1 ist richtig = mit dem Standard (STD) identisch; a = erste Fixation, n = letzte Fixation.
Zahlen 1–14 = Felder innerhalb Standard und Varianten; ◤; ■ mit Standard identische Felder, ● = Variation gegenüber Standard.

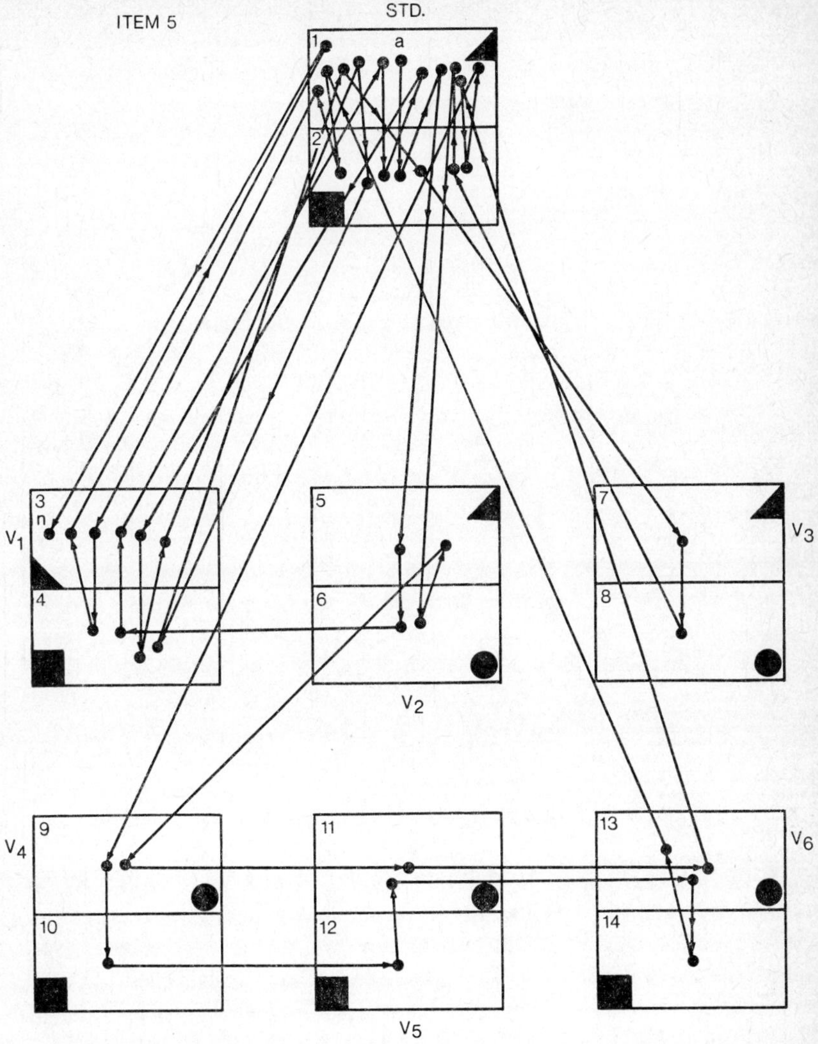

gabenlösung in ihrer Wechselwirkung, so allgemein in allen Leistungsanforderungen vertreten sind. Man denke auch z. B. an „Speed-" und „Power"-Tests und Mischformen von beiden: Tests, bei denen es bei einfachen Anforderungen nur auf Geschwindigkeit (Speed) oder bei immer wachsenden Schwierigkeitsstufen nur noch auf das Ausschöpfen der intellektuellen Leistungskapazität (Power) ohne Berücksichtigung des Zeitaufwandes ankommt. Nicht umsonst hat auch POPPELREUTER (1933) in seiner „Psychokritischen Pädagogik" offenbar gerade die Sorgfalts- und die Tempo-Dimension ins Zentrum seiner Erörterungen gestellt. Uns interessiert ganz besonders die generelle Bedeutung der Güte- und der Tempo-Dimension.

2.3.1. Die Stabilität des kognitiven Stils „Reflexivität-Impulsivität"

Wenn die Dimension Reflexivität-Impulsivität eine praktische Bedeutung haben soll, muß nachgewiesen werden, daß die gemessenen Merkmale *stabil* sind. „Stabilität bedeutet das Fehlen von Schwankungen der Resultate bei Repetition des Tests. Ein Test ist stabil, wenn er für dieselben Personen bei mehrmaliger Prüfung ungefähr die gleichen Resultate liefert, wenn diese also nur geringen zufälligen Schwankungen unterworfen sind" (MEILI 1961, S. 282). Das Stabilitäts- oder „Reliabilitäts"-Maß hat die Form eines Korrelationskoeffizienten. Besteht zwischen zwei Messungen völlige Übereinstimmung, beträgt der Korrelationskoeffizient 1.00, besteht dagegen kein Zusammenhang, beträgt er 0. Je ähnlicher die Meßergebnisse zweier Tests sind, desto höher wird die Korrelation sein. Es gibt auch negative Korrelationen, wenn mit dem Wachsen eines Merkmals die Abnahme eines anderen einhergeht.

Es wurden zur Erkundung der Stabilität der R-I-Dimension mehrere Untersuchungen durchgeführt, wobei unterschiedliche Zeitabstände zwischen den Messungen gewählt wurden: 10 Wochen – 1 Jahr – $2^1/_2$ Jahre.

Danach kann man davon ausgehen, daß noch bei einem Abstand von einem Jahr eine bedeutsame „signifikante" Korrelation zwischen den beiden Messungen besteht; die Reliabilitätskoeffizienten betragen bei den Reaktionszeiten im 4. Schuljahr .62, im 2. Schuljahr .48 für Jungen und .52 für Mädchen (KAGAN 1965b und MESSER 1970a); bei den Fehlern betragen sie .25 für Jungen und .51 für Mädchen (zit. nach MESSER 1970a). Nach LIENERT (1969, S. 309) genügt für die Beurteilung von Gruppendifferenzen ein Reliabilitätskoeffizient von $>$ .50.

Am höchsten sind die Korrelationen zwischen den am nächsten benachbarten Messungen (Reliabilitätskoeffizient für Reaktionszeiten .73 und für Fehler .68 bei 10-wöchigem Abstand, YANDO & KAGAN 1970). Nach $2^1/_2$ Jahren ist die Korrelation nur noch gering, aber signifikant (für Reaktionszeiten .31, für Fehler .33, MESSER 1970a).

Es kann daher nur eine Stabilität des impulsiven oder reflexiven Reaktionstempos über einen Zeitraum von einem Jahr als gesichert angenommen werden. Über längere Distanzen wirkt sich eine allgemeine Zunahme der Reflexivität mindernd auf die korrelativen Zusammenhänge aus; die Zunahme der Reflexivität mit dem Alter wurde von KAGAN (1965a, b) aufgezeigt. Faktoren, die zur Zunahme der Reflexivität beitragen, werden in Kap. 4 besprochen.

2.3.2. Die Generalisierbarkeit der R-I-Dimension

Welchen Allgemeinheitsgrad haben nun die Ergebnisse im MFF? Was mißt der MFF eigentlich, und worauf lassen sich die MFF-Befunde verallgemeinern?

Was in die MFF-Leistung alles eingeht, die „Validität" (Gültigkeit) des Tests also, ist kaum systematisch untersucht worden. Nach KAGAN (1965a) geht in die Leistung beim MFF nur die *Reflexion über Alternativen* ein, während der Anteil der „visuellen Analyse" davon unabhängig sein soll. Unseres Erachtens ist der empirische Beleg dafür unbefriedigend (dazu s. u., HAAR 1973).

KAGAN (1966b) schließt u. a. aus Lern-Experimenten, bei denen impulsive Drittkläßler mehr Fehler machten als reflexive, daß dadurch die Annahme unterstützt werde, daß es eine „allgemeine Verhaltenstendenz gebe, in Problemsituationen, wo das Kind die Gültigkeit seiner Antworten überprüfen sollte, impulsiv (oder reflexiv) zu sein. Impulsive Kinder machen keine Pause, um die wahrscheinliche Richtigkeit ihrer kognitiven Ergebnisse zu überprüfen, ob nun die Situation visuelles Vergleichen von Bildern oder die Reproduktion von Wörtern in einem Gedächtnisexperiment verlangt" (S. 24). Danach nimmt KAGAN ganz allgemein eine bedeutsame Rolle des „begrifflichen Tempos" bei kognitiven Prozessen an. „Forscher, die mit ‚kulturell deprivierten' Kindern arbeiten, glauben, daß ein Grund für deren schwache geistige Leistungen ihre impulsive Einstellung sei. Das hirngeschädigte und das leseschwache Kind neigt mehr dazu, impulsiv als reflexiv zu sein, und seine schwächeren intellektuellen Leistungen sind öfter ein Ergebnis von Impulsivität als von unzureichenden sprachlichen oder Wissens-Voraussetzungen" (S. 24, Übers. d. Verf.).

KAGAN hat zahlreiche Experimente zum Beleg der Generalisierbarkeit des Konzepts vom „begrifflichen Tempo" angeführt. Da sie oft auf kleinen Stichproben beruhen, muß nach wie vor eine mögliche Aufgaben-Abhängigkeit des schnellen und des verzögerten Reagierens im Auge behalten werden (vgl. Kap. 5). So fanden auch ESKA & BLACK (1971) keine hohe Konsistenz der Reaktionszeiten bei drei verschiedenen Wahlaufgaben.

KAGAN (1965a, b) konstruierte zwei Tests, die auch die Reflexion über

Alternativen erfassen sollten und anfangs als *Paralleltests zum MFF* verwendet wurden. Dies waren:

1. ein haptisch-visueller Vergleichstest (Haptic Visual Matching, HVM), bei dem die Kinder einen verborgenen Gegenstand mit den Fingern erkunden, den sie später aus ähnlichen, diesmal visuell dargebotenen Gegenständen heraussuchen sollen, und
2. ein Gedächtnis-Test, in dem zunächst jeweils ein visuell dargebotenes Muster eingeprägt werden muß, das dann unter sehr ähnlichen Mustern herausgesucht werden muß (DRT, Design Recall Test).

KAGAN fand Korrelationen zwischen den Fehlerwerten von .30 bis .60 (KAGAN 1965b). In einer Reihe von Untersuchungen lagen die Korrelationen zwischen den Reaktionszeiten bei den verschiedenen Aufgaben zwischen .61 und .87; der mittlere Korrelationskoeffizient verschiedener Arbeiten beträgt .64 (KAGAN & KOGAN 1971).

Obwohl diese Korrelationen z. T. nicht sehr bedeutsam sind, kann man festhalten: Impulsive und reflexive Kinder reagieren bei diesen Aufgaben, die jeweils einen Vergleich zwischen unterschiedlich dargebotenem Material erfordern, jeweils in ähnlicher Weise: Sie benötigen entweder viel oder wenig Zeit und machen wenige oder viele Fehler. Besonders die Reaktionszeit ist nach KAGAN (1965b) stabil.

Die referierten Untersuchungen ließen vermuten, daß neben der Reflexion über Alternativen noch wesentliche andere intellektuelle Fähigkeiten bei der Bearbeitung des MFF eine Rolle spielen, z. B. visuelle und sprachliche.

KAGAN (1965a) hatte einen Test zur „visuellen Analyse" (VA), also zur Erfassung der Feinheit der einzelheitlichen Wahrnehmung von reichgegliederten Zeichnungen, konstruiert und damit keine Beziehung zur R-I herstellen können: „Visuelle Analyse" schien eine unabhängige Dimension zu sein. Differenzierter sind die Befunde von HAAR (1973). HAAR vermutete, entgegen dem KAGANschen Befund, daß in die Messung der R-I mit dem MFF-Test viel visuelle Analyse eingeht: Der MFF-Test enthält viele Details und gleicht z. B. fast völlig einem Test, der zur Feststellung der „visuellen Analysefähigkeit" bei Vorschulkindern verwendet wird (NICKEL 1967). – Wenn die Reflexion über Alternativen die im MFF entscheidende Leistung ist, mußte sie sich auch bei Vergleichsaufgaben in anderen Sinnesgebieten zeigen, und die Beziehung zur Analysefähigkeit auf diesen Sinnesgebieten mußte keine Rolle spielen. HAAR untersuchte also die Übertragbarkeit der Messungen von R-I auf andere Sinnesmodalitäten, die Frage, wie weit das Entscheidungstempo und die Leistungsgüte des Individuums in den Sinnesbereichen des *Tastens* und des *Hörens* ebenfalls nachweisbar sind und wie beide mit der Analysefähigkeit in diesen Bereichen korrelieren. Sie entwickelte MFF-ähnliche, aber attraktivere experimentelle Vergleichstests. Im akustischen Bereich wurden auf 5 verschiedenen Tonbandgeräten 4 verschiedene Geräusche dargeboten; das mit dem Standard genau übereinstimmende Geräusch mußte herausgefunden werden (Geräusche waren z. B. Lachen einer Gruppe von Menschen, Weckerklingeln, Motorengeräusche von Autos, Guitarrenakkorde usw.). – Im haptischen (Tast-)Bereich wurden Gegenstände aus den Bereichen Haushalt, Schule und Spiel in kleinen Taschen zum Ertasten angeboten (z. B. Hefte, Teddybären, Zahnbürsten, Spielzeugautos usw.); jeweils eine von vier Ausführungen der Gegenstände, die mit dem Standard genau gleich war, mußte herausgefunden werden.

Haar fand hohe Korrelationen zwischen den Reaktionszeiten in den drei Vergleichstests (.59, .67, .67, alle ss), und geringere, aber zum Teil noch signifikante Korrelationen zwischen den Fehlerhäufigkeiten (.09 ns, .28 s, .31 s).

Haar untersuchte außerdem die Analysefähigkeit ihrer Versuchspersonen auf dem visuellen, dem akustischen und dem haptischen Sinnesgebiet. Dafür wählte sie Tests, bei denen der Zeitfaktor durch die Kurzfristigkeit der erforderlichen Reaktion weitgehend ausgeschaltet wurde, damit sich die Unterschiede in den impulsiven und reflexiven Reaktionszeiten nicht auch hier auswirken konnten. Es gab einen VA-Test (Test für die visuelle Analyse), einen AA-Test (für die akustische Analyse) und einen HA-Test (für die haptische Analyse). Hier wurden die Vpn aufgefordert, immer zwei gegebene Reize binnen sehr kurzer Zeit auf ihre Gleichheit oder Verschiedenheit zu beurteilen (sehr einfache Bildchen, Einzeltöne, ausgesägte Holzfiguren).

Von den Ergebnissen ist hier festzuhalten, daß die Fehlerwerte des MFF mit den Fehlerwerten im VA-Test mit .40 (ss) korrelierten, mit den Fehlerwerten im AA-Test .26 (s). Danach hat die allgemeine Analysefähigkeit an der Güte der Leistungen im Vergleichstest (MFF) einen ziemlich hohen Anteil. (Die Analyseleistungen korrelieren auch untereinander z. T. hoch; AA-VA .43 ss; der HA-Test entsprach in seiner Schwierigkeit nicht den Anforderungen optimaler Testkonstruktion und muß außer Betracht bleiben).

Bei der Gültigkeit des MFF muß also neben der Tendenz zu mehr oder weniger *Reflexion über Alternativen* mindestens die *Analysefähigkeit* des Individuums berücksichtigt werden.

Über die Beteiligung *sprachlicher Fähigkeiten* an der Leistung im MFF gibt es bisher u. W. keine Untersuchungen. In einigen Untersuchungen wurde bisher mitgeteilt, daß Jungen impulsiver seien als Mädchen. Allerdings sind die Ergebnisse z. T. noch widersprüchlich. Falls aber diese Beobachtung sich bestätigen sollte, könnte man einen Zusammenhang zu der etwas verzögerten sprachlichen Entwicklung von Jungen hypothetisch annehmen. MEICHENBAUM & GOODMAN (1969, 1971) fanden nämlich, daß impulsive Kinder im Vorschulalter weniger als reflexive Kinder bei ihrem Spiel begleitend sprechen; sie neigen eher zu selbststimulierenden Geräuschen. Wenn nun Jungen eher impulsiver sind als gleichaltrige Mädchen, so könnte man hier einen Zusammenhang zwischen sprachlichen und kognitiv-steuernden Prozessen annehmen.

2.4. Reflexivität-Impulsivität und verschiedene einfache kognitive Prozesse

In vielen Einzelarbeiten wurde untersucht, wie sich R-I auf verschiedene einfachere kognitive Leistungen auswirkt, die hauptsächlich theoretisch interessieren und die zunächst wenig Bedeutsamkeit für die Praxis haben. Die experimentell aufgezeigten Beziehungen zu Intelligenz- und Schulleistungen werden in Kap. 3 ausführlich referiert.

KAGAN (1965c) sieht einen Beweis für die Generalisierbarkeit der R-I-Dimension u. a. in den Ergebnissen eines Versuchs, bei dem Kinder Aufgabenlösungshypothesen selbst entwickeln mußten, wo sie also nicht, wie im MFF, die Alternativen bereits vorfanden. In diesem Experiment wurden impulsiven und reflexiven Kindern Strichzeichnungen sehr kurzfristig mehrfach auf einem Bildschirm gezeigt, so daß sie kaum vollständig erkannt werden konnten. Bei diesen Zeichnungen waren nicht zusammengehörige Details zu einem Bild vereinigt, z. B. ein Flugzeug mit Vogelfüßen, ein Mann in Frauenkleidern. Die Tendenz der Kinder, in diesem Versuch schnell oder verzögert eine Lösungshypothese anzubieten, korrelierte .40 (ss) mit der Reaktionszeit im MFF. Es läßt sich also individuell eine übereinstimmende Tendenz auffinden, schnell oder langsam zu reagieren.

Auch WARD (1968b) fand in verschiedenen Aufgaben ähnliche Übereinstimmungen. Allgemein fand er individuell eine übereinstimmende Neigung zu kurzen oder längeren Reaktionszeiten; die Fehlerneigung wurde nicht untersucht.

In vielen Aufgaben machen Reflexive weniger Fehler als Impulsive: So finden sich im „induktiven Problemlösen“ Unterschiede: Wo eine Geschichte oder eine Reihe geometrischer Figuren nach einem bestimmten Prinzip fortgesetzt werden soll, machen reflexive Kinder weniger Fehler als impulsive (KAGAN, PEARSON & WELCH 1966a). Auch beim Lernen von Wortlisten irren sich Impulsive eher als Reflexive, indem sie bei der

Wiedergabe des Gelernten öfter ein Wort einschmuggeln (KAGAN 1966b). Auch in einem 20-Fragen-Spiel wurden impulsive und reflexive Kinder verglichen (AULT 1973); die impulsiven stellten Fragen, die auf weniger reife kognitive Strategien schließen ließen.
Bei Aufgaben, in denen eine Wahl getroffen werden muß, z. B. eine Schwierigkeitsstufe bei einer einfachen Aufgabe gewählt werden muß, also bei einer Beteiligung von Risikofaktoren, unterscheiden sich die Entscheidungszeiten der Impulsiven und der Reflexiven bedeutsam in der üblichen Richtung (MANN 1973). Die Aufgabenart spielt allerdings bei den Unterschieden der Entscheidungszeiten eine Rolle (ESKA & BLACK 1971, KOPFSTEIN 1973). KAGAN (1965b, c) fand, daß reflexive Kinder auch in Interviews länger warten, bevor sie eine Antwort geben.
Die vorstehenden Befunde wurden aus den verschiedensten Untersuchungen zusammengetragen und sollen nur einen kleinen Einblick in die zahlreichen Projekte geben, in denen die R-I erforscht wird. Die Projekte wirken leider etwas additiv. Einen theoretischen Rahmen liefert keiner der Autoren, die mit R-I-Untersuchungen hervorgetreten sind. Wir haben versucht, einen theoretischen Ansatz zugleich mit einer Umzentrierung auch der Operationalisierung zu liefern (WAGNER 1975a, b). Ein Überblick über viele Einzelarbeiten findet sich bei KAGAN & KOGAN (1971).

Fassen wir zusammen: Man konnte also Unterschiede zwischen Impulsiven und Reflexiven in vielen Bereichen des Problemlösens, des Denkens, des Wahrnehmens und des Lernens nachweisen, in denen meist eine sorgfältige Beobachtung von vielen Einzelheiten eine Rolle spielt.
Für den Praktiker stellen sich aber weitergehende Fragen: Ist denn eigentlich die Leistung im MFF und in anderen experimentellen Tests auch repräsentativ für andere Leistungen, bei denen es für Kinder wirklich wichtig ist, richtig zu reagieren? Wie steht es mit Schulleistungen, mit Konzentrationsfähigkeit, mit Intelligenztestergebnissen? Sind die Impulsiven vielleicht nur „Spätentwickler“ oder weniger begabt als die Reflexiven? Hat der MFF-Test nur keinen Anreiz für sie? Haben sie die Anweisungen nicht richtig verstanden?
Ist also im MFF etwas gefordert, das repräsentativ für viele Aufgabenarten ist, wie sie Kinder antreffen?
Wir zeigen im folgenden Kapitel, wie unterschiedlich impulsive und reflexive Kinder in verschiedenen Leistungsbereichen beurteilt werden. Dabei referieren wir hauptsächlich solche Ergebnisse, die als die ersten aus dem deutschsprachigen Raum besonders interessieren dürften.

3

Impulsivität und ihr Zusammenhang mit verschiedenen intellektuellen Leistungen

Wenn man die schwächeren Leistungen der Impulsiven im MFF, einem Problemlösungstest, betrachtet, stellt sich natürlich gleich die Frage, ob diese Kinder nicht einfach weniger begabt sind als die Reflexiven.

Dieser Frage wurden zahlreiche Untersuchungen gewidmet, die zu sehr unterschiedlichen Ergebnissen kamen, z. T. allerdings, weil zu kleine und sehr unterschiedliche Versuchspersonen-Stichproben zugrundegelegt wurden. Soweit die Untersuchungen also überhaupt aussagekräftig sind, deuten sie auf einen Zusammenhang von R-I mit insgesamt unterschiedlichen Leistungen hin: Impulsivität beeinträchtigt die kognitive Leistungsfähigkeit in meßbarer Weise auf vielen Gebieten. Allerdings – um es vorweg zu sagen – impulsive Kinder schneiden zwar oft schlechter ab als reflexive, sogar in Intelligenztests, aber bei näherem Zusehen unterscheiden beide Gruppen sich nicht in ihrer Begabung. Das kann man zeigen, wenn man den Kindern besondere Arbeitsanweisungen gibt oder sie vor der Anwendung eines Intelligenztests trainiert, so daß sie sorgfältiger an die Aufgaben herangehen. Die Impulsiven sind nur stärker situationsabhängig und erreichen daher oft nicht ihre volle intellektuelle Leistungsfähigkeit. Sie können sich schlechter selbst „steuern".

Wir erörtern nacheinander die Beziehungen von Reflexivität-Impulsivität (R-I)

1. zur getesteten Intelligenz
2. zu Schulnoten
3. zu Lehrerurteilen
4. zur Lese-Rechtschreib-Schwäche (Legasthenie)
5. zur getesteten „Konzentration" und zur „Aufmerksamkeit"
6. zur Selbstbeurteilung von Schülern
7. zu mehreren dieser Maße zugleich.

3.1. Reflexivität-Impulsivität und Intelligenz

Korrelationen zwischen Intelligenztestleistungen und Reflexivität-Impulsivität werden von verschiedenen Autoren angegeben.

Die Höhe der Korrelationen liegt, je nach Alter und Geschlecht der Versuchspersonen und je nach Test, zwischen Null und bedeutsamen Werten – bei der starken Situationsabhängigkeit und der tw. sehr geringen Vpn-Zahl kein sehr überraschender Befund.

BÜTTNER (1970) untersuchte eine größere Gruppe von impulsiven und reflexiven Jungen u. a. mit zwei gängigen Intelligenztests, mit dem Hamburg-Wechsler-Intelligenztest für Kinder (HAWIK) und mit RAVEN's Colored Progressive Matrices (RAVEN). Aus einer Gesamtgruppe von 117 Jungen des 3. Schuljahres wurden 30 impulsive und 30 reflexive mit dem MFF herausgesucht; das Durchschnittsalter war 8;8 Jahre, die Streuung 8;2–8;11 Jahre.

Tab. 3.1 gibt die mittleren Reaktionszeiten und die mittleren Fehlerzahlen im MFF an.

Tab. 3.1.: Die mittleren Reaktionszeiten und die mittleren Fehlerzahlen im MFF bei 8jährigen Jungen (nach Büttner 1970); a. M. = arithmetisches Mittel; s = Streuung

	mittl. Reaktionszeiten		mittl. Fehlerzahlen		
Gruppe	a. M.	s	a. M.	s	N
Gesamt	13,2	7,2	6,2	2,6	117
Impulsive	6,5	2,5	9,0	1,2	30
Reflexive	21,8	6,1	3,1	1,4	30

3.1.1. Die Ergebnisse des Hawik: Ohne besondere Instruktion schneiden Impulsive schlechter ab als Reflexive

Der Hamburg-WECHSLER-Intelligenztest für Kinder (HAWIK) ist ein Test, der aus 10 Untertests mit je mehreren Aufgaben besteht und normalerweise mit dem einzelnen Kind in einer einzigen Sitzung durchgeführt wird (Dauer bis 1½ Stunden, bei jüngeren kürzer).

Der „Verbalteil" des HAWIK prüft die mehr sprachlichen Fähigkeiten, der „Handlungsteil" die mehr „praktische" Intelligenz.

Der HAWIK wurde von BÜTTNER (1970) aus schulorganisatorischen Gründen auf fünf Einzelsitzungen von je 15–20 Minuten verteilt gegeben. Der Einfluß dieser Durchführungsart auf das Endergebnis ist schwer abschätzbar: Während einerseits die später durchgeführten Tests weniger als gewöhnlich durch Ermüdung beeinträchtigt sein dürften, mußte andererseits von den Kindern eine mehrfache Einstellung auf die Testsituation geleistet werden. Wegen der relativ guten Durchschnittsleistungen (s. Tab. 3.2.) ist eher ein positiver Einfluß der verteilten Testabnahme zu vermuten.

Der Intelligenzquotient nach dem Hawik (Hardesty & Priester 1966) ist ein Intelligenzmaß, bei dem – unter der Annahme einer sog. Normalverteilung – die durchschnittliche Testleistung einer Altersgruppe gleich 100 gesetzt wird. Es „wird ein ‚Abweichungs-Intelligenzquotient' benutzt. Dieser Quotient wird nicht durch das Verhältnis von Intelligenzalter zu Lebensalter (IA/LA) definiert, sondern durch die individuelle Abweichung vom Mittelwert der jeweiligen Altersgruppe" (Hardesty & Priester 1966, S. 7). Die Streubreite des Durchschnittlichen beträgt beiderseits von 100 15 IQ-Punkte; dies ist die sog. Standardabweichung. Das heißt: Alle Testergebnisse, die zwischen 85 und 115 liegen, werden dem Bereich der durchschnittlichen Intelligenz zugerechnet. Dieser Bereich ist statistisch festgesetzt nach den Intelligenztestleistungen der mittleren 68,26% einer Altersgruppe, die bei der Test-Eichung in repräsentativen Stichproben untersucht worden ist. Je 15,87% einer Altersgruppe erzielen Intelligenztestwerte, die über 115 oder unter 85 liegen. „Ein bestimmter IQ besitzt immer die gleiche Bedeutung in bezug auf die relative Position einer Versuchsperson zu ihrer Altersgruppe. Der IQ 115 ist bei jeder Altersstufe dem 84. Prozentrang[1] äquivalent. Der IQ 90 liegt genau ²/₃ einer Standardabweichung unter dem Mittel der Altersgruppe, unabhängig, bei welchem Alter dieser IQ erhalten wurde. Die mittleren 50% jeder Altersgruppe erhalten IQ zwischen 90 und 110. Diese Konstanz der Bedeutung erleichtert die Interpretation der IQ erheblich" (Hardesty & Priester 1966, S. 7–8).

3.1.1.1. Die Gesamtergebnisse des Hawik

Tab. 3.2. zeigt, daß die reflexive Gruppe der impulsiven Gruppe statistisch sehr signifikant überlegen ist: Impulsive Kinder erzielen im Durchschnitt in den verschiedenen Test-Teilen und im Gesamt-Test 8 bis 9 IQ-Punkte weniger.

---

[1] Der Prozentrang gibt an, wieviel % der Angehörigen ihrer Altersgruppe eine Person mit ihrer Leistung übertrifft.

Tab. 3.2.: Die mittleren Verbal-, Handlungs- und Gesamt-Intelligenzquotienten (IQ) der beiden Gruppen und die Bedeutsamkeit der Unterschiede (nach Büttner 1970)

Gruppe	Verbal-IQ		Handlungs-IQ		Gesamt-IQ		N
	a. M.	s	a. M.	s	a. M.	s	
Impulsive	110,3	10,9	110,5	11,8	111,8	10,7	30
Reflexive	117,8	12,9	118,9	15,4	120,8	14,6	30
R > I		2%*		2%		1%	

* Erläuterungen s. Kap. 2, S. 27

Abb. 3.1. zeigt die Verteilung der Gesamt-IQs auf die impulsive, die reflexive und eine Kontrollgruppe, die aus Kindern zusammengestellt wurde, die weder reflexiv noch impulsiv sind. Die Kontrollgruppe (K) umfaßte N = 17 Versuchspersonen, von denen 7 im MFF als „langsam und fehlerhaft" arbeitend eingestuft waren und 10 als „schnelle gute".

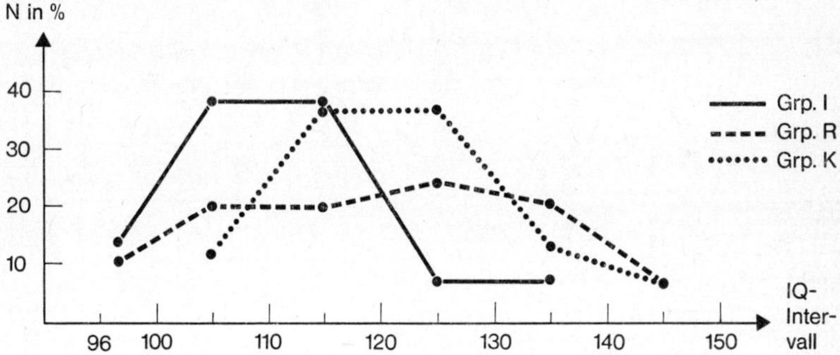

Abb. 3.1.: IQ-Häufigkeiten (HAWIK-Gesamt-IQ) in den Gruppen I, R und K (dargestellt in % der Vpn-Anzahl), nach Büttner (1970)

Die Profile der IQ-Verteilungen sind bei den Impulsiven und bei der Kontrollgruppe gleich, wobei allerdings das Profil der Impulsiven um ca. 10 Wertpunkte nach unten verschoben ist. Die Intelligenzquotienten der reflexiven Gruppe verteilen sich ziemlich gleichmäßig über die ganze Streubreite.

3.1.1.2. Die Untertestergebnisse im Hawik

In der Abb. 3.2. sind die Leistungen der impulsiven, der reflexiven und der Kontrollgruppe (K) in den einzelnen Untertests des Hawik dargestellt. Die Markierungen unter den Untertests geben an, ob der Unterschied zwischen dem Ergebnis der Impulsiven und der Reflexiven statistisch signifikant war.

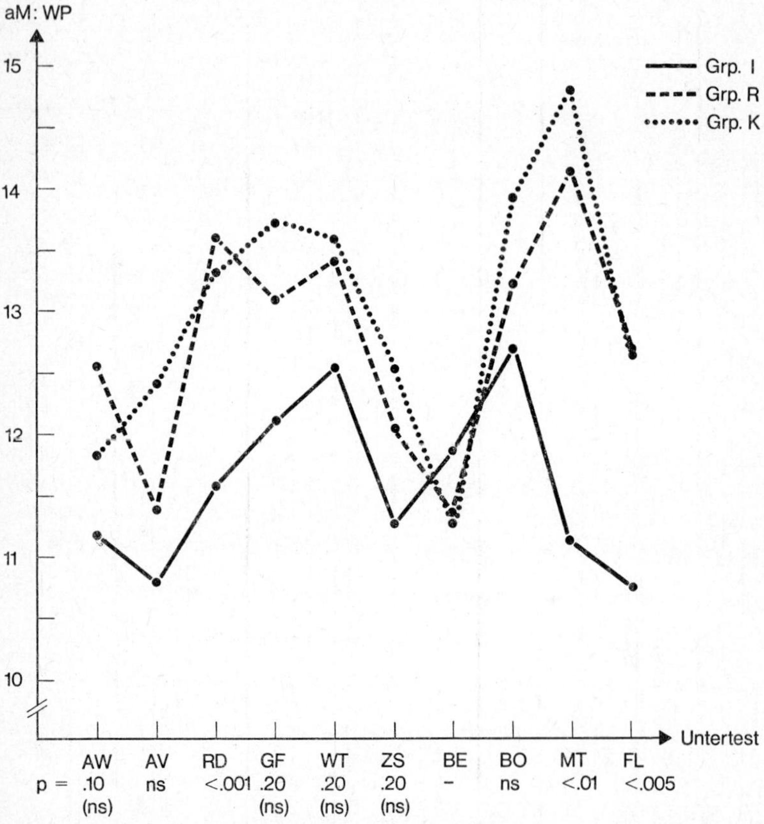

Abb. 3.2.: Leistungsprofile der Gruppen I, R und K in den 10 Untertests des HAWIK (dargestellt ist das arithmetische Mittel a. M. der Wertpunkte = WP; nach Büttner 1970). Die p-Werte unter der Abb. geben die Signifikanz des Unterschieds zwischen Impulsiven und Reflexiven an.

---

[2] Die Untertestabkürzungen bedeuten:
AW Allgemeines Wissen, AV Allgemeines Verständnis, RD Rechnerisches Denken, GF Gemeinsamkeiten-Finden, WT Wortschatz-Test, ZS Zahlen-Symbol-Test, BE Bilder-Ergänzen, BO Bilder-Ordnen, MT Mosaik-Test, FL Figuren-Legen.

Abb. 3.2. zeigt, daß in den Einzeltests des HAWIK die Reflexiven und die Kontrollkinder fast gleiche Werte erzielen, während die Impulsiven meist darunter bleiben. Es tragen zu dem Unterschied zwischen den Gesamt-Testergebnissen bei Impulsiven und Reflexiven also fast alle Untertests bei; lediglich im Bilder-Ergänzen leisten beide Gruppen das gleiche. Es kann also festgehalten werden, daß die impulsive Gruppe in 9 von 10 Untertests durchschnittlich schwächere Leistungen zeigt; in drei der 10 Untertests schneidet die impulsive Gruppe sogar hochsignifikant schlechter ab als die reflexive, während in den Untertests Allgemeines Wissen ($p < .10$), aber auch in Gemeinsamkeiten-Finden, Wortschatz- und Zahlen-Symbol-Test leichte Tendenzen in der gleichen Richtung bestehen. Kein bedeutsamer Unterschied besteht lediglich im Allgemeinen Verständnis, im Bilderordnen und im Bilder-Ergänzen. Ein statistischer Vergleich der Wertpunktprofile (Abb. 3.2.) ergab, daß sich die Profile der Reflexiven und der Impulsiven sehr signifikant voneinander unterscheiden (BÜTTNER 1970).

3.1.1.3. Reflexivität-Impulsivität und Aufgabenschwierigkeit

Um zu überprüfen, ob die Impulsiven speziell bei schwierigeren Aufgaben den Reflexiven unterlegen sind, wurden die Leistungen beider Gruppen bei den leichtesten, den mittelschweren und den schwersten Aufgaben jedes HAWIK-Untertests verglichen. Tatsächlich geben beide Gruppen im leichtesten Aufgabenbereich gleich viele gute Lösungen, aber schon im Bereich mittlerer Schwierigkeiten sind die Reflexiven hochsignifikant überlegen, desgleichen im Bereich der schwierigsten Aufgaben. Auch im Untertest Bilder-Ergänzen, in dem ja die Impulsiven die gleiche Wertpunktzahl erzielen wie die Reflexiven, sind die Reflexiven bei den schwereren Aufgaben überlegen.

3.1.2. Verbesserung der Intelligenzleistungen Impulsiver durch Änderung der Instruktion

SCHWEBEL & BERNSTEIN (1970) und BÜTTNER (1970) zeigten, daß impulsive Kinder durchaus bessere Intelligenztestergebnisse erzielen können, wenn man ihnen besondere Instruktionen gibt, die ihnen helfen, sich konzentrierter mit den Aufgaben zu befassen. (Das heißt natürlich nicht, daß es diesen Kindern nur am „guten Willen" fehlt – dazu unten mehr. Es kommt sehr auf die Art der Instruktion an, die den Kindern gegeben wird.) Offenbar haben nur die reflexiven Kinder gelernt, ihre Aufmerksamkeit spontan so zu steuern, daß sie von vornherein die ihren Anlagen entsprechenden Leistungen vorweisen können – was aber auch nicht bedeutet, daß sie sich nicht bei einem geeigneten Training auch noch sollten steigern können. Dieser Unterschied ist, wie wir in Kap. 4 zeigen, durch unterschiedliche Erziehungs-Einflüsse erklärbar.

Über die Möglichkeiten, durch Übungen eine dauerhafte Selbst-Steuerung auch bei den Impulsiven zu entwickeln, wird in Kapitel 4 und den folgenden berichtet.

Zunächst also noch die kurzfristige Beeinflussung der Intelligenztestleistungen durch verbesserte Instruktionen.

Büttner (1970) führte mit seinen Versuchspersonen in einer Gruppensitzung auch noch den Raven-Test durch, einen Bilder-Intelligenztest[3].

Die Kinder erhielten eine besondere, die Reflexion anregende Instruktion, mit der das Leistungsoptimum auch der impulsiven Gruppe erkundet werden sollte. Die Frage war: Sind impulsive Kinder wirklich, wie es die Hawik-Ergebnisse nahelegen, weniger begabt als die reflexiven, oder können sie infolge ihrer Impulsivität nur nicht ganz so effektiv arbeiten? Wenn es so wäre, könnte eine kurzfristige Einschränkung der impulsiven Reaktionsweise durch entsprechende Anweisung dazu führen, daß die Kinder bessere Leistungen erbringen. Allerdings würde ein negatives Ergebnis nicht unbedingt bedeuten, daß die Kinder nicht doch nach einem längeren Training bessere Intelligenztestergebnisse erzielen könnten.

Außer der üblichen Instruktion zum Raven-Test erhielten die Kinder die folgende zusätzliche „Impulsivitäts-hemmende Instruktion“:

„Schaut euch immer alle 6 Ecken ganz genau an, bevor ihr euch für die richtige entscheidet. Es kommt nicht darauf an, daß ihr schnell fertig seid, sondern nur darauf, daß ihr möglichst viele richtige Lösungen findet. Ihr habt Zeit genug.“ Und nach Abschluß des Tests:

„Wer fertig ist, kontrolliert noch einmal von vorn bis hinten, ob er alles richtig gemacht hat. Wer eine falsche Antwort findet, kann die noch verbessern.“

Im Raven-Test erzielte die impulsive Gruppe trotzdem wieder, wie im Hawik, hoch signifikant schlechtere Ergebnisse als die reflexive Gruppe. Das Ergebnis des Raven korrelierte in beiden Gruppen sehr hoch mit dem Hawik-IQ (.70 ss). Beide Intelligenztests zeigten einen ähnlich hohen

[3] Im Raven-Test muß zu einer Zeichnung, aus der eine Ecke herausgeschnitten ist, das fehlende Teil aus mehreren tw. recht ähnlichen herausgesucht werden. Die Aufgaben steigern sich in ihrer Schwierigkeit; intuitives Erfassen passender Kombinationen ist bei den schwierigeren Aufgaben nicht erfolgreich.

Grad der R-I-Abhängigkeit der Testleistung. Aber es ließ sich auch feststellen, daß die impulsive Gruppe relativ gesehen im RAVEN ein besseres Ergebnis erzielte als im HAWIK, offenbar unter dem Einfluß der erleichternden Instruktion. Ein vergleichbarer Zuwachs an Leistung mit der besonderen Instruktion ließ sich bei Reflexiven nicht nachweisen. Die Verbesserung der Impulsiven bestand darin, daß eine größere Anzahl von ihnen im RAVEN in eine höhere Intelligenzgruppe hinüberwechselte; d. h. ein größerer Anteil der impulsiven Kinder wurde im RAVEN als „durchschnittlich intelligent" oder „überdurchschnittlich intelligent" eingestuft, der vorher im HAWIK zu den nur „unterdurchschnittlich" oder nur „durchschnittlich intelligenten" Gruppen gezählt werden mußte.

Ähnliche Erfolge berichteten SCHWEBEL & BERNSTEIN (1970) bei Untersuchungen mit der amerikanischen Original-Form des HAWIK, dem WISC. Die Autoren erzielten in WISC-Subtests ein erheblich besseres Abschneiden der impulsiven Experimentalgruppe, wenn sie den Kindern allmählich wachsende Wartephasen auferlegten, gegenüber einer impulsiven Kontrollgruppe, welche die Tests einfach mit der Standardinstruktion wiederholte.

Ebenso erzielten ZIGLER & BUTTERFIELD (1968) durch besondere, die Motivation fördernde Instruktionen auch ohne Training bessere WISC-Leistungen bei bildungsbenachteiligten Kindern.

Die letzten beiden Arbeiten lassen neben anderen darauf schließen, daß Impulsive bei Standard-Intelligenztests benachteiligt sind und ihre „wahre" Intelligenz nicht zeigen können. Schon durch eine intensive Bemühung um eine optimale Testinstruktion mit dem Hinweis auf betont langsames und sorgfältiges Arbeiten und durch Schaffen einer entspannten Testsituation kann jedoch dieses Handicap weitgehend ausgeglichen werden (vgl. auch ZIGLER & BUTTERFIELD 1968). Es handelt sich also nicht um einen echten Intelligenzunterschied, wenn Impulsive und Reflexive verschiedene Testleistungen erbringen (vgl. auch Kap. 7—10).

Nun allerdings – einen Unterschied in den „üblichen" Leistungen kann man nicht leugnen, und eine dauernde Optimalisierung aller Anforderungen wird von der Umwelt nicht geleistet; daher ist es nach wie vor eine Anforderung an die Erzieher, die innere Steuerung zu verbessern, was offenbar nur durch Training möglich ist, da Instruktionen immer nur kurzfristig wirken.

Sehen wir uns aber zunächst noch an, in welcher Weise Impulsive in ihren alltäglichen Leistungsanforderungen gegenüber den Reflexiven abschneiden.

Büttner (1970) fand statistisch bedeutsame Unterschiede zwischen den Schulnoten impulsiver und reflexiver Kinder. Die Impulsiven wurden allgemein ungünstiger beurteilt (Abb. 3.3.).

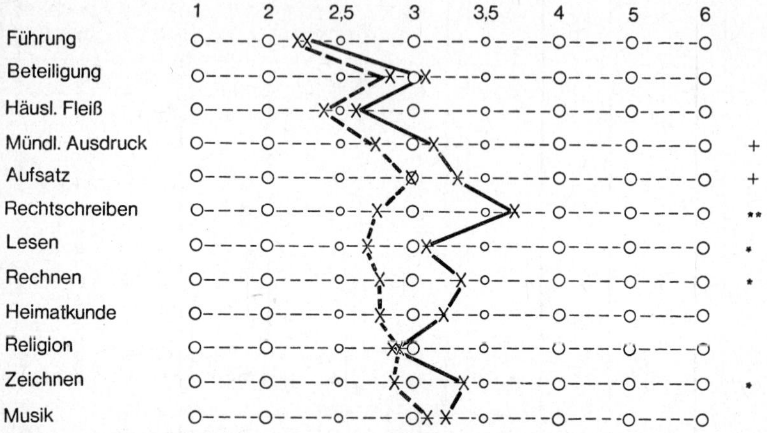

Abb. 3.3.: Leistungsprofile der gemittelten Schulzensuren für impulsive (——) und reflexive (– – – – – –) Kinder (nach Büttner 1970).
+ = 10% Zufallswahrscheinlichkeit für Unterschiede,
* = 5% desgl., ** = 1%.

Statistisch bedeutsam schlechter werden die Leistungen der impulsiven Achtjährigen nach Büttner (1970) beurteilt in den Fächern Rechtschreiben, Lesen, Rechnen und Zeichnen; eine Tendenz in der gleichen Richtung besteht noch bei Mündlichem Ausdruck und Aufsatz.

Düring (1972) fand bei einer anderen Gruppe von impulsiven neun- bis elfjährigen Schülern signifikant schlechtere Schulnoten als bei reflexiven in Rechtschreiben, Rechnen und Heimatkunde.

Entsprechende Ergebnisse teilen Cathcart & Liedtke (1969) mit: Impulsive Kinder des 2. und 3. Schuljahres erzielten in einem Mathematik-Schulleistungstest mit 19 verschiedenen Aufgaben signifikant geringere Leistungen als reflexive.

Messer (1970a) fand, daß Kinder, die eine Klasse wiederholen mußten, statistisch bedeutsam impulsiver sind als ihre Altersgenossen, die nicht sitzenbleiben; in ihrer sprachlichen Intelligenz unterschieden sich die beiden Gruppen nicht.

Auch sonst schneiden Impulsive im Lehrerurteil ungünstiger ab. Im Vergleich zu den Reflexiven beurteilen die Lehrer die Impulsiven auf einer Schätzskala schlechter. Die Abb. 3.4. zeigt die Profile von Lehrer-Urteilen über impulsive und reflexive Kinder.

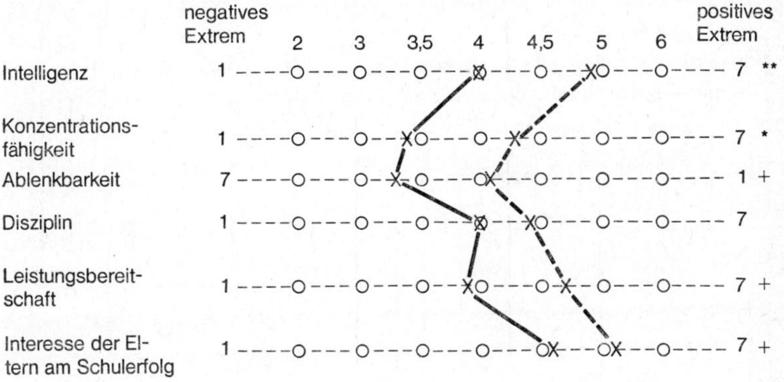

Abb. 3.4.: Profile der gemittelten Lehrer-Urteile für die impulsiven (——) und die reflexiven (––––) Kinder (nach Büttner 1970). (+, * und ** wie bei Abb. 3.3.).

In allen erfragten Bereichen sehen also die Lehrer ihre impulsiven Schüler ungünstiger.

Die Lehrerurteile sind natürlich nicht ganz unabhängig voneinander; sie stützen sich vielmehr gegenseitig. Zunächst ist zu sagen, daß bei solchen Kindern, die der Lehrer als intelligenter einschätzte, vom Lehrer gleichzeitig auch ein höheres Interesse der Eltern am Schulerfolg angenommen wurde (+.47 ss). Wenn man die freien Lehrerurteile untereinander und mit Schulnoten in Beziehung setzt, zeigten sich hohe Korrelationen zwischen verwandten Urteilskategorien: Kinder, die als wenig konzentrationsfähig beurteilt werden, werden auch als leicht ablenkbar eingeschätzt (+.79 ss). Kinder, die als sehr leistungswillig eingestuft werden, haben auch eine gute Zensur in Beteiligung am Unterricht (+.71 ss, alles nach BÜTTNER 1970).

Als wenig diszipliniert eingeschätzte Kinder haben schlechtere Noten in Führung (+.49 ss). Lehrer geben also bei BÜTTNER hoch konsistente Urteile über ihre Schüler ab. KAGAN plädiert dafür (1965b), daß Lehrer das allgemeine „begriffliche Tempo“ von Kindern in ihrer Alltagspraxis berücksichtigen sollten: „Lehrer sind oft geneigt, ein Kind als begabt oder dumm, als gehorsam oder ungehorsam, als zaghaft oder mutig zu kategorisieren, aber sie nehmen kaum zur Kenntnis, ob das Kind in seinem begrifflichen Zugriff zu Problemen impulsiv ist. Wenn sie allerdings diese Dimension berücksichtigen, haben sie eher eine Tendenz, von zwei Kindern mit *demselben Intelligenztestwert* und dem *gleichen sozialen Hintergrund* das reflexive Kind als ‚langsam‘ und weniger begabt einzuschätzen als das impulsive, schnell reagierende Kind“ (S. 158–159, Übers. d. Verf., Hervorhebungen v. Verf.).

Werden Lehrer gebeten, die Kinder auf einer Skala als eher impulsiv oder reflexiv einzuschätzen, so sehen sie die Kinder, die kognitiv impulsiv sind, auch eher als (im persönlichkeitspsychologischen Sinne) „impulsiv“ an, und die kognitiv reflexiven als eher „reflexiv“ (BRANDT 1971, Einzelheiten s. Abschnitt 6).

3.4. Reflexivität-Impulsivität und Lese-Rechtschreib-Schwäche

Bei Untersuchungen mit einer Gruppe von „kognitiv impulsiven“ 6jährigen Kindern stieß KAGAN (1965d) darauf, daß diese Kinder auch vergleichsweise schlechter das Lesen und Schreiben erlernten als eine andere, reflexive Gruppe. KAGAN fand bei (sprachlich nicht besonders gut begabten) Jungen eine Beziehung zwischen Buchstaben-Erkennungsfehlern und Impulsivität. „Die Reaktionsunsicherheit sollte groß sein, wenn die grundlegenden Komponenten des Lesens erlernt sind, aber noch nicht soweit beherrscht werden, daß nicht verschiedene Vermutungen darüber auftauchen können, was ein neues Symbol bedeutet. Eine vorherrschende Disposition für Reflexion oder für Impulsivität hat ihren größten Einfluß auf dieser Zwischenstufe des Kenntniserwerbs“ (1965d, S. 626, Übers. d. Verf.).

Lesen und Schreiben können schwere Aufgaben sein, bei denen Kinder einen hohen Grad an Ungewißheit über die richtige „Aufgabenlösung“ erleben. Beides sind daher Tätigkeiten, in denen Sorgfalt und bedächtiges Herangehen das Lernen sehr fördern können.

Wahrscheinlich wird ein „kognitiv impulsives“ Kind beim Abschreiben eines Wortes nicht das ganze Wort, sondern vielleicht nur herausgehobene Buchstaben richtig auffassen.

POTTSCHULL (1972) konnte ihre Hypothese, daß unter Kindern mit einer Lese-Rechtschreib-Schwäche besonders viele „kognitiv impulsive“ Kinder

sein dürften, bestätigen. Sie verglich zwei Gruppen von je 40 legasthenischen und nicht-legasthenischen Kindern des 2. und 3. Schuljahres mit mindestens durchschnittlichen Lese- und Rechtschreibleistungen[4].
Die Gruppen waren parallelisiert hinsichtlich Alter (± 9 Jahre), IQ (91 bis 133), Geschlecht, Schulklasse und sozialer Herkunft (bei 85% untere soziale Schichten). Von diesen je 40 Kindern waren je 26 entweder reflexiv oder impulsiv. POTTSCHULL fand, daß 19 von den 26 legasthenischen Kindern impulsiv waren ($p < .02$). Unter den 26 nicht-legasthenischen Kindern hielten sich dagegen Impulsive und Reflexive ungefähr die Waage (15 :11). (Dabei waren allerdings die Durchschnittswerte beim MFF insgesamt stark zum „impulsiven" Pol verschoben; die Vergleichsgruppe war im ganzen impulsiver, als es in diesem Alter gewöhnlich gefunden wird. Weitere Untersuchungen müssen hier angestellt werden.)
Experten der Legastheniker-Betreuung und Lehrer machten aber auch vielfältig die Beobachtung, daß Legastheniker „überstürzt und fehlerhaft" reagieren — so wie wir die kognitive Impulsivität definieren —, und beziehen jetzt auch Konzentrations- und Reflexivitätstrainings neben akustischen und visuellen Differenzierungstrainings in ihre Förderungsprogramme ein (vgl. WAGNER 1974a, b, SCHEERER-NEUMANN 1975).
Neben den genannten impulsiven Kindern, die ja schnell reagieren und viele Fehler machen, gibt es nach der Auskunft von Müttern übrigens unter Legasthenikern noch eine Gruppe von Kindern, die auch fehlerhaft und doch langsam arbeiten. Das sind vor allem solche Kinder, die nicht gelernt haben, ihre Arbeitszeit richtig anzuwenden: diese *trödelnden* Kinder gucken beim Abschreiben zwischendurch herum oder denken an anderes und sind dann möglicherweise beim Schreiben selbst genauso hastig wie Impulsive.

3.5. Reflexivität-Impulsivität und „Konzentration" und „Aufmerksamkeit"

Die Aufmerksamkeitszuwendung gehört zu den Basisfähigkeiten, die erst den Einsatz anderer kognitiver Funktionen effektiv und Problemlösungen erfolgversprechend machen. Daß ein Minimum an Kenntnissen dennoch

[4] Legasthenie wurde angenommen bei einem kombinierten Vorkommen von 26 und mehr Fehlern im Diagnostischen Rechtschreibtest (DRT) 2 von MÜLLER (1966), von 12 und mehr Fehlern im Wort-Unterscheidungstest (WUT) von BIGLMAIER (1969) und bei einem IQ von ≧ 91 im Bildertest (BT) 2—3 von INGENKAMP (1966).

vorausgesetzt werden muß – etwa im Lesen –, leuchtet unmittelbar ein. Hat ein Kind aber diese Minimalkenntnisse erworben, so kann es bei guten z. B. reflexiven Arbeitseigenschaften mit ziemlicher Sicherheit beim Lesen und Schreiben Erfolge erzielen. Und wiederum fördern diese Arbeitseigenschaften das Erlernen der Grundkenntnisse.
Es war naheliegend, bei impulsiven Kindern eine geringere Konzentrationsfähigkeit zu vermuten.
Was nun in der psychologischen Diagnostik mit „Konzentrationstests" gemessen wird, scheint sich aber, wie schon in Kap. 1 erwähnt, nicht sehr mit dem zu decken, was die „Konzentrationsleistung" und ihre vielfältigen Äußerungsformen in der Schule ausmacht. Zu diesen gehören auch Ausdauer, Motiviertheit, Antrieb, Interesse. Nicht selten kann man von Eltern hören, daß ihr Kind sich bei seinen Hobbys hervorragend konzentrieren könne, nur eben nicht bei den „uninteressanten" Schularbeiten. Es ist daran leicht zu erkennen, daß die Diagnose der „Konzentration" viele andere Faktoren mit betreffen muß. Dazu sind offenbar sinnvolle Aufgaben sehr viel besser geeignet als sog. „Konzentrationstests".
Es wurde bisher nicht systematisch untersucht, wieweit von der kognitiven Stil-Dimension R-I eine Beziehung zu der mit Tests gemessenen „Konzentration" besteht. Aus der experimentalpsychologischen Forschung liegen einige Beziehungen zur „Aufmerksamkeitsspanne" vor.
Bevor wir die empirischen Untersuchungen zu diesen Beziehungen referieren, sei kurz eine *Definition* von Aufmerksamkeit und Konzentration angeführt:
Es „gibt die Hinwendung der *Aufmerksamkeit* auf einzelne Gegenstände und Ereignisse dem Bild der erlebten Welt einen Schwerpunkt, innerhalb dessen auch minimale Unterschiede deutlicher erfaßt werden als außerhalb. Auf der Stufe der Anschauung werden daher im Vollzug der aufmerksamen Beobachtung bereits Abstraktionsleistungen vorgenommen. Die Wahl des zu beobachtenden Phänomens impliziert zum Teil auch schon eine Entscheidung darüber, von welchen anderen Phänomenen mehr oder minder weitgehend abgesehen werden soll – *Konzentration* bedeutet u. a. auch die Einengung des Blicks auf das für wesentlich Erachtete" (Hofstätter 1965, S. 35).
„Von der Welt, in der wir leben, sind uns von Augenblick zu Augenblick nur einzelne Ausschnitte wirklich gegenwärtig; sie heben sich als ‚Figur' im Sinne der Gestaltpsychologie von dem ‚Grund' der sonstigen Gegebenheiten ab ... eine gewisse hypothetische Größe, die als ‚*Aufmerksamkeit*' bezeichnet wird, (ist) jeweils ungleichmäßig auf die Gegenstände der Welt und der Innenwelt verteilt ..., beziehungsweise diese Gegenstände (sind) mit dieser Größe in geringerem oder höherem Maße ‚besetzt' ... In die-

sem Sinne sprechen wir von der *Konzentration* auf etwas, von innerer Zuwendung, Zentralisierung des seelischen Geschehens, ‚*apperzeptiver Auffassung*' und vom Gerichtetsein auf etwas.

Allgemein wird zwischen ‚willkürlicher' (aktiver) und ‚unwillkürlicher' (passiver) Aufmerksamkeit unterschieden; wir können uns entweder willentlich auf gewisse Dinge richten, diese fixieren und uns um deren möglichst klare und deutliche Auffassung ... bemühen, aber es kann auch sein, daß sich uns Dinge, Vorstellungen und Gedanken ungewollt aufdrängen und damit unsere Aufmerksamkeit manchmal auch gegen unseren Willen (als ‚Störungen') auf sich ziehen. Der *Reklame* ... geht es vorwiegend um die Bindung der unwillkürlichen Aufmerksamkeit, der *Tarnung* hingegen um deren Ablenkung" (HOFSTÄTTER 1965, S. 34).[5]

Welche *Reizfaktoren* die unwillkürliche Aufmerksamkeit auf sich ziehen und was man davon ausgehend tun kann, um die Ausbildung einer verbesserten willkürlichen Aufmerksamkeit zu fördern, wird uns weiter unten beschäftigen (ab Kap. 6).

Es folgen nun die vereinzelt vorliegenden empirischen Untersuchungen zu der mit Tests erfaßten Konzentrationsfähigkeit impulsiver und reflexiver Kinder.

BÜTTNER (1970) und POTTSCHULL (1972) haben jeweils bei Impulsiven und Reflexiven einen Konzentrationstest für Kinder angewendet, bei dem bestimmte Zeichen aus Zeilen mit ähnlichen Zeichen herausgefunden werden müssen (den BOURDON-Test). Bei BÜTTNER war die Testdurchführung mit einem Zielsetzungsversuch verbunden[6].

Beide Autoren fanden keine bedeutsamen Unterschiede in der so erfaßten „Konzentration" bei Impulsiven und Reflexiven. Lediglich Reflexive machten erwartungsgemäß im Verhältnis zu ihrer Gesamtleistung etwas weniger Fehler als Impulsive (BÜTTNER 1970).

Andere Befunde gehen eher in die erwartete Richtung: BRANDT (1971)

---

[5] Daneben ist allerdings interessant, daß DÜKER (1955) die Aufmerksamkeit nicht als psychischen Vorgang eigener Art gelten läßt; das Wort „Aufmerksamkeit" sei lediglich eine Bezeichnung für die Intensivierung von Erkenntnisvorgängen. So bezeichnet DÜKER (1975) auch eine von ihm 1932 entwickelte Trainingsmethode als eine Methode zur „Ausbildung des Wollens", während wieder BINAS (1973) seine Weiterentwicklung derselben als „Konzentrations"-Trainingsprogramm vorstellt. Es erscheint uns in jedem Fall als sehr praktisch, mit dem Aufmerksamkeits-Begriff weiterzuarbeiten.

[6] Der BOURDON-Test erinnert an die eher langweiligen üblichen Konzentrationstests, bei denen man immer die gleichen Handlungen wiederholen muß (z. B. immer einen bestimmten Buchstaben heraussuchen, immer einstellige Zahlen addieren).

gab impulsiven und reflexiven Kindern die Aufgabe „Perlen-Aufreihen" als Test für Konzentration, visuelle Merkfähigkeit und Informationsstrukturierung. Bei der schwereren ihrer beiden Aufgaben lag die Fehlerzahl der Impulsiven signifikant höher als die der Reflexiven, und der Zeitverbrauch war bei den Reflexiven auch etwas größer als bei den Impulsiven.

Auch die häufigeren Berichtigungen impulsiver Kinder im MFF (BRANDT 1971, vgl. Kap. 2) können im Sinne einer geringeren Konzentration auf die Aufgabe gewertet werden. Letztlich könnte man auch die flüchtigere Informationsaufnahme der Impulsiven im MFF selbst als „weniger aufmerksames" Verhalten interpretieren (WAGNER & CIMIOTTI 1973, 1975, vgl. auch Kap. 2), aber wir wollen lieber zunächst den MFF als unabhängiges Maß behandeln und von daher die Beziehungen zwischen R-I und (anderen) Daten über Aufmerksamkeit und Konzentration erkunden.

WELCH (1975) stellte nach längeren *Verhaltensbeobachtungen* fest, daß solche Kinder, die im MFF wenige Fehler machen, gut in der Lage sind, in alltäglichen Beschäftigungen mehrere Dinge oder Vorgänge zu beachten, also ihre Aufmerksamkeit zu teilen. Kinder, die im MFF viele Fehler machen, können das nicht; sie müssen eine Tätigkeit unterbrechen, wenn etwas anderes ihr Interesse beansprucht.

Eine Zunahme der Fähigkeit zu konzentriertem Verhalten mit dem Lebensalter ist normal. FERRARO et al. (1971) berichten über eine erhebliche Zunahme der sogenannten *Aufmerksamkeitsspanne,* der Zeit, innerhalb derer Aufmerksamkeit aufrechterhalten werden kann, im Lebensalter zwischen 5 und 11 Jahren. Ein Unterschied in der Aufmerksamkeitsspanne bei gleichaltrigen impulsiven und reflexiven Kindern wurde von ZELNIKER et al. (1972) gefunden: Kinder wurden veranlaßt, in einem Experiment durch Knopfdruck ein weißes Lämpchen zum Aufleuchten zu bringen; nach unterschiedlich langer Zeit (3 bis 30 Sek.) mußte beim Aufleuchten eines roten Lämpchens der Knopf losgelassen werden. Impulsive Kinder reagierten auf die Farbänderung des Lichts bei längeren Wartezeiten verzögert, was auf eine geringere Aufmerksamkeitsspanne schließen läßt. ZELNIKER et al. schließen daraus: „Die Unfähigkeit, die Aufmerksamkeit aufrechtzuerhalten, ist eine von mehreren Verhaltensweisen, die für eine begriffliche Definition von Impulsivität angemessen wären" (S. 334, Übers. d. Verf.). Dies ist einer der ersten Ansätze zu einer theoretischen Vereinigung der Aufmerksamkeits- und der R-I-Forschung. NELSON (1969) nennt sein Reflexivitäts-Training übrigens ausdrücklich ein „Aufmerksamkeitstraining". Ihm haben wir uns bei der Titelwahl für dieses Buch angeschlossen.

Wir können festhalten, daß wir mit R-I eine Dimension im Griff zu haben scheinen, die für das repräsentativ sein dürfte, was im Alltag oft als Aufmerksamkeit bezeichnet wird. Die R-I-Dimension – oder die daraus abzuleitenden aufgabentypischen Entscheidungsprozesse – scheinen uns bis auf weiteres auf bessere Weise als andere Aufmerksamkeits- und Konzentrationsbegriffe einen Zugang zu Erfolg und Versagen bei kognitiven Leistungen zu eröffnen. Es braucht allerdings noch erhebliche Forschungsanstrengungen, denn Qualität und Ausmaß der Zuwendung zu Aufgaben müssen situationspezifisch untersucht werden. Wir haben Strategien der Aufgabenzuwendung und nicht nur Typen wie in der bisherigen R-I-Forschung zu identifizieren, um entsprechende Defizite gezielt behandeln zu können. Ob wir mit dem MFF schon das beste Instrument zur Erfassung dieser komplexer verstandenen Aufmerksamkeit besitzen, muß dabei auch überprüft werden. Es kann aber angenommen werden, daß die R-I-Dimension auch in ihrer vorläufigen Form eine für Schule und Diagnostik bedenkenswerte Einflußgröße darstellt und (als „Moderatorvariable") zahlreiche andere Leistungen mitbestimmt und bisher unbeachtet geblieben ist. Daß ein Reflexivitäts- oder eben Aufmerksamkeitstraining mit „impulsiven" Kindern Leistungsverbesserungen auch in solchen schulischen Aufgaben mit sich bringen kann, die gegen „Konzentrationsstörungen" anfällig sind, erscheint uns sicher.

3.6. Reflexivität-Impulsivität und die Selbstbeurteilung von Schülern

Wir haben vorn (Kap. 2) erörtert, daß wir nur die genau beschriebene „kognitive Impulsivität", das überstürzte Aufgabenverhalten, meinen, wenn wir von Impulsivität sprechen. Die zahlreichen anderen Definitionen von Impulsivität haben wir bisher unberücksichtigt gelassen. Ein Vergleich dieser Definitionen und ihrer jeweiligen Erfassungsmethoden wäre ein Dissertationsthema.

Da aus dem Bereich der Persönlichkeitspsychologie ein brauchbarer Fragebogen zur allgemeiner verstandenen „Impulsivität" vorliegt (Hirschfield 1965), konnte ansatzweise erkundet werden, ob etwa die „kognitive Impulsivität" etwas mit der weiteren „persönlichkeitsbezogenen" Impulsivität zu tun hat.

Brandt (1971) gab einer Gruppe von elfjährigen Jungen den von ihr übersetzten Fragebogen von Hirschfield (1965). Bei dem Fragebogen müssen die Versuchspersonen mit Zustimmung oder Verneinung zu einer Reihe von 27 Aussagen Stellung nehmen, die sich auf ihre Tendenzen zu

impulsivem, ungesteuertem Verhalten beziehen (z. B. Ich tue oft etwas, ohne zu überlegen. Ich bin lieber mit vielen anderen Kindern zusammen als nur mit einem. Ich schimpfe gleich los, wenn ich wütend bin).
Es nahmen 21 kognitiv impulsive und 23 kognitiv reflexive Kinder an dem Versuch teil. Da ihnen Verschwiegenheit gegenüber der Schule zugesichert wurde, konnten ehrliche Stellungnahmen erwartet werden.
Die Ergebnisse: Es besteht bei den kognitiv Impulsiven eine Tendenz, sich im HIRSCHFIELD-Fragebogen selbst als etwas „impulsiver" einzuschätzen, als dies die Reflexiven tun. Kognitiv Impulsive akzeptieren durchschnittlich bei 21 ($\pm$ 1,4) Aussagen diejenige Alternativantwort als für sie zutreffend, die als Anzeichen für höhere Impulsivität gilt; kognitiv Reflexive tun dies bei nur 14,8 ($\pm$ 3,9) Fragen. Der Unterschied erreicht nicht ganz die statistische Signifikanzgrenze ($p < .10$), aber eine Tendenz in der erwarteten Richtung kann wohl behauptet werden.
POTTSCHULL (1972) fand bei Neunjährigen mit dem gleichen Fragebogen keinen bedeutsamen Zusammenhang zwischen kognitiver R-I und der allgemeiner verstandenen Impulsivität; sie hatte mit je 26 Legasthenikern, denen der Fragebogen-Test vorgelesen wurde, und mit 26 normal lesenden Kindern gearbeitet.
Wir müssen daher wohl vorerst annehmen, daß die kognitive Impulsivität relativ unabhängig von dem ist, was man gemeinhin unter „impulsivem" Verhalten im persönlichkeitspsychologischen Sinn versteht.
Der HIRSCHFIELD-Fragebogen hat übrigens einigermaßen zuverlässig das erfaßt, was er bei den Kindern erfassen sollte. BRANDT (1971) hat den Test am Urteil der Lehrer validiert. Die Lehrer erhielten dazu eine Beschreibung dessen, was nach HIRSCHFIELD unter „Impulsivität" zu verstehen ist, und beurteilten ihre Schüler dann auf einer 7stufigen Skala. So konnte ein Kind einen Wert von –3 bis + 3 bekommen, je nachdem, ob der Lehrer es als „sehr impulsiv" oder als „sehr reflexiv" einschätzte. An dem Versuch nahmen nicht nur die kognitiv impulsiven und reflexiven Kinder teil, sondern alle Kinder der jeweiligen Klassen.
Die Impulsivitäts-Definition nach HIRSCHFIELD (1965) für die Lehrer lautete:
„Impulsive Kinder reagieren schnell, ohne lange zu überlegen oder zu zögern. Impulsivität umfaßt:
1. Schnelles, unbekümmertes Reagieren unter sozialem Druck.
2. Unruhe im sensu-motorischen Bereich.
3. Vorliebe für rauhe Scherze.
4. Mangelnde emotionale Kontrolle.
5. Großer Energieaufwand zu Beginn einer Handlung.
6. Mangelnde Voraussicht.

7. Beginn einer Arbeit, ohne vorher sorgfältig einen Plan zu konstruieren" (zit. nach BRANDT 1971, S. 72).

(Diese – persönlichkeitspsychologische – Definition enthält übrigens überwiegend die negativen Aspekte der Impulsivität; die umgangssprachlichen positiven Anklänge fehlen. Man vergleiche dazu Kap. 1.)

BRANDT fand nun eine sehr signifikante Korrelation (.43) zwischen dem danach erhobenen Lehrerurteil und den Selbsteinschätzungen der kognitiv impulsiven und reflexiven Schüler. Der Fragebogen kann also eine gewisse, wenn auch geringe Validität beanspruchen. Allerdings gilt die genannte Korrelation nur für die beiden Gruppen der *kognitiv* impulsiven und reflexiven Schüler; für die größere, nicht ausgelesene Gesamtgruppe der Schulklasse gilt nur eine Korrelation von .20, die statistisch nicht bedeutsam ist. Das kann auch gar nicht anders sein, weil die Skalenbeurteilung für die nicht-impulsiven und die nicht-reflexiven Kinder gar nicht adäquat war: denn ein Kind, das der Lehrer als „schnell und gut" beurteilt, hätte nur am Nullpunkt der Skala Platz. Hätten die Lehrer aber nur die „kognitiv impulsiven" und die „kognitiv reflexiven" Kinder beurteilen müssen, wäre allzu leicht eine Polarisierung und Überakzentuierung der Urteile entstanden.

Impulsivität hat nach KAGAN (1965b) im individuellen Leben eine lange Entstehungsgeschichte (vgl. auch Kap. 4). Er weist auf die Gefahr hin, daß Lehrer das impulsive Kind entmutigen, wenn es immer wieder Fehler mache: Lehrer schätzen ja und honorieren in der Regel schnelle Antworten – sie reagieren aber nach KAGAN allzu oft sarkastisch, wenn ein Kind dann wiederholt falsch antwortet. Darauf führt es KAGAN auch zurück, daß impulsive Kinder ihre eigenen intellektuellen Fähigkeiten als signifikant schlechter einschätzen, als dies reflexive Kinder mit dem gleichen Begabungsniveau tun (1965b).

3.7. Komplexere Zusammenhänge: Reflexivität-Impulsivität, Schulleistungen, Intelligenz und Leistungsmotivation

DÜRING (1972) fand auch noch komplexere Zusammenhänge zwischen Schulleistungen, Intelligenztestleistungen und R-I sowie zwischen diesen und den Erziehungsstilen von Müttern. DÜRING berücksichtigte, anders als BÜTTNER (1970), neben den reflexiven und den impulsiven Kindern auch noch die im MFF „schnellen guten" und die „langsamen schwachen" Kinder als gesonderte Gruppen. Das wird auch von ESKA & BLACK (1971) und von uns befürwortet (vgl. Kap. 5).

Ein Vergleich der Schulleistungen und der Intelligenztestleistungen ergab folgendes (Tab. 3.3.):

Tab. 3.3.: Die Rangplätze und Wertpunkte der MFF-Gruppen im Intelligenztest „Primary Mental Abilities" (PMA) und die Rangplätze der Schulleistungen (nach Düring 1972; weiteres s. Text).

		Intelligenztest (PMA)		Schulleistungen	
Leistungen im MFF	N	Rangplatz	Standardwert	Rangplatz	Besonderes
reflexiv	19	1.	104,7	2.	–
schnell-gut	10	2.	103,9	3.	„Underachiever"; Tendenz: erhöhte Mißerfolgsfurcht
langsam-schlecht	13	3.	99,1	1.	„Overachiever"; Tendenz: erhöhte Erfolgszuversicht
impulsiv	18	4.	94,9	4.	–

Zur Interpretation dieser Ergebnisse führt Düring an:

Nur bei den *Reflexiven* entsprechen die Schulleistungen ihrer guten Begabung durchaus.

Die *„schnellen Guten"* sind intelligenter, als es ihre Schulleistungen vermuten lassen; sie sind, nach der in der Psychologie üblichen Definition, sogenannte „underachievers", d. h. sie zeigen erwartungswidrig schwache Schulleistungen, wenn man ihre Intelligenz betrachtet. Diese Kinder haben leicht erhöhte Mißerfolgsfurcht, verglichen mit den anderen Gruppen.

Die *„langsamen schwachen"* Kinder sind weniger intelligent, als es ihre guten Schulleistungen vermuten lassen; sie sind sog. „overachievers", d. h. sie haben erwartungswidrig gute Schulleistungen, wenn man ihre schlechteren Intelligenztestergebnisse betrachtet. Diese Kinder haben vergleichsweise die höchste Erfolgszuversicht aller vier Gruppen.

Die *Impulsiven* kommen wie bei Büttner (1970) am schlechtesten weg, sowohl was ihre Intelligenzleistungen, als auch was ihre Schulnoten betrifft; ihre sämtlichen gemessenen Leistungen sind geringer als die der Reflexiven (vgl. Abschn. 2. vorn).

Wir haben hier die Düringschen Ergebnisse in ihrer ursprünglichen Form, unkorrigiert durch unsere obigen Erwägungen über die Veränderbarkeit von Intelligenztestbefunden durch optimale Instruktion und Training, wiedergegeben.

Ob etwa auch die im MFF „langsamen schwachen" Kinder in den Testsituationen besonders beeinträchtigt waren, können wir z. Zt. nicht entscheiden, weil noch keine Trainingsversuche mit dieser Gruppe gemacht wurden. Die Leistungsdiskrepanzen der „schnellen guten" und der „langsamen schwachen" Gruppen sowie ihre motivationale Entwicklung hängen mit besonderen Erziehungseinstellungen ihrer Mütter zusammen (DÜRING 1972, vgl. Kap. 4).
Ein mit DÜRINGS Befunden nicht vereinbarer Befund zur Intelligenz der vier Gruppen wird von ESKA & BLACK (1971) mitgeteilt. Die Intelligenztestwerte, erhoben nach dem OTIS-LENNON Mental Ability Test (OLMAT) sind in Tab. 3.4. angeführt.

Tab. 3.4.: Die Intelligenzquotienten der MFF-Gruppen nach Eska & Black (1971)

Leistungen im MFF	N	Intelligenzquotient (OLMAT)
reflexiv	39	116,9
schnell-gut	16	113,0
langsam-schlecht	15	113,1
impulsiv	30	107,5

Nach ESKA & BLACK nimmt die im MFF „langsame und schlechte" Gruppe im Intelligenztest den gleichen Platz ein wie die „schnelle gute" Gruppe. Die Reflexiven und die Impulsiven stehen wie bei DÜRING an erster und an letzter Stelle. (Die absoluten Werte spielen keine Rolle.) Dieses Ergebnis spricht dafür, daß die „langsame schwache" Gruppe bei DÜRING im HAWIK vielleicht doch nicht so zum Zuge gekommen ist, wie es ihrer Begabung entspräche. Auch entsprechen die Befunde von ESKA & BLACK (1971) denen von BÜTTNER (1970), dessen Kontrollgruppe ebenfalls sehr ähnliche Intelligenztestleistungen erbrachte wie die reflexive Gruppe (vgl. Abschnitt 1). Das ändert aber nichts an den hauptsächlichen Interpretationen: Man hat sich nach wie vor damit auseinanderzusetzen, daß bei dieser Gruppe zumindest ein unausgeglichenes Leistungsverhalten zu erwarten ist.
Über die im MFF langsam und falsch reagierenden Kinder und über die schnell und richtig reagierenden Kinder liegen noch zu wenige Befunde vor, um sie richtig einschätzen zu können. Erst später wird man beurteilen können, ob z. B. die begabten „Underachievers" eine Motivationstherapie benötigen und warum die „Overachievers" manchmal so schlecht und manchmal so gut abschneiden.

Eine Relativierung auch bei der impulsiven Gruppe muß allerdings vorbehalten bleiben: Wenn die Impulsivität Kinder daran hindert, ihre volle intellektuelle Leistungsfähigkeit „auf Anhieb“ zu zeigen, so sind die Impulsiven gegenüber den Reflexiven auch hier wieder relativ zu schlecht weggekommen, – aber das war gerade, was wir mit diesem Kapitel allgemeiner zeigen wollten und zeigen konnten.
Der MFF sollte daher nicht etwa als ein neuer Intelligenztest mißverstanden werden, obwohl die Beziehungen deutlich scheinen. Die bisher in anderen Untersuchungen gefundenen Korrelationen zwischen MFF-Ergebnissen und Intelligenztestbefunden sind widersprüchlich (s. Anfang des Kapitels), und DÜRINGS Versuchspersonenzahl ist zu gering, um ihre Befunde etwa so weitgehend zu verallgemeinern. Bei einer etwaigen Standardisierung des MFF könnte evtl. das Schulerfolgsproblem mit einbezogen werden.

3.8. Zusammenfassung

Wir haben gesehen, daß die „kognitiv Impulsiven“ in Intelligenztests trotz gleich guter Intelligenz schlechter abschneiden als die Reflexiven, daß die Impulsiven auch in Schulnoten schlechter sind und besonders Schwierigkeiten im Lesenlernen, im Schreiben und im Rechnen haben. Impulsive können schlechter auswendig lernen und Denkprobleme lösen. Lehrer trauen ihnen weniger zu. Gibt man den Impulsiven aber besondere Instruktionen, oder trainiert man vorher ihre Aufmerksamkeit (s. Kap. 6 ff.), so sind sie genauso leistungsfähig wie Reflexive. Es kann daher zusammenfassend gefolgert werden, daß bei Impulsiven meist lediglich ein gewisses Defizit in der „kognitiven Steuerung“ oder der „kognitiven Selbstkontrolle“ vorliegt, daß die Fertigkeit zu gering ausgebildet ist, Handlungsimpulse kurzfristig zu bremsen, bevor man eine Aufgabenlösung anbietet. Impulsive werden also in verschiedenen Arten von Leistungsmessungen letztlich ungerechtfertigt schlechter beurteilt: Ihre Impulsivität hindert sie daran, ihre volle Leistungsfähigkeit zu entfalten.
Soviel mag hier ausreichen, um verständlich zu machen, weshalb es sich lohnt, mit impulsiven Kindern reflexives Problemlösungsverhalten zu üben.

4

Zur Entstehung von Impulsivität-Reflexivität im Entwicklungs- und Erziehungsprozeß

Es gibt einige Beobachtungen über die langfristige Veränderung und Beeinflussung von Impulsivität-Reflexivität im Verlauf des frühen Schulalters. So ist gesichert, daß Kinder umso „impulsiver" sind, je jünger sie sind: Vom ersten bis zum vierten Schuljahr nimmt die Impulsivität ab (KAGAN 1965a, b), und Erwachsene sind erheblich weniger impulsiv als Kinder (YANDO & KAGAN 1968, DRAKE 1970, GIOTT 1973). Allerdings weiß man bisher nur wenig darüber, auf welche Weise und durch welche Einflüsse die Impulsivität ab- und die Reflexivität zunimmt.

Es werden daher hier nur kurz einige Aspekte erörtert, zu denen einzelne Untersuchungen vorliegen. Dies sind:

1. die Konstitution und physische Außeneinflüsse,
2. die „Reifung",
3. die Vorbildwirkung von Lehrern,
4. die Zugehörigkeit zu sozialen Schichten,
5. die Erziehungsstile von Müttern,
6. die direkte Interaktion von Mutter und Kind,
7. Eigentümlichkeiten der individuellen Lerngeschichte.

4.1. Reflexivität-Impulsivität und Konstitution und physische Außeneinflüsse

Von kognitiver Reflexivität und Impulsivität sprechen wir immer nur im Rahmen der Variationsbreite einer Normalpopulation, abgesehen von einigen später zu besprechenden Arbeiten, in denen „hyperaktive" impulsive Kinder trainiert wurden (MEICHENBAUM & GOODMAN 1971). Es darf als sicher angenommen werden, daß Konstitution bzw. „Temperament" (KAGAN 1966a) und etwaige organische Defizite wie Hirnschädigungen dem der Möglichkeit nach erreichbaren Maß an kontrolliertem Verhalten eine Grenze setzen (KAGAN 1965a). Psychoneurotische Entwicklungen andererseits können eine zwanghafte „Reflexivität" wie zwanghaftes Zweifeln bedingen, die weit über ein wünschbares realitätsangemessenes Maß hinausgehen (KAGAN & KOGAN 1971).

Über die Anlagefaktoren versprechen Längsschnitt-Untersuchungen Auskunft, die mit Säuglingen begonnen wurden (KAGAN 1965a). Es lassen sich schon sehr früh Unterschiede im Aufmerksamkeitsverhalten von Säuglingen aufzeigen; ob diese aber mit einem später eher impulsiven oder reflexiven Verhalten dieser Kinder zusammenhängen, weiß man noch nicht.

Kagan (1966a) versuchte auch, einen Zusammenhang zwischen R-I und dem *Körperbautypus* (Größe, Brustumfang) aufzuzeigen. Zufalls-Beobachtungen hatten auf Beziehungen schließen lassen. Überwiegend waren aber die Ergebnisse enttäuschend: zwar waren alle 17 als „klein und breit" eingestuften Jungen impulsiv, und 9 von 14 „großen und schmalen" Jungen waren reflexiv, aber die „kleine schmale" und die „große breite" Jungengruppe ließ sich nicht eindeutig zuordnen. Bei den Mädchen spielte die „Breite" gar keine Rolle, und es zeigte sich nur eine schwache Tendenz, daß „kleine" Mädchen eher reflexiv, „große" eher impulsiv sind. Kagan interpretiert diese Befunde sehr spekulativ. Die kleinen impulsiven Jungen hatten sich bei einem Versuch, in dem sie ihre eigene Größe anhand von Schablonen einschätzen mußten, selbst relativ als kleiner gesehen, als sie wirklich waren. Daraus schließt Kagan, daß eine Furcht bestehe, dem männlichen Ideal nicht zu entsprechen, und daß diese Furcht sich eben in der Impulsivität zeige. Abgesehen davon, daß ein Zusammenhang zwischen Ängstlichkeit und Impulsivität durchaus in Zweifel steht, erscheint uns doch die Alternativ-Interpretation von Kagan entschieden akzeptabler: daß nämlich vielleicht ein gemeinsamer physiologischer Ursprung für Körperform und Verhalten (hier Impulsivitätsneigung) verantwortlich gemacht werden kann. Eine sehr große Bedeutung kann aber diesen typologischen Erwägungen nicht zugemessen werden, da sie nur für eine sehr kleine Gruppe einigermaßen brauchbare Korrelationen liefert.

Ein Zusammenhang zu *„motorischer Hyperaktivität"* wird von Meichenbaum & Goodman (1971) sowie von Kagan (1965b) aufgezeigt. Es wären noch weitere Beobachtungen erforderlich, um die Zusammenhänge genauer zu prüfen.

Kompliziert wird eine etwaige medikamentöse Behandlung Impulsiver durch neueste Befunde aus der medizinischen und der biochemischen Forschung. Auch *Allergien* können an übergroßer Unruhe, besonders bei Jungen, schuld sein. So haben Allergologen die Hypothese wahrscheinlich gemacht, daß Lebensmittelfarben und Aromazusätze an Nahrungsmitteln, Süßigkeiten und Getränken für übergroße Unruhe (Hyperkinese) mit verantwortlich sind (Feingold 1973, zit. nach Gero 1974). Auch Mangel an langwelligem UV-Licht (Leuchtstoffröhren) steht im Verdacht, Hyperkinese und Reizbarkeit zu erhöhen (Ott, zit. nach Gero 1974).

Paradoxerweise reagieren nun hyperkinetische Kinder mit Beruhigung

nicht etwa auf die üblichen Beruhigungsmittel, sondern auf solche Substanzen, die bei anderen aufputschend wirken, vor allem Amphetamine.
Eine sorgfältige Analyse etwaiger schädlicher Zivilisationseinflüsse der genannten Art muß unbedingt geleistet werden und entsprechende Maßnahmen zur Folge haben. Da bei den allergischen hyperkinetischen Kindern die Unruhe erheblich zurückging, wenn man ihnen die Lebensmittelfarbstoffe vorenthielt, ist die Basistherapie hier sehr einfach durch den Gesetzgeber zu leisten.
Wenn Beruhigungsmittel oder andere Medikamente zu einer Therapie angezeigt sein mögen – als Dauerlösung müssen sie unbefriedigt lassen, wenn es sich um die „normalen" impulsiven Kinder handelt, die sich nur eben nicht ganz so gut konzentrieren können wie ihre reflexiven Altersgenossen. Hier ist psychische Steuerung gefragt, nicht etwa medikamentöse Dauerversorgung.
Manche Autoren berichten über *Geschlechtsunterschiede* bei der kognitiven Reflexivität-Impulsivität; danach sollen Jungen impulsiver sein als Mädchen. Die Befunde widersprechen einander aber in verschiedenen Berichten, so daß wir keine Behauptungen aufstellen möchten. Allerdings würden sich bei einem Nachweis größerer Impulsivität bei Jungen diese Daten mit Beobachtungen der Mediziner decken, die die sog. „Hyperaktivität" fast nur bei Jungen gefunden haben. Jungen sind ja allgemein in ihrem Aktivitätsniveau Mädchen überlegen. Das würde dann allerdings bedeuten, daß man die „kognitive Impulsivität" mit der medizinisch definierten „Hyperaktivität" in einen engen Zusammenhang bringen müßte. Das tun z. B. schon MEICHENBAUM & GOODMAN (1971) und CAMPBELL, DOUGLAS & MORGENSTERN (1971).
Die Belege für einen größeren Anteil *kognitiv* impulsiver Kinder unter den Jungen sind z. Zt. allerdings noch unzureichend. In zahlreichen sorgfältig geplanten Untersuchungen fanden sich keine Geschlechtsunterschiede. Wenn reflexiveres Verhalten mit besserer Fähigkeit zur Selbst-Instruktion verbunden ist (MEICHENBAUM & GOODMAN 1971), so ließe sich eine evtl. größere Impulsivität bei Jungen auch mit deren etwas langsamerer Sprachentwicklung erklären.
Zentral für uns ist ja doch die Frage, ob – bei möglicherweise noch so ungünstigen psychophysischen Voraussetzungen – und unter welchen Bedingungen ein kontrollierteres Verhalten übbar ist.

4.2. Reflexivität-Impulsivität und „Reifung"

Zur „spontanen" Veränderung von impulsivem Verhalten des Kindes in Richtung auf größere Reflexivität beim Erwachsenen gibt es eine Reihe von Befunden. Allerdings fehlen bisher längerfristige Längsschnitt-Beobachtungen.

Die Manifestation eines „reflexiven" oder „impulsiven" Problemlösungstypus ist bereits im Vorschulalter auszumachen (WARD 1968b, BRINKS 1970). Mit zunehmendem Alter, von 6 bis 10 Jahren, werden Kinder reflexiver, sie behalten aber die *relative* Ausprägung ihres Reaktionstypus bei (KAGAN 1965a); ein Kind, das mit 6 Jahren zur impulsiven Gruppe seiner Klasse gehört, wird dies also mit großer Wahrscheinlichkeit auch noch im vierten Schuljahr tun, obwohl es, verglichen mit dem Zeitpunkt der ersten Messung, jetzt reflexiver reagiert.

NUESSLE (1972) fand auch zwischen dem 5. und 9. Schuljahr noch eine erhebliche Zunahme der Reflexivität. Kinder des 9. Schuljahres hatten erheblich längere Reaktionszeiten und machten viel weniger Fehler im MFF als Kinder des 5. Schuljahres.

Erwachsene haben bei denselben MFF-Aufgaben noch längere Reaktionszeiten als Kinder, und sie machen relativ noch weniger Fehler.

In gleicher Richtung geht der Befund von FERRARO, FRANCIS & PERKINS (1971), daß Kinder erst zwischen 5 und 11 Jahren zunehmend fähig werden, nach immer längeren Zeitintervallen noch richtig mit einer Alternativreaktion auf ein einfaches Farbsignal zu reagieren. Ihre Aufmerksamkeitsspanne wächst also an. Nach ZELNIKER, JEFFREY & AULT (1972) haben impulsive Kinder eine kürzere Aufmerksamkeitsspanne als reflexive.

An einem Reifungs-Anteil besteht also nach den entwicklungspsychologischen Befunden kein Zweifel.

4.3. Reflexivität-Impulsivität und Lehrervorbild

Es konnte gezeigt werden, daß die Erfahrungen der Kinder bei der Zunahme der Reflexivität eine große Rolle spielen. Auf welche Weise das Lernen hier aber vor sich geht, ist noch weitgehend unerforscht.

Die erste Untersuchung von YANDO & KAGAN (1968) zeigte eine Beeinflussung durch erwachsene Vorbilder im täglichen Umgang auf: Wenn impulsive Erstkläßler von reflexiven Lehrerinnen unterrichtet wurden,

die 8 oder mehr Jahre Berufserfahrung hatten, zeigten sie im MFF am Ende des ersten halben Schuljahres signifikant längere Reaktionszeiten als andere, die von weniger erfahrenen reflexiven oder von impulsiven Lehrerinnen unterrichtet wurden. Allerdings änderte sich die Fehlerzahl im MFF in keiner Gruppe. Welche Verhaltensweisen dieser Modellpersonen übrigens wirksam waren, wurde nicht erkundet. Angenommen wird eine Modellwirkung oder eine selektive Bekräftigung des reflexiven Verhaltens der Kinder durch die Lehrerin (vgl. neuerdings RADATZ 1974).
Nähere Aufschlüsse darüber dürfte demnächst eine Studie über den Zusammenhang zwischen Erziehungsstilen von Lehrerinnen in Vorschulklassen und Reflexivität-Impulsivität der Kinder geben (EWERT u. a., in Vorb., pers. Mitteilung).

4.4. Reflexivität-Impulsivität und Zugehörigkeit zu bestimmten sozialen Schichten

Bei der Erhebung der Zugehörigkeit der Väter seiner Versuchspersonen zu den verschiedenen sozialen Schichten fand BÜTTNER (1970) lediglich in der Gruppe der Impulsiven ein getreues Abbild der Bevölkerungszusammensetzung; in der Gruppe der Reflexiven fanden sich hochsignifikant mehr Kinder, deren Väter ihren Berufen nach der sozialen Oberschicht angehören (24—25% gegenüber 5,5% bei den Impulsiven).
Auch mehrere andere Autoren fanden einen Zusammenhang zwischen Impulsivität-Reflexivität und sozialer Schichtzugehörigkeit, so HEIDER (1971), ZUCKER & STRICKER (1969), SCHWEBEL & BERNSTEIN (1970), DÜRING (1972) und GIOTT (1973). Übereinstimmend berichten diese Autoren, daß Kinder aus Familien der sozial benachteiligten Schichten regelmäßig unter den impulsiven Kindern überrepräsentiert sind, während Kinder aus der Mittel- und der Oberschicht eher reflexiv sind.
Man kann also annehmen, daß die Reflexiven im Vergleich zu den Impulsiven eher unter solchen Umweltbedingungen aufgewachsen sind, die einen höheren Grad an intellektueller Anregung gewähren und leistungsbezogene Einstellungen stärker fördern (vgl. Abschnitt 5).

Da Impulsivität überwiegend bei Kindern der sozialen Unterschichten gefunden wird, Reflexivität aber bei Mittelschichtkindern (vgl. Abschnitt 4), lag es nahe, die *Erziehungsstrategien* dieser Schichten mit der Entstehung der R-I in Zusammenhang zu bringen. Nahe lag es auch anzunehmen, daß ein autoritärer Erziehungsstil, der in Zusammenhang mit einem „restringierten" Sprachcode zu sehen ist, die Möglichkeiten von Kindern zur Reflexion eher einengen dürfte, da hier im allgemeinen schnelles Reagieren verlangt wird, nicht aber verzögerte Reaktion. Im Gegensatz dazu dürfte bei nicht-autoritärer, mehr kindzentrierter Erziehung das eigene Nachdenken des Kindes über Problemlösungen und die ausführliche, „elaborierte" Erörterung mit dem Kind eine wichtigere Rolle spielen, und dies könnten mit Voraussetzungen für die Ausbildung eines „reflexiven" Problemlösungsstils beim Mittelschichtkind sein.

REXILIUS (1971) machte nun wahrscheinlich, daß ein *autoritärer Erziehungsstil der Mütter* im Zusammenhang mit eher impulsivem Verhalten von *Schulkindern* steht. Die *Mütter der Impulsiven* sind in den Termini eines Fragebogens zur Erziehungseinstellung von LITTMANN & KASIELKE (1970) in sieben Einstellungskomplexen signifikant von den Müttern der Reflexiven verschieden. Insbesondere ist der übergeordnete Faktor „Autorität" bei Müttern impulsiver Kinder signifikant stärker ausgeprägt.

GIOTT (1973) erörtert allerdings für *Vorschulkinder* ein anderes Bild. Danach finden sich in dem gleichen Fragebogen zur Erziehungseinstellung Unterschiede in fast entgegengesetzter Richtung: Mütter *reflexiver* Kinder sind signifikant strenger und neigen eher zu körperlicher Bestrafung als Mütter impulsiver Kinder. Zusammengefaßt könnte man danach die *Mütter reflexiver Vorschulkinder* als *„konsequenter"* bezeichnen.

Der Widerspruch zwischen den Ergebnissen von REXILIUS und von GIOTT könnte einmal so erklärt werden, daß der MFF im Kindergartenalter vielleicht eine geringere Vorhersagevalidität besitzt, zum anderen wäre es denkbar, daß eine schulartige Leistungssituation nötig wäre, damit die Müttereinstellungen R-I-prägend wirken können.

Möglich wäre auch ein tatsächlicher Einstellungswandel bei den Müttern, den man sich so denken könnte:

Die anfangs weniger strengen Mütter, die impulsive Vorschulkinder haben, werden später bei den ersten negativen Schulerfahrungen ihrer Kinder „nervös" und ändern ihre anfängliche Nachgiebigkeit übertrieben in Richtung autoritärer Einstellungen ab. Die anfangs konsequenteren Mütter reflexiver Vorschulkinder haben es später, wenn sich die besseren

Schulerfolge ihrer reflexiven Kinder einstellen, nicht mehr nötig, so konsequent zu sein; sie können schließlich weniger direktiv werden. Dies ist aber eine Spekulation, da uns keine Längsschnittstudie vorliegt, sondern nur zwei unabhängige Studien mit zwei verschiedenen Altersgruppen.
Davon abgesehen, könnten auch andere Unterschiede der Müttereinstellungen, die durch den verwendeten Fragebogen nicht erfaßt werden, für die frühe Varianz der R-I verantwortlich sein. Darauf deuten die folgenden Interaktionsbefunde hin, die unsere Spekulation stützen.

4.6. Reflexivität-Impulsivität und die Art der direkten Mutter-Kind-Interaktion

Sehr differenzierte Erkenntnisse über die Entstehung der Reflexivität und der Impulsivität versprechen solche Untersuchungen, in denen der *direkte Umgang von Müttern mit ihren Kindern* untersucht wird, da hier die beobachteten unmittelbaren Eingriffe der Mütter mit der gemessenen Impulsivität und Reflexivität des Kindes in Zusammenhang gebracht werden können.
In der überaus interessanten Arbeit von Düring (1972) wurden u. a. Interaktionen zwischen 9–11jährigen impulsiven und reflexiven (und R-I-neutralen) Jungen und ihren Müttern bei verschiedenen visumotorischen Aufgaben registriert. Davon sollen hier nur die Befunde der reflexiven und impulsiven Kinder referiert werden.
Mütter *impulsiver* Kinder zeigen auf Erfolg und auf Mißerfolg ihrer Kinder hin oft sprachlich neutrale Reaktionen. Tritt bei der Durchführung der Aufgabe zwischendurch ein Mißerfolg ein, schreiben diese Mütter ihn gern dem „Pech“ zu (also nicht mangelnder Begabung oder Anstrengung oder der Aufgabenschwierigkeit). Die Mütter impulsiver Kinder geben im Vergleich zu denen reflexiver Kinder auch im ganzen mehr (spezifische oder unspezifische) helfende Hinweise an die Kinder; sie greifen sehr oft aktiv ein und sind eher lebhaft und emotional beteiligt.
Mütter *reflexiver* Kinder reagieren nach Erfolg ihrer Kinder besonders oft mit erfreuten Worten, nach Mißerfolg oft unterstützend-positiv ermutigend. Mißerfolge im Aufgabenverlauf werden von ihnen am ehesten der Schwierigkeit der Aufgabe zugeschrieben. Sie geben weniger spezifische und unspezifische helfende Hinweise, greifen seltener manuell ein und sind weniger lebhaft als Mütter impulsiver Kinder.
Innerhalb beider Gruppen überwiegen weder spezifische noch unspezifische helfende Hinweise an die Kinder, weder emotionale Gelöstheit noch Gereiztheit sind in einer der beiden Gruppen stärker vertreten. Beide

Müttergruppen sind mit den Leistungen ihrer Kinder gleichermaßen zufrieden.

Die Ergebnisse von DÜRING (1972) werfen ein neues Licht auf die Ergebnisse von GIOTT (1973) und REXILIUS (1971). Von daher kann man mit größerer Berechtigung spekulieren: Die Mütter impulsiver Kinder werden erst bei Beginn der Schulanforderungen damit konfrontiert, daß ihre unselbständiger gehaltenen Kinder (DÜRING) erste Mißerfolge erleben, und diesem Versagen stehen sie hilflos gegenüber und begegnen ihm durch die Ausbildung „autoritärer" Erziehungseinstellungen. Die Mütter reflexiver Kinder finden dagegen dank ihres günstigeren selbständigkeitsfördernden früheren Interaktionsverhaltens (DÜRING) in der Schulzeit ihrer Kinder zu einer weniger autoritären Einstellung, die durch erfolgreicheres Abschneiden ihrer Kinder in der Schule begünstigt wird.

Ob aber tatsächlich eine solche Einstellungs-Umkehr stattfindet und wie sich diese am beobachteten Interaktionsverhalten validieren läßt, müßte in umfangreichen Längsschnitt-Untersuchungen erkundet werden.

Wir sehen in den Befunden dieser Untersuchungen recht gute Ansätze zur genaueren Erfassung der Rolle der Mutter als „Sozialisationsagent" im Leistungsbereich. Leistungs- und Motivationsentwicklung stehen in einem engen Beziehungsverhältnis zueinander (vgl. Kap. 12).

4.7. Reflexivität-Impulsivität und die individuelle Lerngeschichte von Kindern

Mehrere Autoren (MESSER 1970b, MASSARI & SCHACK 1972) glauben, einer Lerngeschichte mit zahlreichen Mißerfolgen ein reflexives Reagieren zuschreiben zu können, wobei sie sich aber nur auf aktualgenetische Befunde stützen können: Sie fanden Reaktionszeitverlängerung und teilweise Fehlerabnahme nach aktuellen Mißerfolgserlebnissen.

Dazu paßt die Erörterung von RIDBERG et al. (1971), nach der Impulsive eine Lerngeschichte mit mehr Mißerfolgen haben dürften und deshalb, bei geringerer erschlossener „Selbstachtung", zu mehr Nachahmung neigen. Langfristige Untersuchungen der Genese fehlen noch.

Vorläufig sollte man *nicht* generell für die langfristige Genese von Reflexivität eine Mißerfolgs-Lerngeschichte annehmen (vgl. Abschnitt 6).

Die spärlichen Untersuchungen zur langfristigen Genese lassen erkennen, daß ein konstitutioneller und ein Reifungsfaktor an der Ausbildung von Reflexivität und Impulsivität beteiligt sein dürften, daß aber Verhaltensvorbilder und spezifische persönliche Erfahrungen im Sozialisationsprozeß eine in Einzelheiten schon deutlich greifbare Hauptrolle zu spielen scheinen. Hier fehlen kontextorientierte Längsschnittuntersuchungen.

5

Ziele für Trainingsversuche mit impulsiven Kindern

5.1. „Reflektive Intelligenz“

Eine sehr weitreichende Hochschätzung „reflektiver Intelligenz“ fanden wir bei Mead (1964):

„Die Hemmung einer Handlung ist Voraussetzung für intelligentes Verhalten. Der einzelne könnte niemals seine manifesten Reaktionen auf soziale Situationen, die ihn mit Anpassungsproblemen konfrontieren, organisieren, für sich überprüfen und schließlich auswählen, wenn äußere Reaktionen oder Antworten nicht so lange verzögert werden könnten, als dieser Prozeß des Organisierens, impliziten Überprüfens und endgültigen Selektierens dauert; all dies wäre nicht möglich, wenn diese oder jene Reaktion auf bestimmte Umweltreize unmittelbar erfolgen müßte. Ohne Verzögerung einer Reaktion gäbe es keine bewußte oder intelligente Kontrolle über Verhaltensweisen; denn nur durch diesen Prozeß der selektiven Reaktion – und dieser ist nur möglich durch Verzögerung der Reaktion – wirkt die Intelligenz bestimmend für das Verhalten. Ja, dieser Prozeß ist für die Intelligenz konstitutiv. Das Zentralnervensystem sorgt dabei nicht nur für den notwendigen physiologischen Mechanismus, sondern auch für die notwendigen Bedingungen zur Verzögerung der Reaktion, die Voraussetzung für den Prozeß ist. Intelligenz ist im Grunde die Fähigkeit, die Probleme gegenwärtigen Verhaltens von dessen möglichen Konsequenzen in der Zukunft, soweit sie sich aus vergangener Erfahrung erschließen lassen, zu trennen; das heißt, Intelligenz ist die Fähigkeit, die Probleme des augenblicklichen Verhaltens mit der Perspektive oder der Beziehung sowohl zur Vergangenheit als auch zur Zukunft zu lösen; dazu gehört Erinnerung ebenso wie Vorausblicken. Intelligenz äußert sich im Prozeß des Verzögerns, Organisierens und Selektierens einer Reaktion oder Antwort auf die Reize einer bestimmten Umweltsituation. Dieser Prozeß wird durch den Mechanismus des Zentralnervensystems ermöglicht, der dem Individuum erlaubt, sich in die Haltung, die eine Person ihm gegenüber hat, zu versetzen und sich so zum Objekt seiner selbst zu machen. Dies ist das wirksamste Mittel, sich der sozialen Umwelt anzupassen, ja der Umwelt überhaupt, über welche das Individuum verfügt ...“ (S. 234 bis 235). Grenzen wir unser Problem stärker ein.

Geht jemand an alle Probleme in gleicher Weise so heran, daß er immer schnell reagiert, so muß er notwendig in komplexen Situationen Fehler machen; hier ist die Bedeutsamkeit der Reaktionszeiten für die Qualität von Leistung erkennbar.

Ein Qualitäts-Aspekt und ein Aspekt der Zeit-Ökonomie werden also bei jeder Leistung interessieren; beide haben je nach der Aufgabe verschiedenes relatives Gewicht. So kennen wir psychologische Tests, bei denen es mal mehr auf Geschwindigkeit ankommt, bei sonst sehr einfachen Anforderungen (sog. Speed-Tests, d. h. Tempo-Tests), und andere, bei denen es hauptsächlich auf die erfolgreiche Bewältigung immer schwererer Aufgaben ankommt, bei Vernachlässigung des Zeitverbrauchs (sog. Power-Tests, d. h. Tests, die das Leistungsmaximum unter optimalen Bedingungen erkunden sollen).

Leistungstempo und Leistungsgüte sind konstituierend in den meisten beurteilbaren Tätigkeiten. Leistungstempo sei hier eine Kurzformel für Leistungs*aufwand*. Wie interagieren beide im Verlauf eines Problemlösungsprozesses?

Das *Ergebnis* einer Tätigkeit wird als oft statische Verhaltensspur im Sinne der Denk- und Begabungspsychologie häufig zurückgeführt auf Fähigkeiten, Fertigkeiten, gewisse Mindestvoraussetzungen wie Intelligenz, Einfälle, Abwesenheit hindernder Einflüsse bis hin zu Persönlichkeitsaspekten wie „kognitiven Stilen". Das positive Ergebnis ist letztlich als einziges interessant.

Der Aspekt des *Tempos* ist nur bezogen auf das Ergebnis zu beurteilen: am einen Ende stehen Ergebnisse, die nur mit hohem Zeitaufwand erzielbar sind, am anderen Ende stehen Klassen von Leistungen, die sehr kurze Reaktionszeiten verlangen. Bei Klassen von Leistungen wie kontinuierlichem Ausdauertraining, wie Produzieren und Abwägen von Alternativlösungen, muß erheblicher Zeiteinsatz geleistet werden – jedenfalls auch im individuellen Fall mehr als bei einer eindeutigen, abrufbaren Reaktion, die durch Automatisierung oder artistische Fähigkeiten unterstützt werden kann.

Im Zusammenspiel in gezielten kognitiven Aktionen oder Reaktionen ist der Möglichkeit nach auf jedem Leistungsniveau eine hohe Ökonomie erreichbar, ein optimales Verhältnis zwischen Aufwand und Ergebnis. So könnte man eine Minimalzeit und eine durchschnittliche Zeit für die Lösung jedes definierten Problems herausfinden, von denen der individuell erforderliche Zeitaufwand sich erheblich unterscheiden mag. (Für den Konzertpianisten wird beim Einüben eines Capriccios ein anderes Tempo optimal sein als für den Laienmusiker – beide können auf ihrem Niveau eine optimale Leistung bringen, wenn sie ihre unterschiedlichen Voraussetzungen beachten.)

Wo ein unter-optimales Verhältnis zwischen Zeitaufwand und Aufgabenforderung vorliegt, gibt es zwei Möglichkeiten für „Entgleisungen“:

a) übermäßig „impulsive“ Personen machen zu viele Fehler und nutzen potentiell verfügbare – und notwendige – Zeit nicht aus,

b) übermäßig „reflexive“ Personen verwenden zuviel Zeit in Situationen, die eine schnellere richtige Entscheidung ermöglichen würden; man denke an zweifelsüchtige Zwangsneurotiker.

Optimal erscheint dagegen ein Entscheidungsvorgang, in dem als erster Schritt bewußt oder unbewußt eine *Kontrollfrage* der Art gestellt wird: „Kann ich sofort entscheiden, was geschehen soll?“

Bei der Antwort „Ja“ müßte vorausgesetzt werden können, daß eine Reaktion bereitliegt (z. B. gelernte Reaktionsmöglichkeit bei einfachen Reaktionszeitversuchen, gelernte Wahlreaktion, Abfragen einer einfachen Einmaleinsaufgabe, eindeutige verschieden begründbare Bevorzugung einer von gebotenen Alternativen); in diesem Fall kann die Kontrollfrage überhaupt ausfallen – es wird sofort nach dem Reiz-Reaktionsschema reagiert (z. B. Weglaufen vor heranrasendem Auto). Dies dürfte in der Regel vorkommen bei sehr „einfachen“ Problemen und bei hoch automatisierten Fertigkeiten oder bei besonders „begabten“ Individuen, die Situationen schneller überblicken als andere und blitzschnell den richtigen Einfall produzieren. (Hier könnte man von einer Minimalzeit für eine Problemlösung sprechen; davon zu unterscheiden wären Mittelwerte des Zeitverbrauchs für bestimmte Gruppen von Testpersonen.) In diesen Fällen braucht auf die Entscheidung „Ja, ich kann sofort entscheiden“ nur noch die Reaktion zu erfolgen.

Bei der Antwort „Nein“ auf die Kontrollfrage hin wäre der nächste Schritt komplizierter. Eine Verzögerung der Reaktion muß in jedem Fall stattfinden (eine Verzögerung, die offenbar erlernbar ist: mit zunehmendem Alter werden dieselben Vergleichs-Aufgaben nach längeren Reaktionszeiten gelöst, und die Reaktionsverzögerung wurde auf verschiedene Weisen kurzfristig trainiert). Es folgen in der Verzögerungsphase dann verschiedene mögliche weitere Fragen, die am Problem orientiert sein werden und in der Denkpsychologie eine Rolle spielen: Was benötige ich vor der Möglichkeit zur Entscheidung noch? Was muß ich noch wissen/haben/beachten? Welche Alternativlösungen gibt es? Was spricht für diese, was für jene Alternative? Welches ist die beste?

Es müssen also denkpsychologische Vorgänge einsetzen wie: Analyse der Aufgabe/der Ausgangslage, Analyse des Ziels, Analyse der Mittel zu ihrer Erreichung, der Hindernisse, der Konflikte, und es müssen Bewertungs-, also Urteilsvorgänge u. U. mehrfach stattfinden; u. a. auch die sog. „Umstrukturierung" (DUNCKER 1935).
Die beiden charakterisierten Extreme der Aufgabenlösung (sofort entscheidbar/nicht sofort entscheidbar) sind nicht prinzipiell verschieden; für gleiche Probleme können sich beide Reaktionsweisen anbieten, je nach dem Grad der Informiertheit des Handelnden bzw. seiner Erfahrung oder Professionalisierung in den Anforderungen; z. B. kann beim Lesen eines „einfachen" Wortes für den wenig geübten Zweitkläßler noch die Kategorie „nicht gleich entscheidbar" zutreffen, und es wird entsprechend mehr „Aufwand" (Zeit, Suchen im Gedächtnis, Spurenvergleich) eingesetzt werden müssen als bei einem routiniert lesenden Erwachsenen.
Übergänge von „nicht sofort entscheidbar" zu „sofort entscheidbar", also in Richtung auf eine Verringerung des Aufwandes, treten in allen trainierten Fertigkeiten ein, ein Wechsel in umgekehrter Richtung stets bei der Einführung erschwerender Bedingungen (etwa beim Umlernen innerhalb hochtrainierter Fertigkeiten) oder beim „Hinterfragen" gewohnter Reaktionsweisen (dabei wäre z. B. zu denken an die Unsicherheit fortan nicht mehr autoritärer aufgeklärter Autoritäten).
Das letzte Beispiel führt noch zu einer Ausweitung des Anwendungsbereiches „optimaler Leistung", optimaler kognitiver Kontrolle, auch auf den sozialen Kontext. Während im Leistungskontext das Etikett „richtig-falsch" meist eindeutig zu vergeben ist, also zumindest eine Notengebung oder Rangbeurteilung etwa im produktiven Bereich möglich ist, hat man es im Kontext sozialer Interaktionen mit komplizierteren, aber auch relevanteren Leistungs-, Entscheidungs- und Bewertungsproblemen zu tun. Hier wird, obwohl abhängig vom Kontext eines Wertsystems (z. B. autoritäres vs. nicht-autoritäres Wertsystem), ohnehin kaum jemals „schematisiertes" Reagieren „richtig" sein, wenngleich soziale Fertigkeiten, unbewußt richtiges Agieren auf dem Hintergrund langfristiger Erfahrung, sicher eine große Rolle spielen. Hier folgt ein Übergang zu einer emotional-bewertenden Kontrolle.

5.3. Die Erhöhung kognitiver Kontrolle als Reflexivitätssteigerung in bisherigen Trainings mit kognitiv impulsiven Kindern

Einige der Methoden, mit denen impulsive Kinder trainiert wurden, waren geeignet, die Reflexivität in ihren beiden Aspekten zu erhöhen. Zwei Ziele wurden immer angestrebt: Reaktionsverzögerung und Fehlerverringerung.

Die Kinder wurden zum einen trainiert, ihre vorschnellen Reaktionen zu zügeln, also Denkpausen einzulegen. Zum anderen wurden sie trainiert, sich um richtige Lösungen zu bemühen, ihre Antwort vor dem Aussprechen noch einmal zu überprüfen und Fehler zu vermeiden. Als Mittel dazu wurde geplantes, strategisches Vorgehen eingesetzt.

Wir fassen beide Ziele unter dem Begriff der Erhöhung der Selbstkontrolle zusammen (vgl. Abschn. 5.4).

Die Reaktionsverzögerungen sind leicht zu erreichen. Jeder weiß, daß ja sogar schon eine Einschüchterung diesen Effekt hat. Viel schwieriger ist es, die Neigung zum Fehlermachen zu verringern. Diese aber ist der Hauptansatzpunkt für Trainings.

Ob man die Teilgruppe „kognitiv Impulsiver" überhaupt trainieren sollte, ist bezüglich des spezifischen, hier operationalisierten Impulsivitätsbegriffs (überstürztes Problemlösungsverhalten) relativ einfach zu beantworten. In Schule und Beruf werden diese impulsiven Kinder auf jeden Fall in Situationen kommen, in denen eine hinreichende Reflexion über Lösungsalternativen für Probleme von ihnen verlangt wird.

Die positiven Anklänge, die „Impulsivität" und „Spontaneität" im allgemeinen Sprachgebrauch haben, werden davon nicht berührt. Insbesondere braucht nicht befürchtet zu werden, daß „Kreativität" durch Reflexivitätstraining reduziert wird: Ward (1968a) fand heraus, daß R-I und Kreativität bei 8jährigen nicht korrelieren. Eine Erwägung von Rogers (1970) legt eher nahe, daß ein reflexiver Denkstil mehr Kreativität ermöglichen könnte: „Wenn man aber Schüler lehrt, die kritische Beurteilung von Ideen aufzuschieben, und wenn man sie in einer ungezwungenen Atmosphäre ermutigt, einfach nur mal Ideen zu äußern, ganz gleich wie unvernünftig sie ihnen erscheinen mögen, dann äußern sie tatsächlich mehr und bessere Problemlösungsideen als eine Kontrollgruppe ..." (Rogers 1970, S. 5, Übers. d. Verf.).

Ein neueres erfolgreiches Selbstinstruktions-Training zur „Modifikation kreativen Verhaltens" wurde übrigens ganz ähnlich aufgebaut wie das Meichenbaum-Training für kognitiv impulsive Kinder (Fiedler & Windheuser 1975; vgl. Kap. 6 und 8; s. auch Meichenbaum 1975a).

Es kann sich in einem Training mit Impulsiven nicht darum handeln, etwa eine Reduktion von Spontaneität oder Aktivität zu beabsichtigen oder „Hemmungen" zu schaffen. „Wenn man eine Vielfalt von Aufgaben und Arbeitsmethoden während des Trainings berücksichtigt und für günstige emotionale Bedingungen sorgt, sollte unser Ziel erreicht werden, etwaige Leistungsunsicherheit und -unlust, die insbesondere bei Unterschichtkindern erwartet wird, bewältigen zu helfen und dabei Spontaneität und Entscheidungsfreudigkeit auch der „Impulsiven" dennoch weder im Problemlösungsbereich noch in anderen Bereichen zu beeinträchtigen" (WAGNER 1972a; S. 5).
Hier wird bereits zu unserer Umzentrierung der Zielsetzungen übergeleitet (vgl. Abschnitt 4, auch ZELNIKER et al. 1972).
Weitere Persönlichkeitseigenschaften der impulsiven Kinder wurden übrigens bei Trainings nie berücksichtigt. So besteht eine noch unbefriedigend erörterte Kontroverse darüber, ob Impulsive eher ängstlich oder eher unbekümmert-erfolgszuversichtlich sind. Fänden sich verschiedene Gruppen von Impulsiven, so wäre ein differentielles Training gezielt ansetzbar. Die bisherigen Trainingsmethoden setzen nur am Aufgabenverhalten an.
Man könnte auch daran denken, den im MFF „schnellen guten" Kindern ein Motivationstraining zu vermitteln, da sie die typischen „Underachievers" zu sein scheinen: mit guter Begabung, aber starker Mißerfolgsängstlichkeit, die an erwartungswidrig niedrigen Schulleistungen schuld sein dürfte (s. Kap. 3).

5.4. Erweiterung der bisherigen Ziele von Trainings mit kognitiv impulsiven Kindern

Bevor wir die vorliegenden Untersuchungen näher betrachten, schicken wir eine kurze Kritik des Ansatzes der Reflexivitäts-Impulsivitäts-Forschung voraus, die an anderer Stelle ausführlich begründet wird (WAGNER 1975a, in Vorb.). Es wurden bisher in dieser Forschungstradition immer nur die impulsiven und die reflexiven Individuen berücksichtigt. Dadurch fiel ein Teil der Gesamtheit jener problemlösenden Vorgänge aus der Betrachtung heraus, die in Abschnitt 2 dargestellt wurden.
Es erscheint uns theoretisch befriedigender, das Kontinuum *aller* Leistungen, die beim MFF und vergleichbaren Problemlösungsaufgaben möglich sind, in die Betrachtung einzubeziehen, die aber bei der operationalen Definition von Reflexivität-Impulsivität ausgeschaltet waren: Es erscheint

also erforderlich, das spezifische Problemlösungs- oder Entscheidungsverhalten aller Personen, also auch der „guten schnellen" usw. in die Analyse einzubeziehen, um den Problemlösungsprozeß – und natürlich auch seine Fehlformen – verstehen zu lernen (vgl. ESKA & BLACK 1971, DÜRING 1972). Dabei müßten mehr die Aufgabencharakteristika als die individuellen „Stile" im Mittelpunkt des Interesses stehen: Dann kann man nämlich auch der Tatsache gerecht werden, daß es ja solche Aufgabensituationen gibt, die eine *schnelle* und richtige Entscheidung verlangen, während andere eine nur langsam erreichbare Entscheidung verlangen – wobei die richtige Beurteilung der jeweiligen Situation in jedem Falle erforderlich wäre. Der Sinn eines reinen Reflexivitäts-Trainings muß daher angezweifelt werden. Es kann nämlich kein Ziel sein, etwa eine generelle Verlangsamung kognitiver Prozesse anzustreben. Im Gegenteil streben wir ein Training der optimalen aufgabenadäquaten Informationsaufnahme und der entsprechenden Entscheidung an (vgl. MASSARI, HAYWEISER & MEYER 1969, ZELNIKER, JEFFREY, AULT & PARSONS 1972, WAGNER 1973); die Ausbildung von Entscheidungsstrategien.

Sinn eines Entscheidungs-Trainings ist es, „vom Stil zur Strategie" hinzuführen, vom unsystematischen Herumprobieren zu einem bewußt kontrollierten Einsatz der kognitiven Funktionen, zu einer Erhöhung der kognitiven Selbststeuerung.

Die Fähigkeit zur Reaktionsverzögerung, die Fähigkeit, auch reflexiv zu reagieren, muß von den impulsiven Kindern allerdings zuerst erworben werden, aber die Kinder müssen dann auch lernen, ökonomisch zu reagieren, d. h. bei leichten Aufgaben dennoch schnelle Entscheidungen zu treffen. Das tun die Reflexiven z. B. nicht – sie reagieren bei den leichten Aufgaben also unökonomischer als die Impulsiven, die durchaus leichte Aufgaben richtig lösen können (GRIMM 1974). Das Erlernen der Unterscheidung zwischen „leichten" Aufgaben, die nur kurzes, und „schweren" Aufgaben, die längeres Nachdenken erfordern, wäre also das eigentliche Ziel des Trainings. Das Güte-Kriterium der Leistung steht dabei im Mittelpunkt.

Mit einer solchen Auffassung von Training stellen wir die äußeren situativen Faktoren, den Realitätsbezug der Leistung, in den Mittelpunkt; die Zuschreibung von Typischem an das Individuum („er *ist* impulsiv" usw.) soll demgegenüber in den Hintergrund treten: Wir betrachten diese Klassifikationen nur als Kürzel für überwiegende Reaktionstendenzen, die aber sehr stark von den Gegebenheiten der Situation abhängen, in der sich das Individuum erlebt. Auch das impulsive und reflexive Reagieren ist ja u. U. sehr stark von der Situation abhängig, in der sich das Individuum erlebt: So können natürlich auch Situationseinflüsse ein vorschnelles, unüberlegt hastiges Antworten bedingen, z. B. psychischer Druck, Sorgen, aktuelle Ängstlichkeit.

Bei einer solchen Zentrierung unserer Thematik ordnen wir allerdings die Problemstellung der Reflexivitäts-Impulsivitäts-Forschung in einen neuen Rahmen ein, in eine *Theorie der kognitiven Kontrolle.* In dieser Theorie sind *alle* Entscheidungsprozesse zu berücksichtigen, neben den reflexiven und den impulsiven auch diejenigen, die „schnell und richtig" und diejenigen, die „langsam und falsch" ablaufen (vgl. dazu Abschnitt 6 und WAGNER 1975, in Vorb.).

Für die Zielsetzungen von Übungen ergibt sich letztlich, ein aufgabenadäquates Entscheidungsverhalten anzuzielen, wobei ein optimales Verhältnis zwischen Zeitaufwand und Ergebnis erreicht werden müßte. Angestrebtes Ziel der Trainings wäre damit die Einstellung auf das verbesserte Erkennen der Anforderungen einer beliebigen Problemlösungssituation.

Daraus kann eben auch die Notwendigkeit gefolgert werden, eine Einstellung auf die Variabilität von Reaktionszeiten mit zu trainieren. Dann könnte auch für reflexive Kinder ein Entscheidungstraining geplant werden. Derzeit wird die Optimierung des Verhaltens noch völlig dem Individuum überlassen.

Solchen Übungen müßte aber die Identifikation von Klassen typischer Situationen vorausgehen, in denen unterschiedliche Strategien des Sich-Entscheidens erforderlich sind. Eine solche Klassifikation von Problemen wurde bisher nicht in Angriff genommen. Die modernen Entscheidungstheorien berücksichtigen u. W. in der Regel nicht den Zeitfaktor (außer LANZETTA 1963) und können daher hier nicht herangezogen werden.

Es gilt nun, repräsentative Situationen zu isolieren, Gütekriterien für eine gestufte Lösungshierarchie oder eine optimale Lösung zu erstellen und Lösungsstrategien, wo möglich, zu eruieren. Im Bereich der Reflexivität-Impulsivität ist ein Anfang gemacht – wobei die Begriffe Reflexivität und Impulsivität möglichst wieder aufgegeben werden sollten, um das Kontinuum aller Leistungen und Fehlleistungen berücksichtigen zu können. Anzustreben ist eine Klassifikation, in der Minimal- und Durchschnittsaufwand aufgabenabhängig erkundet sind und visuelle und andere Aufgabenlösungsstrategien benannt werden, die dann auch einübbar wären.

Fassen wir unsere Erörterungen zusammen: Es sollten Entscheidungsvorgänge so eingeübt werden, daß die Problemlösungsstrategie je nach Aufgabenart vom Individuum gezielt gewählt werden kann, unabhängig von der mitgebrachten Ausprägung des kognitiven Stils Reflexivität-Impulsivität: „vom Stil zur Strategie" sollte die Devise sein (vgl. dazu Abschnitt 5 ff.). Der Erwerb von Problemlösungsstrategien ist in einem engen Zusammenhang mit dem Erwerb eines adäquaten allgemeinen Planungsverhaltens zu sehen (SIGEL 1970, 1971). Wir versuchen noch eine Definition des Strategiebegriffs, bevor wir in Kap. 6 verschiedene Strategie-Beispiele zeigen.

5.5. Kagans Problemlösungsmodelle

KAGAN (1966b) nimmt folgende chronologische Phasen in Problemlösungsprozessen an, die man auch als Teilprozesse in Strategien der Entscheidungsfindung bezeichnen kann:

„Phase 1: Entziffern (Dekodieren) des Problems; Verstehen des Problems.

Phase 2: Wahl einer wahrscheinlichen Hypothese, die ein erfolgreiches Vorgehen ermöglichen kann.

Phase 3: Anwendung der Hypothese (z. B. eine angemessene rechnerische Operation ausführen; eine Serie von Synonymen oder Assoziationen hervorbringen).

Phase 4: Bewerten der Angemessenheit der in Phase 3 erreichten Lösung.

Phase 5: Mitteilen der Lösung an einen Außenstehenden" (S. 17, Übers. d. Verf.).

KAGANS Stufen des Problemlösens entsprechen im wesentlichen anderen gängigen Problemlösungsmodellen der denkpsychologischen Literatur (DUNCKER 1935).

Eine vergleichbare Gliederung fanden wir auch bei einer Beschreibung politischer Entscheidungsprozesse:

„In der Politik haben wir es mit *Entscheidungsprozessen* zu tun. Diese setzen sich in der Regel aus verschiedenen Funktionsphasen zusammen: Initiative, Information, Empfehlung oder Gegenempfehlung, endgültige Festlegung, Durchführung einer beschlossenen Maßnahme, kritisch bewertende Kontrolle, schließlich die mögliche Beendigung" („Die Zeit", ca. 1973).

KAGAN (1966b) nimmt an, daß die R-I-Dimension in seinen Phasen 2 und 4 Einfluß hat, wenn das Kind eine Hypothese wählt, die es in der Vorstellung überprüfen will, oder kurz bevor es seine Antwort mitteilt. Aufgrund der Augenbewegungs-Registrierungen bei der MFF-Aufgabe (WAGNER & CIMIOTTI 1973, 1975) vermuten wir aber, daß beim impulsiven Kind der gesamte Prozeß verkürzt abläuft: Phase 1 muß allerdings immer vorausgesetzt werden — sie bedeutet nur, daß die Aufgabenanweisung verstanden wird (obwohl man bei sehr impulsiven Kindern auch hier Zweifel haben kann). Aber u. E. folgt bei den Impulsiven dann ziemlich sofort die Phase 5, die Mitteilung der „ersten besten“ Antwort, also nicht die Prüfung einer vom Kind als „subjektiv wahrscheinlich“ beurteilten (Phase 2) Hypothese (soweit nicht jede der angebotenen Alternativen als „objektiv wahrscheinlich“ gelten soll; es ist uns nicht ganz klar geworden, ob nicht KAGAN die Gegebenheit der 6 Alternativen mit 6 wahrscheinlichen Hypothesen gleichsetzt und daraus die Lösungsgewißheit ableitet).

5.6. Visuelle Strategien

Durch die Untersuchung der visuellen Abtastreihenfolge beim MFF kann die KAGAN'sche Sequenz ergänzt werden um verfeinerte Strategien der *Informationsaufnahme.* Ein Strategie-Training kann nämlich jetzt auf sehr differenzierte Befunde gegründet werden. Untersuchungen der visuellen Abtastsequenzen Reflexiver und Impulsiver sind inzwischen von zahlreichen Autoren gemacht worden. Außer ZELNIKER et al. (1972), die mit einer weniger differenzierten Auswertungsmethode arbeiteten (Kodierung nach langsam laufendem Videofilm), fanden alle Autorengruppen unterschiedliche Augenbewegungsmuster bei Impulsiven und Reflexiven bei MFF-Aufgaben (vgl. Kap. 2 und WAGNER & CIMIOTTI 1973, 1975).
DRAKE (1970) hat Strategien bei impulsiven und reflexiven Kindern beschrieben.
Die *Impulsiven* „akzeptieren jede Variante nach flüchtiger Inspektion als ‚richtig‘, wenn sie nicht schnell einen Unterschied zum Standard bemerken ... Es wurde nicht das Bedürfnis verspürt, vor der Antwort alle Varianten anzusehen“ (S. 211).
Reflexive dagegen rekodieren nach DRAKE die Versuchsanweisung in eine von *zwei Regeln,* von denen allerdings nur die zweite eine optimale Lösung garantiert:
1. „Suche nach Unterschieden zwischen Varianten und Standard und wähle eine Variante nur dann, wenn du keinen Unterschied zwischen ihr und dem Standard findest“ (S. 212).
2. „Suche nach Unterschieden zwischen Varianten und dem Standard und sortiere abweichende Varianten aus, bis nur noch eine Variante bleibt, die dann dem Standard ‚genau gleich‘ sein muß“ (S. 212, Übers. d. Verf.).
Impulsive Kinder haben nicht die gleichen systematischen Suchstrategien wie die reflexiven. Die Auswertung der Untersuchungen zur visuellen Abtastreihenfolge für Reflexivitäts-Trainings hat eben erst begonnen

(RIDBERG et al. 1971 begründeten ihre Trainings auf SIEGELMANS ähnlichen Untersuchungen von 1969).
Eine Informationsquelle für möglicherweise noch bessere Strategien blieb noch ungenutzt: Da in der R-I-Forschung fast regelmäßig nur die impulsiven und die reflexiven Gruppen berücksichtigt wurden, blieben die visuellen Abtastsequenzen der im MFF „schnellen guten" Gruppen lange unbeachtet. Diese Personen müßten ja aber die effektivsten Strategien haben, da sie schnell und richtig zu reagieren pflegen (vgl. Abschnitt 4). Als erste haben AULT et al. (1972) die visuellen Strategien dieser Gruppe mit berücksichtigt, allerdings wegen der Registriermethode nicht die Feinstruktur der Sequenzen erkennen können. Hierzu sind weitere Untersuchungen im Gange (BÜMLEIN-LEES 1975). Es scheint, daß die schnellen guten Personen besonders schnell die wirklich kritischen, dem Standard besonders ähnlichen Varianten im MFF finden und überprüfen und besonders schnell, ohne nochmals rücküberprüfen zu müssen, eine Entscheidung fällen.
Wenn wir hier „Strategien" beschrieben haben, haben wir uns dafür entschieden, den Strategie-Begriff nicht zu stark einzuengen. Jede geordnete oder auch nur einem bestimmten Muster entsprechende Vorgehensweise kann als Strategie bezeichnet werden.
Trainings wurden ganz unabhängig und vor der Erkundung empirischer Vorgehensweisen erfolgreich konzipiert, z. T. aufgrund von Plausibilitäts- und denkpsychologischen sowie verhaltenstherapeutischen Überlegungen.
Dabei fällt ins Gewicht, daß bei der Verwendung und bei der Vermittlung von Strategien zahlreiche psychische Funktionen gleichzeitig eingesetzt werden.
Die Frage, auf welche Weise sinnvolle Problemlösungsstrategien Kindern am besten verdeutlicht werden können, hat zahlreiche Autoren nach den unterschiedlichsten Unterrichtsmethoden suchen lassen. Meist ohne daß explizit eine Strategie-Vermittlung als Ziel formuliert wurde, wurden alle gängigen Lernmodelle angewendet, um die Ziele der Reaktionsverzögerung und der Fehlersenkung zu erreichen.
Das Instrument der „Strategie" wurde erst in späteren Trainings entwickelt. Im Mittelpunkt des Interesses früherer Trainings stand lediglich die Erreichung der beiden Ziele: Reaktionsverzögerung und Qualitätsverbesserung.

Der Begriff der Strategie wurde bisher immer stillschweigend als allgemeinverständlich vorausgesetzt. Eine etwas genauere Definition soll hier versucht werden.

Es lassen sich grob Strategien (1.) der Informationssuche und Strategien (2.) der Entscheidungsfindung unterscheiden. Die Entscheidungsstrategien können als übergeordnet angesehen werden.

Bisher haben wir überwiegend (Abschnitt 2) Entscheidungsstrategien in allgemeinen Problemlösungssituationen besprochen. Verschiedene einfachere Strategien, die das Suchverhalten von Kindern in Trainings verbessern sollen, werden in Kap. 6 referiert.

Es sollen hier nur die Strategien berücksichtigt werden, die zur Aufgabenlösung befähigen.

Eine Strategie kann man danach verstehen als ein mehr oder weniger geordnetes oder systematisches, u. U. geplantes und bewußt gesteuertes Vorgehen bei einer Aufgabenlösung. Die optimale Strategie führt am schnellsten zu einer richtigen Aufgaben- und Problemlösung. Es muß beim Strategie-Begriff allerdings nicht unbedingt eine ausgeprägte Systematik des Vorgehens mitgedacht werden: ein Vorgehen kann auch konfus erscheinen und dennoch einer Strategie folgen (so könnte man sich im MFF eine Strategie denken, bei der zwar alle Varianten angeschaut werden, bei der aber keine z. B. lineare Abtastungsreihenfolge erkennbar wird). Eine Systematik der Informationsaufnahme bei einer Vp erleichtert sicher das Erkennen einer Strategie durch den Vl, es muß aber zugestanden werden, daß z. B. im MFF die „unsystematische" Berücksichtigung aller Lösungsalternativen vor der Entscheidung bereits strategisch der starren Bevorzugung einer Varianten-Position überlegen ist. Andererseits kann auch die vermiedene Erwägung einer ganz offensichtlich falschen Lösungsalternative bei einer ungewöhnlich ökonomischen Strategie, deren Qualität sich durch besonders viele Treffer erweisen würde, zu deren besonderen Vorzügen gehören, so daß wiederum die Vollständigkeit des Abtastens nicht das wichtigste Kriterium für eine gute Strategie wäre.

Ziemlich sicher kann man innengesteuerte Strategien annehmen, wenn ein sehr suggestives Signal der Wahrnehmungsvorlage ignoriert wird: z. B. gibt es im MFF eine Aufgabe, in der eine Blume in verschiedenen Varianten dargestellt ist, u. a. einmal mit geschwärzten Blättern. Diese Blume zieht, obwohl ganz „offensichtlich" die falsche Alternative, magisch die Aufmerksamkeit vieler impulsiver Kinder an. Es scheint, daß die „schnellen guten" Kinder besonders schnell solche falschen Alternativen aus-

scheiden können; vielleicht setzt hier schon im peripheren Sehen ein Auswahlprozeß ein, der die Blickzuwendung steuert (BÜMLEIN-LEES 1975).
Das evt. Suchen nach einer Strategie kann u. U. selbst wieder systematisch erfolgen und muß keineswegs einem wilden Herumprobieren entsprechen; die genaue Inspektion der Gegebenheiten gehört zur Definition einer Strategie. Denkpsychologisch kategorisierte Teilprozesse wie Ziel-Analyse, Analyse der materiellen Gegebenheiten, besonders aber die Analyse der Widerstände bei der Ziel-Erreichung (DUNCKER 1935) können als Komponenten in der Suche nach Strategien isoliert werden. Auch schon ein längeres Abwarten und Verzögern einer Reaktion kann die Voraussetzung für ein sinnvolles strategisches Vorgehen schaffen (vgl. Kap. 7; HOSSBACH 1970). So kann Reaktionsverzögerung ein Element einer Strategie sein, man kann aber auch die Reaktionsverzögerung als Rahmen definieren, innerhalb dessen die eigentlichen zu beschreibenden Vorgehensweisen sich abspielen. Diese ausfüllenden Tätigkeiten wurden auf die verschiedenste Weise untersucht und definiert.

Im MFF und ähnlichen visuellen Such-Aufgaben entspricht die Entscheidungsfindung im wesentlichen dem Ende einer systematischen Informationssuche, das ja mit der Einengung auf die richtige, die Lösungs-Alternative, gegeben ist.

Bei den vorliegenden Trainings (vgl. Kap. 6) werden in mindestens drei Bereichen Möglichkeiten beschrieben, Strategien der Informationssuche zu definieren. Man kann mindestens unterscheiden zwischen

1. einem Training von rein visuellen Abtaststrategien (s. o. ZELNIKER et al. 1972, ODOM et al. 1971),
2. einem Training mit zusätzlicher Benennung („Verbalisierung") der Abtaststrategien (s. o. RIDBERG et al. 1971), beruhend auf Augenbewegungsuntersuchungen,
3. einem Training mit zusätzlicher Verbalisierung von weiteren Verhaltensinstruktionen (MEICHENBAUM & GOODMAN 1971, PALKES et al. 1968).

Bei der Frage des Transfers, der Übertragung einer erworbenen Problemlösungsstrategie auf andere Probleme, dürfte die Weite der Strategieverbalisierung eine erhebliche Rolle spielen. Zu dieser zentralen Frage des „Reflexivitäts"-Trainings gibt es bisher keine systematischen Untersuchungen. Wir möchten vorhersagen, daß Strategie-Trainings auch eher eine positive Einstellung zu Aufgaben und ein Erlebnis des Bewältigenkönnens ermöglichen dürften als einfache positive oder negative Bekräftigung für spontan auftretendes Verhalten beim Aufgabenlösen. Insbesondere sollte nach einem Strategie-Training keine erhöhte Ängstlichkeit gefunden werden (vgl. Abschn. 3).

Werden „starre" Strategien angewandt oder gelernt, so können diese allerdings eine gute Aufgabenlösung u. U. auch verhindern. Daher kann neben der Vermittlung von Strategien für eine gute Aufgabenlösung auch die Vermittlung von flexiblem Verhalten bei Aufgaben erforderlich oder sinnvoll sein. Dazu ein klassisch gewordenes Beispiel aus der psychologischen Literatur: In diesem Beispiel wird gezeigt, daß das Auffinden einer einfacheren Strategie durch eine kompliziertere eingeschliffene Strategie behindert wird; das Beispiel ist die Wasser-Umfüll-Aufgabe von LUCHINS (1942). Die Aufgabe der Versuchsperson ist es, mit zwei Eimern verschiedene Mengen Wasser abzumessen, um in einem dritten Eimer eine bestimmte Literzahl zu erreichen. Hat eine Versuchsperson mehrere Aufgaben gelöst, in denen sie nur durch mehrfaches Hin- und Herschütten zum Ziel kommt, so wird sie schließlich eine Aufgabe, die durch einmaliges Umschütten zu lösen ist, auch auf die kompliziertere Weise zu lösen versuchen, und sie wird die einfachere Lösungsmöglichkeit „übersehen". Es hat sich eine „Einstellung" auf die kompliziertere Lösungsart entwikkelt, die für andere Lösungsarten „blind" macht. Eine Einstellung auf Flexibilität des Vorgehens in Abhängigkeit von der einzelnen Aufgabe wäre insgesamt eine bessere Strategie beim Aufgabenlösen als die starre Anwendung eines mehrfach erfolgreichen Prinzips.
Impulsive und reflexive Kinder unterscheiden sich in der Neigung zu dieser Einstellungsverfestigung der Tendenz nach: BRANDT (1971) fand bei $^2/_3$ aller impulsiven Versuchspersonen (14 von 21), daß sie das eingeübte umständlichere Lösungsprinzip in LUCHINS-Aufgaben bevorzugten; reflexive Kinder bevorzugten es nur zur Hälfte (12 von 22); der Unterschied ist allerdings nur als Tendenz bedeutsam ($p < .10$). Er liegt aber in der richtigen Richtung: Reflexive Kinder überprüfen mehr die Gegebenheiten der Aufgabe, während Impulsive schnell und „unreflektiert" handeln.

5.8. Kognitive Kontrolle als Ich-Funktion

Kognitive Kontrolle im oben angeführten Sinne könnte als Komponente oder Determinante der mehr intelligenzgesteuerten Verhaltensanteile insgesamt theoretisch unter die Ich-Funktionen subsumiert werden, wobei ein erheblicher Konstitutionsanteil bei ihrer Ausprägung seine Rolle spielen dürfte (Temperament, persönliches Tempo, Munterkeit, Dynamik oder Aktivitätsniveau o. ä.). Diese kognitive Kontrolle soll verstanden werden als je aktuell und situationsabhängig zu vollziehender Vorgang, als Regulans im Verlauf, nicht als fertiges statisches Werkzeug.

Trotz der betonten hohen Situationsspezifität bei beobachtbaren individuellen Regelmäßigkeiten in dieser Kontrollfunktion erscheint es dennoch vertretbar, von dieser kognitiven Kontrolle als von einer Dimension oder einer Dispositionsvariablen zu sprechen. Es ist in der Literatur meist keine klare Definition von „Steuerung" zu finden; es wäre möglich, Steuerung aufzufassen als Optimalisierung der Aufwandsanteile (Zeit, Such-Engagement) bei einer gegebenen Aufgabe oder Situation im Hinblick auf die Problemlösung. Dabei sind alle Begriffe in einem sehr weiten Sinn gemeint.

Der einzige Ansatz zu einer konzeptuellen Einordnung von Trainingsversuchen mit sogenannten impulsiven Kindern findet sich bei MEICHENBAUM & GOODMAN (1971). Unser Ansatz läßt sich damit vereinbaren. Aus der Literatur über kognitive Defizite entnehmen die Autoren, daß ein „Trainingsprogramm, durch das die Kompetenz bei Aufgaben verbessert und Selbstkontrolle gefördert werden soll, leisten muß: ein ausdrückliches Training in Aufgabenverständnis, in spontaner Produktion von Vermittlungsprozessen und in der Anwendung solcher Mediatoren auf die Kontrolle des nichtverbalen Verhaltens" (S. 115, Übers. d. Verf.). Die Autoren geben an, ein „Behandlungsprogramm zur kognitiven Selbststeuerung" erproben zu wollen, „das der Entwicklungssequenz folgt, in der offene Verbalisierung durch einen Erwachsenen oder durch einen Testleiter gefolgt wird von der offenen Selbstverbalisierung des Kindes, wiederum gefolgt von stiller Selbstverbalisierung, die schließlich abgelöst wird von der eigenen sprachlichen Kontrolle seines nicht-sprachlichen Verhaltens durch das Kind selbst ... Wir hofften zu erreichen, daß das innere Sprechen des Kindes eine neue funktionale Bedeutung erlangte, daß das Kind einen neuen kognitiven Stil oder eine neue „Lerneinstellung" entwickelte und daß dadurch die Selbstkontrolle gefördert würde" (S. 116, Übers. d. Verf.).

Wie aber kann man nun eine solche erhöhte Selbststeuerung oder Selbstkontrolle erreichen? Wir können getrost voraussetzen, daß es den impulsiven Kindern nicht etwa an „gutem Willen" fehlt. Wir müssen ihnen aber von außen zuerst die Bedingungen bieten, unter denen sie Selbstkontrolle erlernen können.

Kinder sollen ja nicht von ständiger Hilfe von Erwachsenen abhängig werden, z. B. bei den Schularbeiten. Wir wollen erreichen, daß jedes Kind nach einem Training weitgehend selbständig entscheiden kann, wie lange und auf welche Weise es sich mit einer Aufgabe beschäftigen muß, um eine gute Lösung zu erzielen.

Die Ziele von Reflexivitäts-Trainings wurden regelmäßig operational definiert als Reaktionsverzögerung und als Fehlersenkung. Die Vermittlung von Strategien wurde als Weg zu diesen Zielen früh konzipiert, spät aber durch experimentelle Befunde begründet. Es kann eine Umzentrierung der Zielsetzung ins Auge gefaßt werden: Ziel sollte sein, Strategien systematisch und flexibel zu trainieren und verfügbar zu machen, so daß Fehlersenkung erzielt wird bei gleichzeitig ökonomischem Umgang mit der Zeit. Die bewußte Anwendung von Strategien ermöglicht – wo nötig – Zeitverzögerung, sie kann aber auch die bessere Nutzung von Leerlaufzeiten bewirken (etwa bei „trödelnden" Kindern). Strategien sind somit Weg und Ziel.

6

Trainingsversuche mit impulsiven Kindern (I): Überblick über Kurzprogramme

Wir haben die bisher veröffentlichten Trainingsversuche mit impulsiven Kindern daraufhin überprüft, welches die erfolgreichsten Methoden und ihre Lernprinzipien sind[1].

Alle theoretischen psychologischen Lernmodelle wurden auf das Training mit impulsiven Kindern bereits angewandt, mit unterschiedlich intensiven Bemühungen und mit unterschiedlichen Erfolgen. Die praktischen Ziele der Trainings waren immer: Kinder dazu zu bringen, ihre Reaktionen zu verzögern, also Denkpausen einzulegen, und die Kinder dazu zu bringen, richtige Lösungen zu finden und Fehler zu vermeiden. Die theoretischen Zielsetzungen standen aber bei den referierten Kurz-Programmen durchweg im Vordergrund: es sollte erkundet werden, ob die Impulsivität als „kognitiver Stil" (s. Kap. 2) überhaupt einer Beeinflussung zugänglich ist. Eine Langzeitwirkung im therapeutischen Sinne zu erreichen, lag nicht in der Absicht der Autoren.

Dieses Kapitel soll nur einen Überblick über die Kurz-Programme geben, weil sie auf sehr unterschiedliche Weise auf Faktoren aufmerksam gemacht haben, die bei einem Training zu berücksichtigen sind. In den folgenden Kapiteln werden dann einzelne erfolgreiche langfristige Trainingsprogramme genauer vorgestellt.

Alle folgenden Trainingsmethoden wurden speziell für impulsive Kinder ausgearbeitet. Aber die Prinzipien der Trainingsprogramme lassen sich anwenden in Trainings mit allen Kindern, die bei Aufgaben, die Sorgfalt und feine, insbesondere visuelle Analyse erfordern, viele Fehler machen.

Die Befunde vieler Arbeiten vorweg zusammenfassend kann man sagen: Heute gilt Reflexivität als zumindest kurzfristig trainierbare kognitive Fertigkeit, und zwar sowohl was die Reaktionszeitverlängerung als auch was die Fehlerreduktion betrifft.

Als relativ leicht beeinflußbar hat sich bei impulsiven Kindern die – unwichtigere – *Reaktionszeit*-Komponente erwiesen. Viele Autoren konnten die Reaktionszeiten impulsiver Kinder im MFF erhöhen (Kagan et al. 1966b, Yando & Kagan 1968, Weinberg 1969, Debus 1970, Finney 1970, Heider 1971, Meichenbaum 1971, Meichenbaum & Goodman 1971, Denney 1972).

---

[1] Eine ausführlichere Fassung dieses Literaturberichtes ist im Archiv für Psychologie (1973) erschienen.

Sinnvollerweise hat man sich aber mehr für eine mögliche *Fehlerreduktion* zu interessieren. Diese aber ist erheblich schwerer zu erreichen, gelingt aber bei entsprechenden experimentellen Arrangements (Briggs 1968, Palkes et al. 1968, Hossbach 1970, Heider 1971, Meichenbaum & Goodman 1971, Ridberg et al. 1971, Denney 1972, Massari & Schack 1972, Zelniker et al. 1972).

Unterschiede in den Trainingsergebnissen lassen sich auf die verschiedenen Trainingsmethoden bzw. -komponenten zurückführen.

Die folgende Zusammenstellung gibt vorweg einen Überblick über das Vorgehen in den bisher veröffentlichten Trainingsexperimenten mit impulsiven Kindern:

Verwendet wurden:

1. speziell motivierende Instruktionen bei der Anwendung des MFF-Tests (s. folgenden Abschnitt 1),
2. positive und negative Bekräftigung von reflexivem Verhalten in Lernversuchen (Abschnitt 2),
3. spezielle selbst motivierende Suchaufgaben, mit denen systematisches Vorgehen provoziert werden sollte (Abschnitt 3),
4. sprachliche Signale zur Verbesserung der Selbststeuerung (Abschnitt 4),
5. die Einwirkung von verschiedenen Vorbild- oder Modellpersonen, die reflexives Verhalten demonstrieren und von beobachtenden Kindern nachgeahmt werden (Abschnitt 5),
6. dabei evt. zusätzlich die ausführliche sprachliche Formulierung von Aufgabenlösungs-Strategien (Abschnitt 6).

Fast in allen diesen Experimenten wurden nur ein bis zwei Trainingssitzungen mit unmittelbarem Nachtest durchgeführt, und alle arbeiteten mit Kindern in Einzelversuchen. Meist wurden Jungen trainiert, hauptsächlich im frühen Schulalter von 6 bis zu 10 Jahren.

Die folgende Darstellung lehnt sich an das praktische methodische Vorgehen der besprochenen Autoren an, das jeweils auf die theoretische Konzeption über die beteiligten Lernprozesse zurückgeht. Die differenziertesten Methoden werden an den Schluß gesetzt. Da die Dauer eines Trainingsprozesses eine erhebliche Rolle auch für die Nachhaltigkeit des Erfolges spielen dürfte, sind die vorliegenden Arbeiten zugleich nach ihrer zeitlichen Struktur geordnet.

6.1. Der Einfluß einer einmaligen besonderen Instruktion auf die MFF-Leistung

Die kurzfristigsten Versuche waren solche, bei denen nur ein Prüfversuch mit dem Matching Familiar Figures Test (MFF, vgl. Kap. 2) durchgeführt wurde, allerdings mit einer je besonderen Instruktion.
Versuche mit nur einer einmaligen besonderen Instruktion kann man nur bedingt als Trainingsversuche bezeichnen. Sie sollen aber doch erwähnt werden, weil sie brauchbare Elemente enthalten, die sich auch in anderen Trainings bewährt haben.
Verschiedene Instruktionsvariationen bei der erst- und einmaligen *Anwendung des MFF* mit Kindern überprüfte HEIDER (1971). Sie arbeitete mit unauffälligen Mittelschichtkindern und mit Kindern der sozialen Unterschicht, die an einem besonderen Nachhilfeprogramm teilnahmen; alle Kinder waren durchschnittlich begabt. Die Kinder wurden, offenbar ohne vorherige Feststellung ihres Impulsivitätsgrades, einer von vier Instruktionsbedingungen nach Zufall zugewiesen. Hier zuerst die Ergebnisse der Unterschichtgruppe: Die Vorgabe einer Reaktionsverzögerung erwies sich als nicht geeignet, die Fehlerzahl gegenüber den Ergebnissen der Gruppe mit der Standardinstruktion zum MFF zu reduzieren. Es gelang auch nicht, eine geringere Fehlerzahl zu erreichen, wenn in der Instruktion eine Belohnung für die Vermeidung von Fehlern in Aussicht gestellt wurde; in diesem Fall war lediglich die Reaktionszeit verlängert. Nur wenn eine *Strategie-Instruktion* gegeben wurde, war die Fehlerzahl signifikant geringer *und* die Reaktionszeit sign. länger als in der Kontrollgruppe mit Standardinstruktionen. – Alle diese Ergebnisse gelten nur für Kinder der sozialen *Unterschicht*. Die Kinder der *Mittelschicht* schneiden schon in den Standardsituationen ebensogut ab wie in allen „erleichternden" Situationen und sind in jeder Bedingung sehr signifikant reflexiver als die Unterschichtkinder.
Daß eine spezielle (Verzögerungs- und Sorgfalts-)Instruktion zum MFF allein meist nicht ausreichend ist, um stark impulsives Verhalten zu modifizieren, zeigten auch MEICHENBAUM & GOODMAN (1971) mit hyperaktiven unterdurchschnittlich begabten Kindern einer Nachhilfeklasse, die für ein Reflexivitätstraining ausgewählt wurden.
Leichter ist es, durch verbesserte Instruktionen bei impulsiven Kindern Steigerungen in Intelligenztestbefunden zu erzielen (BÜTTNER 1970, SCHWEBEL & BERNSTEIN 1970; vgl. Kap. 3).
Festzuhalten ist, daß zwar bestimmte kognitive Leistungen Impulsiver durch Instruktionsverbesserungen kurzfristig beeinflußbar sind, daß aber

das Kriteriumsverhalten (MFF) nicht so leicht modifizierbar ist, besonders in der Fehlerkomponente.
Langfristige Einflußnahme durch wiederholte entsprechende Instruktionen wird in Kap. 7 besprochen (Hossbach 1970).

6.2. Konditionierungsversuche: positive und negative Rückmeldung über Leistungsverhalten

Andere Trainings, mit „Konditionierung", also einfacher Belohnung für verzögertes Reagieren oder negativer Rückmeldung für beschleunigtes Reagieren, waren nicht viel erfolgreicher als die Untersuchungen mit Instruktionsveränderung: Lediglich die Reaktionszeit wird vorübergehend verlängert, wenn man materielle Belohnung durch Geld oder symbolische Belohnung durch gute Zensuren anwendet (Finney 1970).
Weinberg (1969, zit. nach Denney 1972) hatte bei verschiedenen Methoden mit bekräftigender Rückmeldung immer nur Erfolg in der Verlängerung von Reaktionszeiten der Impulsiven in den Trainingsversuchen, nicht einmal aber in unmittelbaren Nachtests, und die Fehlerneigung im MFF wurde überhaupt nicht beeinflußt.
Nur bei gleichzeitig auferlegter Schweigezeit im Trainingsversuch sinkt auch die Fehlerzahl (Finney 1970).
Lediglich bei Briggs (1968) zeigte sich im MFF im unmittelbaren Nachtest nach bis zu 90minütigen Trainingssitzungen der gewünschte Effekt: Reaktionszeit-Verlängerung, Fehlerabnahme. Briggs trainierte impulsive, reflexive und R-I-„neutrale" Jungen, ihre Reaktionszeiten bei verschiedenen Trainingsaufgaben zu verkürzen oder zu verlängern, indem sie ihnen durch Lichtsignale mit schriftlichen Kurzinstruktionen bekräftigende Rückmeldung gab, die je nach den vorhergehenden Reaktionszeiten der Kinder gewählt wurde. Die Rückmeldungen erfolgten durch rote und grüne Signallichter für „falsch" und „richtig", deren Bedeutung den Kindern vorher erklärt wurde. Fehler und Reaktionszeiten wurden im Training und im unmittelbaren Nachtest in den erwarteten Richtungen beeinflußt. Reflexive sprachen stärker auf das Training an als Impulsive.
Massari & Schack (1972) wollten die Hypothese überprüfen, daß reflexives Verhalten mit Furcht vor Fehlern zusammenhängt und u. U. durch eine Lerngeschichte mit viel „negativer Rückmeldung" zustandekommen könne. Sie verwendeten daher in Trainings mit Unterscheidungslernversuchen in 4 Versuchsabschnitten feste Bekräftigungspläne mit entweder 70% Erfolgs- und 30% Mißerfolgs-Rückmeldung oder einer umgekehrten

Bekräftigungsrate. Offenbar konnten die Kinder die Qualität ihrer Aufgabenlösung nicht selbst beurteilen, und so mußten sie das „richtig"- oder „falsch"-Urteil der Testleiter hinnehmen. MASSARI & SCHACK fanden, daß impulsive und reflexive Kinder bei mehr negativer Rückmeldung (70% „falsch"-Urteile) tatsächlich ihre Reaktionszeiten zunehmend verlängerten und daß die Fehlerzahl sank. Obwohl die reflexiven Vpn den impulsiven im allgemeinen überlegen waren, glichen die Leistungen der Impulsiven unter den negativen Bedingungen denjenigen der Reflexiven. Die Autoren leiten daraus eine vorsichtige Annahme über die langfristige Entstehung von Reflexivität ab, die sie auf gehäufte negative Rückmeldungen zurückführen.

Alle hier referierten Konditionierungsversuche waren uns nur in z. T. mißverständlichen Kurzreferaten zugänglich und sind daher schwer zu beurteilen. Vielleicht ist die Entstehung von Ängstlichkeit bzw. Leistungsunsicherheit und erhöhter Reflexivität in den Versuchen von MASSARI & SCHACK (1972) gerade auf die Undurchsichtigkeit eines starren Bekräftigungsplanes im Lernversuch zurückzuführen. So mag sich hier eine aktuelle Entmutigung niedergeschlagen haben. Daß Unsicherheit bei der Entstehung von Reaktionsverzögerungen eine Rolle spielt, machten MESSER (1970) und RIDBERG et al. (1971) wahrscheinlich.

Andererseits hat KAGAN früher auch mehrfach — ohne Belege — argumentiert, daß Leistungsmißerfolge wegen geringerer Toleranz für Unsicherheit bei Impulsiven zu einer *Herabsetzung* der Reaktionszeiten führen können (KAGAN et al. 1964, KAGAN 1965a). Uns scheint, daß beide Veränderungsrichtungen, also sowohl Verkürzung als Verlängerung der Reaktionszeiten nach Mißerfolg in verschiedenen Situationen und vielleicht bei verschiedenen Persönlichkeits„typen" plausibel sind (vgl. auch KAGAN & KOGAN 1971).

Es scheint also, daß solche Dressurversuche wie die von BRIGGS (1968) und MASSARI & SCHACK (1972) bei entsprechender Dauer durchaus erfolgreich sein können, daß die „Erfolge" aber — u. E. wegen der Vernachlässigung des Faktors der kognitiven Kontrolle durch das Kind selber — eher durch eine emotionale Verunsicherung der Kinder erkauft werden, die sonst durchaus nicht an der Entstehung reflexiven Verhaltens beteiligt zu sein braucht. Es ist damit u. E. höchstens ein möglicher, nicht einmal aber ein notwendiger Anteil an der Entstehung der Reflexivität isoliert worden. Differenzierte Untersuchungen, in denen kognitive Prozesse gezielt für das Training eingesetzt werden (vgl. Kap. 7 ff.), scheinen uns für die erwünschte Entwicklung einer kognitiven Kontrolle des Verhaltens und für die gesamte Persönlichkeitsentwicklung brauchbarer zu sein (vgl. auch Kap. 12).

Leider wird auch in den im folgenden (3) besprochenen Übungsplänen dem Problem einer etwaigen Verunsicherung der Kinder keine Beachtung geschenkt.

6.3. Die Ausbildung von visuellen Strategien für die Informationsaufnahme

Eine stärkere Relevanz auch für spätere Trainingsversuche haben eher die folgenden Methoden, die stärker die Notwendigkeit einer kognitiven Selbstkontrolle des Verhaltens betonen: Versuche, die eine *systematische Ausbildung von rein visuellen Strategien* anstreben, *Differenzierungslern-Versuche.*

Dazu fanden wir wenige Untersuchungen: in zwei davon wurde mit nur *einmaliger spezifischer Intervention* und unmittelbarem Nachtest (MFF) gearbeitet.

Hier ist besonders das Experiment von ZELNIKER et al. (1972) sehr aufschlußreich und theoretisch bedeutsam: Diese Autoren erreichten bei Impulsiven in einem Nachtest unmittelbar nach der einmaligen Trainingsintervention signifikante Verbesserungen im MFF-Test. Zum Training hatten sie den MFF so modifiziert, daß von 6 visuell dargebotenen Vorlagen nur eine sich vom Standard unterschied, die von den Kindern herausgefunden werden mußte (DFF – Differentiating Familiar Figures). Der Erfolg – Auffinden des Unterschiedes – war unmittelbar für jedes Kind kontrollierbar. Die Augenbewegungen der Kinder wurden auf Video-Band aufgezeichnet. Durch die Konstruktion des DFF wurden die Kinder ohne weitere Manipulation zum mehr oder weniger systematischen Vergleich zwischen den gebotenen Alternativen veranlaßt, zu einer Strategie also, die auch für den MFF optimal geeignet ist. Diese Suchstrategie wurde nun von den Impulsiven auch auf den MFF übertragen (Transfer), wobei bei gleichbleibend kurzer Reaktionszeit die Fehlerzahl sank. Die Reflexiven behielten übrigens beim MFF die Blickbewegungsstrategie bei, die sie im 1. MFF angewendet hatten. – Das Experiment von ZELNIKER et al. (1972) gibt einen sehr interessanten Hinweis darauf, daß in einem Training durchaus nicht notwendigerweise die Reaktionszeit verlängert zu werden braucht, wenn man aufgabenadäquates Verhalten erreichen will; demnach erscheint uns ein unreflektiertes „Reflexivitäts"-Training als fragwürdig (vgl. Kap. 5).

Eine ähnliche Versuchsanordnung wie ZELNIKER et al. (1972) wählten ODOM et al. (1971). Sie zeigten, daß drei Gruppen impulsiver und reflexiver Kinder, die in je einer anderen von 3 MFF-ähnlichen Transferbe-

dingungen getestet wurden, nach einem einmaligen visuellen Differenzierungslernversuch weniger Fehler machten als vor dem Training. Die Fehlerreduktion hing von der spezifischen Transferbedingung ab. Dabei schnitten die reflexiven Kinder allerdings noch besser ab als die impulsiven, auch in der stärkeren Verlängerung ihrer Reaktionszeiten.
Auch STEIN (1970) konnte mit einem direkten Strategie-Training bei Vergleichs-Tests Reaktionszeitverlängerung und Fehlerreduktion bewirken, nicht aber eine Generalisierung auf andere Unterscheidungsaufgaben.
STEIN (1970) trainierte bei zwei Gruppen direkt in zwei Sitzungen die Reiz-Unterscheidung. Am erfolgreichsten war das „Reiz-Relevanz-Training" – eine direkte Einübung MFF-relevanten Vorgehens –, bei dem zuerst zwei detailreiche Bilder auf Ähnlichkeiten und Unterschiede hin verglichen und später aus mehreren Figuren zwei gleiche herausgefunden werden mußten: Diese Gruppe erzielte eine signifikant größere Fehlerabnahme als die andere Trainingsgruppe und als die Kontrollgruppe und gleichzeitig als einzige eine Reaktionszeitzunahme im Nachtest. Keinen Unterschied zur nicht trainierten Kontrollgruppe bewirkte dagegen das „Reiz-Beachtungs-Training", bei dem die Kinder eine detaillierte Bildbeschreibung abgeben mußten; in diesen beiden Gruppen fand sich auch eine signifikante, aber geringere Fehlerabnahme (der zeitliche Abstand des Nachtests vom Training ist nicht angegeben).
Da sich andere Untersuchungen noch mit einem spezifischen Strategie-Training befassen, kommen wir später auf die große Bedeutung auch dieser beiden Arbeiten noch zurück. Anregungen aus diesen Untersuchungen wären u. E. in späteren langfristigen Übungsprogrammen gut verwertbar. Obwohl die Auswirkung der Übungen auf die emotionale Lage der Kinder nicht untersucht wurde, können wir hier annehmen, daß den Kindern eher ein Tüchtigkeits- als ein Unzulänglichkeitserlebnis vermittelt worden sein dürfte, ein wichtiger Unterschied zu den unter 2 referierten Untersuchungen.

6.4. Ansätze zur Ausbildung sprachlicher Formulierungen von Strategien

Selbst unter erschwerten Bedingungen sind mit sehr impulsiven Kindern gute Leistungsverbesserungen möglich, wenn man in die Trainings Arrangements zur Verbesserung der *kognitiven Selbststeuerung* einbaut, hier die *Vermittlung von Strategien durch Verbalisierung* (sprachliche Formulierung).

Es ist bekannt, daß reflexive Kinder ihre Motorik besser unter Kontrolle haben als impulsive (MEICHENBAUM & GOODMAN 1969, HARRISON & NADELMAN 1972) und daß die Fähigkeit zu stärkerer motorischer Kontrolle wiederum mit guten Intelligenztestleistungen korreliert (MASSARI, HAYWEISER & MEYER 1969). Von daher lag es nahe, „hyperaktive" Kinder in besserer Impulskontrolle zu trainieren, um Barrieren vor einer potentiellen Leistungsfähigkeit abzubauen.
PALKES, STEWART & KAHANA (1968) haben einen einfallsreichen Versuch dazu mit psychiatrisch auffälligen hyperaktiven Kindern gemacht:
Die Autoren trainierten zwei Gruppen stark impulsiver Kinder, von denen die eine lediglich visuell zu differenzierende Übungsaufgaben erhielt, die andere aber dazu witzig gestaltete Instruktionskärtchen, die geeignet waren, Selbstinstruktionen zur besseren Verhaltenskontrolle zu provozieren. Die Kinder wurden zum Aussprechen und Rekapitulieren der Anweisungen angehalten. Es wurden je zwei halbstündige Trainingssitzungen an zwei aufeinanderfolgenden Tagen durchgeführt.
Die Kinder waren in psychiatrischer Behandlung wegen Hyperaktivität und standen normalerweise unter aktivitätsdämpfenden Medikamenten. Diese Medikamente wurden für die Dauer des Versuchs abgesetzt. Der Nachtest erfolgte unmittelbar nach der 2. halbstündigen Trainingssitzung, also am zweiten Tag. Es zeigte sich, daß die Gruppe mit den Instruktionskärtchen in einem Labyrinthtest am Ende der anderen Gruppe erheblich überlegen war, die ohne die Kärtchen das gleiche Übungsmaterial bearbeitet hatte. Allerdings ist der Labyrinthtest leichter zu bewältigen als der MFF. Aber selbst für sehr impulsive Kinder hat sich hier doch gezeigt, daß eine Selbststeuerung zumindest kurzfristig erreicht werden kann. Ob eine langfristige Beeinflussung stattfindet, kann man in solchen Versuchen natürlich erst bei langfristiger Anwendung des Trainings feststellen.

6.5. Lernen vom Vorbild oder einer „Modellperson", mit oder ohne besondere Instruktionen zur Strategie

Eine wieder ganz andere Gruppe von Trainingsversuchen, mit der wir uns später noch eingehender beschäftigen werden (Kap. 8), beruht auf der Theorie des „Modell-Lernens" (BANDURA & WALTERS 1963). Beim Lernen von einem „Modell" oder Vorbild beobachtet der Lernende eine Person, die ein bestimmtes Verhalten vormacht, und erhält hinterher die Gelegenheit, das beobachtete Verhalten nachzuahmen. Bekannt geworden sind

u. a. besonders Untersuchungen über die Nachahmung aggressiven Verhaltens (BANDURA & WALTERS 1963).

Auch in dem Bereich des Lernens kognitiver Strategien wurden seit 1966 (KAGAN, PEARSON & WELCH, b) solche Modellernversuche („Modeling") durchgeführt. Kognitive Faktoren – die Formulierung von Strategien – gehen meist in die experimentellen Versuchsanordnungen ein (Literaturberichte WAGNER 1973, 1975 b, c).

Das Vorbild führt in den Modell-Situationen dem beobachtenden Kind verschiedene Arten von Aufgaben vor, bei denen Reaktionsverzögerung und Fehlervermeidung gezeigt werden können; die Aufgaben reichen von einfachen sensumotorischen bis hin zu komplexeren problemlösenden Tätigkeiten, manchmal einschließlich MFF-ähnlicher Aufgaben. In manchen Fällen erhält das Vorbild durch einen Versuchsleiter eine positive oder negative Rückmeldung über sein Aufgabenverhalten. Meist beobachten die Kinder nur eine einzige Vorbildvorführung, an die sich unmittelbar der Nachtest mit dem MFF anschließt. Es gibt Versuche mit anwesenden und mit gefilmten Vorbildpersonen, solche mit kindlichen oder erwachsenen, mit gleich- und mit verschiedengeschlechtlichen Vorbildpersonen.

Während der Vorbildvorführung gab es für die beobachtenden Kinder unterschiedliche Informationsquellen und Aufgaben:

1. Beobachtung des nicht-verbalen Aufgabenverhaltens des Vorbilds: Manchmal demonstrierte das Vorbild nur unterschiedlich lange Wartezeiten bis zur Abgabe seiner Antwort. In anderen Fällen demonstrierte es mit besonderer Betonung den visuellen und den motorischen Abtastvorgang beim Lösen der Aufgabe (Hin- und Herblicken, Zeigen mit dem Finger, unten kurz „Abtasten", nach engl. „Scanning").
2. Beobachtung des sprachlichen Aufgabenverhaltens des Modells: Es gab entweder keine oder aber eine verschieden genaue Formulierung von Aufgabenstrategien oder anderen helfenden Hinweisen (im folgenden kurz „Strategie-Formulierung").
3. Beobachtung des sprachlichen Aufgabenverhaltens und Übernahme als Selbstinstruktion durch die Beobachter: Es wurden auch Experimente mit der Intention durchgeführt, gezielt eine Verinnerlichung der Strategie-Formulierung der Vorbildperson durch die beobachtenden Kinder zu bewirken. In diesen Versuchen beobachtet das Kind zuerst eine sich selbst instruierende Vorbildperson, dann wird es bei den gleichen Aufgaben durch das Vorbild instruiert, und schließlich übernimmt es das Kind selbst, sich zuerst laut, dann flüsternd und schließlich nur noch in Gedanken zu instruieren. Es wird also zur Verinnerlichung von der lauten zur verdeckten Selbstinstruktion angeleitet (ausführliche Darstellung in Kap. 8, tw. in Abschnitt 6 dieses Kapitels).

Zahlreiche Vorbildversuche mit kognitiv impulsiven Kindern waren zunächst wenig erfolgreich. KAGAN, PEARSON & WELCH (1966b), DEBUS (1970), MEICHENBAUM & GOODMAN (1971) und DENNEY (1972) erzielten in ihren MFF-Nachtests mit 6—10jährigen Vpn nach bloßer Vorbildbeobachtung immer nur flüchtige *Reaktionszeit-Verlängerungen,* nicht aber eine Fehlerabnahme; dies sogar auch, wenn ihre erwachsenen Vorbilder sich eingehend bei den von ihnen demonstrierten Aufgaben selbst instruiert hatten und für reflexives Vorgehen gelobt worden waren. Allerdings fanden sich trotzdem signifikante Verbesserungen in Intelligenztestdaten der beobachtenden Vpn (MEICHENBAUM & GOODMAN 1971); solche finden sich aber auch schon bei einer bloßen reaktionsverzögernden Instruktion ohne Modellvorgabe (s. o. Kap. 3, z. B. BÜTTNER 1970, SCHWEBEL & BERNSTEIN 1970).

Erst RIDBERG, PARKE & HETHERINGTON (1971) erreichten auch eine *Fehlerreduktion* im MFF durch Vorbildlernen. Ihr Versuch ist der bisher aufwendigste mit gefilmten Modellpersonen in zahlreichen Bedingungskombinationen. Es gab für je zwei unterschiedlich intelligente Gruppen von impulsiven und reflexiven Kindern je 5 Trainingsbedingungen. Es werden hier nur die Ergebnisse der impulsiven Trainingsgruppen referiert. — Beim Modeling wurde ein 2 x 2-Versuchsplan verwendet („Abtasten" wird demonstriert/wird nicht demonstriert; „Strategie-Formulierung" wird demonstriert/wird nicht demonstriert); eine Kontrollgruppe sah kein Modell. Die Strategie-Formulierung des Modells umfaßte drei verschiedene Informationen, die je einmal wiederholt wurden. „In der reflexiven Bedingung betonten die Verbalisierungen (a) das verzögerte Antworten, (b) das Vermeiden der erstbesten richtig erscheinenden Antwort, wenn noch nicht alle Alternativen überprüft sind, und (c) die Beschreibung der Strategie (z. B. die Modellperson beschrieb, wie sie mit dem Standard häufige Vergleiche anstellte)", (RIDBERG et al. 1971, S. 371, Übers. d. Verf.).

Unter den Trainingsbedingungen profitierten nun alle Gruppen mit Modell gegenüber der Kontrollgruppe ohne Modell; Fehlersenkung und Reaktionszeit-Verlängerung waren noch nach einer Woche nachweisbar. Besonders intelligente Kinder (IQ $\geqq$ 115) profitierten am meisten von Modellen mit entweder nur „Abtast"-Vorführung oder nur „Formulierung von Strategien". Bei den etwas weniger intelligenten Kindern (IQ $<$ 115) wirkte erst die kombinierte Strategie-Formulierung und Abtast-Demonstration in gleicher Weise. Am geringsten war die Wirkung eines wenig demonstrativ arbeitenden Vorbildes, das nur einfach seine Antworten verzögerte.

Nach RIDBERG et al. (1971) gibt es also offenbar eine unterschiedliche

Ansprechbarkeit der verschieden intelligenten Gruppen für die verschiedenen Trainingsmethoden. Annahmen zur Erklärung der Trainingserfolge gehen in die Richtung, daß bei den verschieden intelligenten Gruppen unterschiedliche Anstöße erforderlich sind, um binnenpsychische Vorgänge der Aufmerksamkeitszuwendung und der sprachlichen Selbststeuerung anzuregen. Diese Annahme wird gestützt durch eine Untersuchung von Hossbach (1970, vgl. Kap. 7), die allerdings nicht mit Modellernen, sondern mit Instruktionen und Bekräftigungen arbeitete. Die Instruktionen betrafen Sorgfalt und Reaktionsverzögerungen.
Hossbach erzielte in einem Vierteljahresprogramm bei 8jährigen gut durchschnittlich begabten Kindern eine bedeutsame Steigerung der Reflexivität: sowohl Fehlerabnahme als auch Reaktionszeitzunahme. Wir können beide Versuche so interpretieren, daß innere Vermittlungsprozesse wahrscheinlich sprachlicher Art steuernd wirksam werden konnten, einmal durch die wiederholte Instruktion (bei Hossbach 1970) und einmal durch die Vorbildvorführung (bei Ridberg et al. 1971, vgl. dazu Abschnitt 6).

6.6. Lernen vom Vorbild und Verinnerlichung der steuernden Instruktion

Hier wird nur ein Ausblick auf die weitere Problem-Entwicklung gegeben, da die hier besonders relevanten Untersuchungen von Meichenbaum & Goodman (1971) und ihre Folge-Untersuchungen in Kap. 8 ausführlich dargestellt werden.
Die voll erfolgreichen Trainings mit Vorbildlernen und Strategie-Formulierungen waren nur bei Kindern mit normaler und höherer Intelligenz erprobt worden (vgl. Abschnitt 5). Bei schwächer begabten und jüngeren Kindern ist aber selbst eine noch viel ausführlichere Strategie-Formulierung durch das Vorbild als bei Ridberg et al. (1971) nicht erfolgreich. Das zeigten Meichenbaum & Goodman (1971) mit 7–9jährigen tw. schwachbegabten (IQ $\geqq$ 85) und besonders hyperaktiven Kindern.
In einem anderen Vorbildlern-Experiment klärten Meichenbaum & Goodman (1971) schließlich, wie solche Kinder am besten von einem Vorbild lernen können. So ließ sich bei normalbegabten, aber ebenfalls hyperaktiven 5–6jährigen auch die angestrebte Fehlerabnahme erreichen, wenn die Kinder systematisch angeleitet wurden, differenzierte Strategie-Formulierungen allmählich in ihr Selbstinstruktions-Repertoire aufzunehmen; der Erfolg trat sogar ein nach nur einer einzigen 20-minütigen Sitzung, bei der allerdings MFF-ähnliches Übungsmaterial verwendet

wurde. Als notwendiger und wirksamer Faktor für die jüngeren Kinder kann also die *Verinnerlichung der Selbstinstruktion* angesehen werden.
MEICHENBAUM (1971b, 1973) hatte schon früher beobachtet, daß spontanes Sprechen bei impulsiven Kindern im Vorschulalter weniger aufgabenbezogen ist als bei reflexiven Kindern; impulsive Kinder machen stattdessen mehr „selbststimulierende“ Geräusche, die, anders als bei reflexiven Kindern, auch nicht abnehmen, wenn sie Aufgaben erledigen (Wortspielereien, Tiergeräusche, Wortwiederholungen, Singen). Die Fähigkeit zur Selbstinstruktion muß also von den Kindern durch Einüben in diesem Alter erst *erlernt* werden. Sie gehört noch nicht voll zum spontanen Verhaltensrepertoire und kann daher nicht durch bloße Modellbeobachtung aktualisiert werden.
Da eine Wiederholung der MEICHENBAUM'schen Versuche allerdings nicht erfolgreich war (BOULBOULLÉ 1974 und ESSEN 1974), mußte ein zusätzlicher Faktor bei diesen Untersuchungen als notwendig angenommen werden (WAGNER 1975c): Es wirkte sich nämlich bei MEICHENBAUM & GOODMAN (1971) offenbar bei dem Prozeß der Verinnerlichung einer demonstrierten Instruktion die besonders *dynamische Interaktion des Versuchsleiters mit den Kindern* aus (vgl. Kap. 8).
Fassen wir zusammen: Die in Abschnitt 5 und 6 dargestellten Trainingsversuche sind offenbar in unterschiedlicher Weise geeignet gewesen, die kognitive Selbstkontrolle bei unterschiedlichen individuellen Voraussetzungen zu fördern: Eine nachhaltige Verbesserung der kognitiven Selbstkontrolle gelingt höher begabten älteren impulsiven Kindern schon, wenn sie eine Modellperson beim Verbalisieren oder bei der Demonstration visumotorischer Strategien beobachten können; gut durchschnittlich begabten älteren Kindern gelingt sie am besten, wenn sie beide Instruktionsmethoden zugleich vorgeführt bekommen, sowohl das visumotorische Abtasten oder „Scanning“ als auch die Verbalisierung von Strategien; schwächer begabte und extrem hyperaktive sowie jüngere Kinder benötigen zur Förderung der kognitiven Selbstkontrolle der besprochenen Art zusätzlich eine zugleich „spannende“ Anleitung zur Verinnerlichung der aufgabenbezogenen Selbstinstruktionen (vgl. Kap. 8).
Die fünf- bis zehnjährigen und unterschiedlich begabten Gruppen impulsiver Kinder scheinen unterschiedliche Stufen der Fähigkeit zur spontanen Produktion oder Aktivierung von inneren vermittelnden Prozessen erreicht zu haben.

Unsere Übersicht hätte zu einem Test für die Bedeutung verschiedener theoretischer Lernmodelle werden können, wenn alle Versuche mit der gleichen Stringenz geplant worden wären. Tatsächlich sind die Untersuchungen von Konzeption und Ansprüchen her praktisch nicht vergleichbar. Auswahl und Anzahl sowie Alter und Herkunft der Vpn sind nicht hinreichend vergleichbar, die experimentellen Manipulationen sind oft nicht hinreichend genau beschrieben, und ferner ist die Dauer der Einflußnahme zu unterschiedlich.

Eine Steigerung der Reflexivität kann mit sehr verschiedenen Methoden erreicht werden. Am erfolgreichsten, vor allem auch im Sinne der wichtigen Fehlerreduktion, sind solche Trainings, in denen kognitive Prozesse zur Steuerung des Verhaltens direkt angeregt werden: wo visuelle Abtaststrategien und Instruktionen zur Aufmerksamkeitszuwendung nachdrücklich formuliert und verinnerlicht werden. Der Trainingseffekt beschränkt sich dann nicht auf den MFF, sondern er überträgt sich offenbar auf die Kontrolle der Motorik und auf Intelligenztestleistungen. Untersuchungen dazu sind noch erforderlich. Konditionierungsversuche und Lernen vom Vorbild sind ohne die Beteiligung der genannten kognitiven Strukturierungsprozesse nicht so wirksam wie die letzteren allein. Bei Konditionierungsversuchen besteht u. U. die Gefahr einer emotionalen Verunsicherung.

Bisher ist immer mit Aufgaben zur visuellen Differenzierung gearbeitet worden, und nur selten wurden mehrere Trainingssitzungen durchgeführt. Ein nachhaltiger Erfolg kann wahrscheinlich nur bei ausgedehnteren Trainings erwartet werden.

7

Trainingsversuche mit impulsiven Kindern (II): Das direkte Üben der Reaktionsverzögerung und des sorgfältigen Arbeitens

7.1. Begründungen und Versuchsplanung

Erster Anknüpfungspunkt für die Versuchsplanung von HOSSBACH (1970) war die bis dahin einzig bekanntgewordene Trainingsarbeit von KAGAN, PEARSON & WELCH (1966b, vgl. Kap. 6), in der es nur gelungen war, eine Reaktionsverzögerung zu bewirken, nicht aber, die Fehlerzahl zu senken.

Der zweite Ansatzpunkt für die Trainings von HOSSBACH war die Idee, die Tradition der Reflexivitäts-Impulsivitäts-Forschung mit der unabhängigen Forschungs-Tradition der Förderung einer differenzierenden visuellen Wahrnehmung im Kleinkindalter zu verbinden (LORF 1966, NICKEL 1968, 1969, ZAPOROSHETS 1965).

Die Trainingsserie von HOSSBACH mit kognitiv impulsiven Kindern ist bisher eine der umfangreichsten geblieben.

Bei näherer Betrachtung des MFF fällt auf, daß das Verfahren solchen Wahrnehmungstests, die in der Literatur zur „einzelheitlichen Auffassung in der visuellen Wahrnehmung", zur „isolierenden Abstraktion" und zum „Durchgliederungsvermögen" u. ä. beschrieben werden, in verblüffender Weise ähnelt. Der MFF und ein Test zur Messung der „einzelheitlichen Auffassung in der visuellen Wahrnehmung" von NICKEL (1967) sind nahezu identisch. Auch NICKEL verwendete Abbildungen kindgemäßer, vertrauter Gegenstände und verlangte in der Aufgabenanweisung ein Vergleichen ähnlicher Abbildungen und das Zuordnen gleicher Abbildungen. Die Autoren aus dieser Tradition haben allerdings niemals die Reaktionszeiten der Kinder berücksichtigt.

KAGAN (1965a) wollte mit seinem „Visual Analysis Test" zeigen, daß visuelle Analyse nicht an der MFF-Leistung beteiligt sei. Dieser Test ist aber eher ein Gedächtnis- und Abstraktionstest und erfaßt u. E. nicht die Art *schnellen* visuellen Auffassens, auf die es im MFF ankommt. HAAR (1973, s. o. Kap. 2) hat nun inzwischen einen hohen Anteil an visuellen Differenzierungsleistungen an der MFF-Leistung aufgezeigt.

In den erfolgreichen Trainings der visuellen Differenzierung finden sich ingeniöse Methoden zu *langfristiger Beeinflussung*, die u. E. gerade deshalb erfolgreich waren, weil sie – auf die Höhe der visuellen Differenzierungsfähigkeit bei Vorschulkindern ausgerichtet – die Präzision der Auffassung bzw. Such- und Findestrategien verbessert haben (vgl. dazu LORF 1966, NICKEL 1968, 1969, ZAPOROSHETS 1965).

Die *funktional wirksamen Elemente* der Trainingsversuche waren: Vertrautmachen mit der Struktur von differenzierten Wahrnehmungsdaten, u. a. durch Begriffsvermittlung (LORF 1966), durch Konstruktion und Manipulation (LORF 1966, ZAPOROSHETS 1965), durch vermehrten Umgang mit Bildmaterial (NICKEL 1969), Hervorrufen von emotionaler bzw. motivationaler Beteiligung (NICKEL 1968, LORF 1966, ZAPOROSHETS 1965) und auch einfach durch freundliche Zuwendung eines Erwachsenen (NICKEL 1969b).

Vor allem folgende Überlegungen führten von den zitierten Untersuchungen zur Konzeption *neuer Ansatzpunkte für* HOSSBACHS *Training:* KAGAN et al. (1966b) hatten etwas vorschnell den Mißerfolg ihres Experimentes nur darauf zurückgeführt, daß in ihrem Training primär auf die Reaktionsverzögerung geachtet worden war, nicht aber auf Strategien der visuellen Feinanalyse („Detektion"). Nun war aber eine Korrelation zwischen Reaktionszeit und Fehlern in vielen Arbeiten belegt, und daher sollte eine Veränderung der Reaktionszeiten prinzipiell auch eine Beeinflussung der Fehlerzahl ermöglichen. So war denn u. E. auch nicht erwiesen, daß nicht ein *angemesseneres* Reaktionsverzögerungstraining auch eine Fehlerabnahme bewirken kann, da die Trainingsbedingungen bei KAGAN et al. (1966b) nicht optimal gewesen zu sein schienen. Die Folgerungen:

1. HOSSBACH wollte noch einmal, um diese Hypothese überprüfen zu können, die beiden Determinanten der MFF-Leistung, Tempo und Qualität, in ihrer Trainierbarkeit isoliert, aber auch kombiniert berücksichtigen.
2. Das Training sollte mehr als nur 3 Sitzungen – wie bei KAGAN et al. (1966b) –, dafür aber kürzere Sitzungen umfassen. Neun Sitzungen in einwöchigem Abstand erwiesen sich aus schulorganisatorischen Gründen als durchführbar.
3. Die Dauer wurde in Anlehnung an NICKEL (1969b) auf nur je 15 Minuten festgesetzt, um Störvariablen wie Nachlassen der Aufmerksamkeit, Ablenkung und Ermüdung möglichst gering zu halten.
4. Die Dauer der auferlegten Reaktionszeitverzögerung sollte sich im Verlauf der Trainingssitzungen erst allmählich steigern, weil die impulsiven Vpn eine längere Wartezeit (wie bei KAGAN et al. 1966b) nicht angemessen nutzen können und diese deshalb wahrscheinlich mit unangemessenem Verhalten wie Herumgucken gefüllt haben.

Es wurden aufgrund der vorhergehenden Überlegungen und von Hypothesen, die wir hier vernachlässigen, folgende Trainings-Gruppen gebildet:

Eine Gruppe entspricht den KAGAN'schen Trainingsgruppen, die ein *reines Reaktionsverzögerungstraining* – ohne Darbietung geeigneter Lösungsstrategien oder Hinweise auf die sinnvolle Verwendung der Verzögerungszeiten – erhält. Sie übt also direkt nur den zeitlichen Aspekt der Reflexivität: wir nennen diese Gruppe abgekürzt *„RV"* (Reaktions-Verzögerung).

Eine zweite Gruppe übt den anderen Aspekt, die *Qualität der Leistung*, direkt, erhält aber kein Verzögerungstraining. Sie wird also nur darauf trainiert, möglichst wenige Fehler zu machen. Ihre Kurzbezeichnung ist „Q" (Qualität).

Eine dritte Gruppe wiederum erhält eine Kombination der beiden ersten Übungen. Hier werden beide Aspekte der Reflexivität zugleich trainiert; den Vpn wird mit der Reaktionsverzögerung zugleich klargemacht, welchen Sinn diese Zeit für die Lösung der Aufgabe hat und was sie in dieser Zeit tun sollen. Diese Versuchsgruppe erfüllt damit die Voraussetzungen, die KAGAN für notwendig hält, um einen Trainingserfolg hinsichtlich beider Aspekte der Reflexivität zu ermöglichen. Wir nennen diese Gruppe im folgenden kurz *„RV+Q"* (Reaktionsverzögerung + Qualität).

Um die Ergebnisse der Trainingsgruppen interpretieren zu können, wurde eine Kontrolle durch *Vergleichsgruppen ohne Training* benötigt, und zwar durch eine *impulsive, (kurz „KI"),* und eine *reflexive (kurz „KR") Kontrollgruppe.*

Ein Befund von NICKEL (1969b) legte es nahe, eine weitere Bedingung zur Kontrolle der Ergebnisse aufzunehmen, mit der der Einfluß der günstigen sozial-emotionalen Bedingungen während der Versuche geprüft werden sollte: NICKEL fand nämlich, daß Vorschulkinder auch ohne spezifisches Training nach einer Periode besonderer persönlicher Zuwendung durch einen Erwachsenen, wie sie in der Einzelversuchssituation gegeben ist, in seinen Wahrnehmungsaufgaben besser abschnitten.

Diese Kontrollgruppe trägt die Bezeichnung *„Zuwendungsgruppe"*, kurz „Z".

Einen Überblick über alle Versuchs- und Kontrollbedingungen gibt Tab. 7.1.

Tab. 7.1.: Überblick über die Versuchs- und die Kontrollbedingungen

Bedingung	Trainingsbedingungen*			Kontrollbedingungen**		
Trainings-gruppen	RV	RV+Q	Q	Z	KI	KR
	impulsiv			impulsiv	impulsiv	reflexiv
Anzahl Vpn	12	11	12	11	12	40

* Trainingsbedingungen
RV = Raktionsverzögerungs-training
Q = Qualitätstraining
RV+Q = kombiniertes Training

** Kontrollbedingungen
Z = Zuwendungsgruppe
KI = Imp. Kontrollgruppe
KR = Refl. Kontrollgruppe

Die experimentellen Gruppen wurden nach sozialer Schicht und nach ihrer Intelligenz parallelisiert; dazu wurden die Befunde der Coloured Progressive Matrices von Raven, die von Büttner (1970) erhoben worden waren, herangezogen.

Die parallelisierten Gruppen 8jähriger impulsiver Kinder und eine Gruppe reflexiver Kinder werden also in 6 verschiedene Trainings- bzw. Kontrollbedingungen gebracht. Der Erfolg der Trainings wird beurteilt nach der Veränderung des im Kagan'schen Sinne gemessenen Merkmals „Reflexivität – Impulsivität", also nach der Veränderung der Reaktionszeiten und der Fehlerzahlen im MFF-Nachtest gegenüber dem MFF-Vortest und gegenüber den Testergebnissen der Kontrollgruppen.

Hossbachs Fragestellungen umfaßten:

1. die Frage nach der Trainierbarkeit beider Aspekte der Reflexivität, der Reaktionsverzögerung und der Qualität der Aufgabenlösung,
2. die Frage nach dem Einfluß dreier verschiedener Trainingsmethoden auf das Ergebnis (Reaktionsverzögerung, Qualitäts-Training, kombinierte Instruktion), und
3. die Frage nach dem Einfluß der freundlichen Zuwendung auf die Trainingsergebnisse.

Es wurde erwartet, daß die gegenüber Kagan et al. (1966) verbesserten Trainingsmethoden zur Steigerung der Reflexivität geeignet sein würden und daß der Einfluß der freundlichen Zuwendung in der untersuchten Altersgruppe keinen Einfluß mehr auf das Ergebnis haben würde.

Die Untersuchung umfaßte drei zeitlich aufeinander folgende Abschnitte:

1. die Auswahluntersuchungen (Vortest)

Der MFF-Versuch wurde als Einzelversuch durchgeführt. Die Coloured Progressive Matrices von Raven wurden als Gruppen-Intelligenztest jeweils für die Vpn einer Schulklasse gemeinsam gegeben.

2. die Trainingsversuche

Jedes Kind der Trainingsgruppen wurde im Einzelversuch entsprechend seiner experimentellen Gruppe trainiert, wie im folgenden dargestellt.

3. den Prüfversuch (Nachtest)

Eine Woche nach dem letzten Trainingsversuch wurde mit allen Versuchs- und Kontrollpersonen ein zweites Mal der MFF von KAGAN in der Standardform, also ohne Trainingsinstruktion durchgeführt.
Bei diesem Test wurde für die Vpn, die an den Trainingsversuchen teilgenommen hatten, ein neuer Versuchsleiter (Vl) eingesetzt, um sicherzustellen, daß eventuelle Unterschiede in den Testleistungen nicht auf die persönliche Beziehung der Kinder zur Trainerin zurückzuführen waren.
Versuchspersonen waren 98 Jungen des 3. Schuljahres mit einem Durchschnittsalter von 8;8 Jahren (Mdn, ± 0;25), die als impulsiv und reflexiv aus einer Stichprobe von 118 ausgewählt wurden[1].
Der Reaktionszeit-Median der Gesamtgruppe lag bei 11,9 Sek., der Fehler-Median bei 6,4.
Wegen der organisatorisch bedingten Begrenztheit unserer Stichprobe – es mußten 5 impulsive Gruppen und eine reflexive Gruppe zusammengestellt werden – mußten allerdings alle Versuchspersonen mit einer Reaktionszeit unter dem Medianwert der „impulsiven" Gruppe zugezählt werden[2].
Eine Überprüfung der 5 gebildeten Versuchs- bzw. Kontrollgruppen (Tab. 7.2.) zeigte, daß diese sowohl hinsichtlich der Reaktionszeiten als auch der Fehlerzahl homogen waren ($p > .10$, U-Test von MANN & WHITNEY).
Die Gesamtheit der impulsiven Vpn unterschied sich dagegen von der reflexiven Kontrollgruppe in beiden Merkmalen sehr signifikant ($p < .01$, U-Test von MANN & WHITNEY).

---

[1] Die meisten unserer Versuchspersonen nahmen zur Zeit des Trainings an Intelligenzuntersuchungen teil (BÜTTNER 1970), und zwar jeweils 8 bis 9 von 11 bis 12 Vpn einer Gruppe; lediglich bei der Gruppe Z (Zuwendung) waren es nur 5 von 11. Dies mag geringfügig zum Trainingseffekt beigetragen haben.

[2] Dies tun gelegentlich ohne Begründung auch mehrere andere Autoren, z. B. DEBUS 1970, DRAKE 1970, GOZALI 1969, KAGAN 1965 c; wegen der operationalen Definition von Reflexivität-Impulsivität durch den MFF-Test ist das grundsätzlich als nicht statthaft anzusehen. In unserem Fall waren von den 118 Vpn 87 „echte" impulsive und reflexive; 18 Kinder von den 58, die den „impulsiven" Gruppen zugeordnet werden mußten, wiesen bei kurzen Reaktionszeiten eine Fehlerzahl unterhalb des Medianwertes auf. Sie wurden gleichmäßig auf die impulsiven Gruppen verteilt und beeinflußten die Gruppenmittelwerte nicht bedeutsam.

Tab. 7.2.: Durchschnittliche Reaktionszeiten und Fehlerzahlen (*M*edianwerte), sowie Streuungsmaße (Quartilabweichungen) aller Trainings- und Kontrollgruppen im 1. MFF-Versuch (Abkürzungen s. S. 98)

	Trainingsgruppen			Kontrollgruppen		
	Q	RV	RV+Q	KI	Z	KR
Reaktionszeit (Sek.)						
Mdn	6,95	8,8	9,0	8,3	8,8	18,9
± *Qu*	1,9	2,2	2,2	2,4	1,9	4,1
Fehlerzahl						
Mdn	7,0	8,5	7,0	8,5	7,0	4,0
± *Qu*	1,5	2,0	1,5	1,0	0,7	1,5
N	12	12	11	12	11	40

7.2. Die Trainingsversuche

Die von HOSSBACH (1970) entwickelte Methode wurde schon ausgearbeitet, bevor die Untersuchungen zur Bedeutung der Strategien und der inneren Selbstgespräche bekannt wurden (MEICHENBAUM & GOODMAN 1971). Sie wurden unter rein lerntheoretischen Gesichtspunkten entworfen: für ein instruktionsgemäßes Verhalten wurden die Kinder durch Lob positiv bekräftigt, und es wurden in sinnvollen Abständen Wiederholungen durchgeführt.

Wie oben ausgeführt, arrangierte HOSSBACH (1970) für 3 Gruppen impulsiver Schulkinder 3 verschiedene Übungsbedingungen, unter denen die Kinder jeweils die gleichen Aufgaben bearbeiteten: Gruppe *RV* erhielt eine *R*eaktions-*V*erzögerungs-Instruktion, Gruppe Q erhielt eine Instruktion, die sie besonders auf gute Qualität der Aufgabenbearbeitung hinwies, und Gruppe *RV*+Q erhielt eine kombinierte Instruktion.

HOSSBACH legte also ihren Versuchspersonen nahe, länger (RV) bzw. sorgfältiger (Q) oder länger *und* sorgfältiger zu prüfen, bevor sie in ihren Übungsaufgaben eine Antwort gaben (die wörtlichen Instruktionen folgen am Ende dieses Abschnittes):

Das Training bestand aus 9 Sitzungen im Abstand von je einer Woche. Sie dauerten jeweils ca. 15 Minuten. Die Trainerin (HOSSBACH) achtete bei den Versuchen auf eine entspannte, freundliche Atmosphäre. Das Material des Trainingsprogramms war für alle drei Trainingsgruppen gleich.

Sämtliche Trainingsversuche, sowie auch die Sitzungen der Zuwendungsgruppe, wurden als Einzelversuche von derselben Trainerin durchgeführt.

In der ersten Sitzung wird jeder Vp eine ihrer jeweiligen Versuchsbedingung entsprechende ausführliche Anweisung gegeben. Nur zu Beginn jeder folgenden Sitzung wird eine Kurzform dieser Anweisung wiederholt. Fehler werden bei allen Versuchspersonen nicht erwähnt, geschweige denn moniert.

7.2.1. Trainingsbedingungen

Versuchsbedingung RV (Reaktionsverzögerungstraining):
Die Vpn dieser Versuchsgruppe werden mit Hilfe einer besonderen, weiter unten beschriebenen Vorrichtung eine zeitlang nach Darbietung der Aufgabe davon abgehalten zu antworten. Die Dauer dieser Reaktionsverzögerung ist abhängig von der in Vorversuchen mit reflexiven Kindern ermittelten „reflexiven" Reaktionszeit bei diesen Aufgaben. Sie wird im Verlauf des Trainings sukzessiv an diese angestrebten Reaktionszeiten angenähert.

Instruktion: In der Instruktion zu den Aufgaben wird bei dieser Versuchsgruppe besonders betont, daß es darauf ankommt, *nicht zu schnell* zu antworten.

Bekräftigung: Entsprechend wird am Ende des Versuchs lobend bemerkt, daß die Vp schon länger mit ihren Antworten gewartet habe und deshalb besser war.

Versuchsbedingung Q (Qualitätstraining):
Unter dieser Versuchsbedingung wird der qualitative Aspekt der Reflexivität mit dem Ziel der Fehlerverringerung direkt geübt. Im Gegensatz zu der soeben beschriebenen Bedingung wird hier keine „Schweigezeit" auferlegt, sondern die Vp kann antworten, sobald sie möchte.

Instruktion: In der Instruktion wird jedoch betont, daß es sehr wichtig ist, bei jeder Aufgabe zunächst alle Möglichkeiten gut zu bedenken und genau hinzuschauen, ehe man antwortet. Die Wichtigkeit einer *guten, richtigen* Antwort wird möglichst eindringlich hervorgehoben.

Bekräftigung: Am Ende jeder Sitzung wird die Vp für die vielen *guten* Antworten gelobt.

Versuchsbedingung RV+Q (Kombiniertes Training von Reaktionsverzögerung und Qualität der Leistung):
Diese Bedingung stellt eine Kombination der beiden bisher beschriebenen Trainingsmethoden RV und Q dar. Hier wird der Vp eine Schweigezeit zur Verzögerung ihrer Antwort nach demselben Prinzip wie unter RV auferlegt, aber zugleich in der Instruktion der Sinn dieser Schweigezeit für die Lösung der Aufgabe erläutert.
Instruktion: Es wird darauf hingewiesen, daß nur ganz richtige Lösungen gelten und daß die Schweigezeit dazu da ist, gut zu überlegen und ganz genau hinzuschauen.

Bekräftigung: Am Schluß der Sitzung wird für das Beachten der Verzögerungen und die gute Qualität der Antworten gelobt.

Zur Reaktionsverzögerung in den Versuchsgruppen RV und RV+Q wurde eine besondere Vorrichtung hergestellt:
Eine rote, kreisrunde Scheibe (⌀ 10 cm) ist in einer weißgrundigen, rechteckigen Tafel (40 x 25 cm) als „Antwortsperre" so lange sichtbar, bis die Verzögerungszeit um ist. Das Verschwinden der roten Scheibe ist also das „Freizeichen" für die Antwort. Es soll verhindert werden, daß das Ende der Verzögerungszeit etwa durch ein *erscheinendes* Signal von der Vp als Aufforderung zum Antworten verstanden wird; die Verzögerung soll ja nur die Mindestreaktionszeit darstellen, die ohne weiteres überschritten werden darf. Die Vp wird in der Instruktion dazu sogar besonders ermutigt. Die Signalscheibe wird vom Vl an einem Handgriff an der Rückseite der Vorrichtung betätigt.
Die Zeitnahme erfolgt mit einem geräuschlosen elektrischen Zeitnahmegerät.

7.2.2. Trainingsmaterial

Das Trainingsprogramm besteht durchweg aus Aufgaben mit zweidimensionalem, visuellem Material, meist Zeichnungen oder bunten Bildern. Durch eine möglichst breite Variation der Aufgabenstellung erscheint es uns gerechtfertigt, die Trainingsaufgaben als ausreichend verschieden von den Aufgaben des MFF-Prüfversuchs anzusehen (Quellenangaben im Literaturverzeichnis).
Es lassen sich 6 verschiedene Aufgabengruppen unterscheiden, die in den einzelnen Sitzungen mit verschiedenen Abwandlungen wiederkehren:

1. *Was fehlt?* Was ist hier komisch? An der Zeichnung eines Gegenstandes soll eine Einzelheit ergänzt oder berichtigt werden.

2. *Wohin gehört das?* Ein einzelnes Detail soll in einer von mehreren vorgegebenen Zeichnungen wiedererkannt und ihr zugeordnet werden.
3. *Was paßt hier (nicht) dazu?* Aus mehreren Alternativen soll der Gegenstand herausgesucht werden, der auch (bzw. nicht) auf einer Vorlage vorkommt.
4. *Welcher Gegenstand sieht genau so aus wie ein vorgegebener?* Aus einer Reihe von ähnlichen Gegenständen soll der herausgefunden werden, der einer Vorlage genau entspricht (Typus des MFF).
5. *Was ist gleich?* Gleiche Dinge sollen aus mehreren ähnlichen herausgefunden werden.
6. *Was ist anders?* Unterschiede von zwei Bildern sollen herausgefunden werden.

7.2.3. Instruktionen

Es folgen die wörtlichen Instruktionen von Hossbach (1970). „In der ersten Sitzung wird jeder Vp eine ihrer jeweiligen Versuchsbedingung entsprechende ausführliche Anweisung gegeben.
Zu Beginn jeder folgenden Sitzung wird eine Kurzform dieser Anweisung wiederholt. Während einer Sitzung wird diese dann nicht mehr wiederholt.

Anweisungen zu Beginn der 1. Sitzung

RV

Diese Aufgaben kann man am besten lösen, wenn man sie sich erst einmal eine zeitlang in Ruhe ansieht. Es kommt darauf an, daß Du Deine Antwort *nicht zu schnell* sagst. Dabei soll Dir diese rote Scheibe helfen: Solange sie zu sehen ist, darfst Du noch nicht antworten. Erst wenn die rote Scheibe verschwindet, kannst Du Deine Antwort sagen. Du darfst aber auch länger damit warten.
(Am Ende der Trainingssitzung:) Du hast heute schon viel *länger* mit Deinen Antworten gewartet. Das war schon sehr gut.
(Diese Formulierung wird in den folgenden Sitzungen etwas variiert, ohne dabei den Sinn zu verändern, damit das Lob nicht zu stereotyp wirkt.)

Q

Bei allen Aufgaben, die wir miteinander machen werden, gibt es meistens mehrere Antworten. Aber nur eine ist ganz richtig. Du sollst versuchen,

jedesmal *nur die beste Antwort* herauszufinden. Dazu mußt Du aber immer erst genau hinsehen und gut überlegen.
Wenn Du die ganz richtige Antwort gefunden und noch einmal nachgeprüft hast, sagst Du sie mir.
(Am Ende der Sitzung:) Du hast Dir schon viel Mühe gegeben, nur gute Antworten zu sagen, deshalb war es schon ganz gut.

RV+Q

Bei allen Aufgaben, die wir miteinander machen wollen, gibt es mehrere Antworten. Aber nur eine ist ganz richtig. Um die herauszufinden, mußt Du Dir vor allem genug Zeit zum Hinsehen und Überlegen nehmen.
Damit Du wirklich genug Zeit hast, ist diese rote Scheibe da: Solange sie zu sehen ist, darfst Du nämlich noch nicht antworten. Sie sagt Dir: Du mußt noch einmal nachprüfen, ob es auch wirklich ganz richtig ist, was Du sagen willst.
Wenn die rote Scheibe verschwindet, kannst Du antworten. Du darfst aber auch dann noch länger überlegen.
Vor allen Dingen: Erst antworten, wenn Du sicher bist, daß Du auch ganz bestimmt die richtige Antwort hast.
(Am Schluß der Sitzung:) Das war schon ganz gut, denn Du hast fast immer erst lange überlegt und dann erst die richtige Antwort gegeben.

Kurzform der Anweisungen für die weiteren Sitzungen

RV

Es kommt wie beim letztenmal darauf an, daß Du nicht zu schnell antwortest. Du weißt ja noch, die rote Scheibe heißt: noch nicht antworten! Du darfst aber auch länger mit Deiner Antwort warten.

Q

Es kommt wie beim letztenmal darauf an, daß Du genau hinsiehst und gut überlegst, damit Du nur ganz richtige Antworten sagst. Also: immer erst genau nachschauen, ob es auch stimmt, bevor Du antwortest.

RV+Q

Es kommt wie beim letztenmal darauf an, daß Du Dir genug Zeit zum Hinsehen und Überlegen nimmst und nur ganz richtige Antworten sagst.
Du weißt ja noch: die rote Scheibe heißt: noch nicht antworten, sondern noch einmal genau nachschauen.
Die Anweisungen für die einzelnen Aufgaben sind für alle Trainingsgruppen gleich“ (Hossbach 1970, S. 41–43).

Kontrollbedingung Z (Zuwendung)
Die Vpn dieser Gruppe erhalten kein gezieltes, systematisches Training. In der Interaktion mit dem Vl erfahren sie bei Tätigkeiten, die mit den Trainingsaufgaben keine Ähnlichkeit haben, die positive Zuwendung oder Aufmerksamkeit des Versuchsleiters. Die Tätigkeit der Vp hat hier weniger Aufgaben- als Spielcharakter. Der Vl bemüht sich – wie auch in den Trainingsversuchen – um eine gelockerte, freundliche Atmosphäre; im Unterschied zu den Trainingsversuchen beteiligt er sich hier etwas mehr selbst (er ist z. B. beim Würfelspiel Gegenspieler, oder er hilft der Vp, wenn sie bei einem Rätsel nicht weiterkommt).
Anzahl und Dauer der Sitzungen gleichen denen der Trainingsgruppen.

Kontrollbedingung KI (impulsive) und KR (reflexive Kontrollbedingung)
Die Vpn dieser Gruppen nehmen in der Zeit zwischen den beiden MFF-Versuchen an keinen besonderen Versuchen teil.

7.4. Die Ergebnisse der Trainings: Zusammenfassung

Alle drei trainierten Gruppen profitierten in hohem Maße von den Trainings. Es ergab sich eine erhebliche Fehlerabnahme und Reaktionszeit(RZ)-zunahme. Die trainierten Gruppen unterscheiden sich in der Fehlerzahl nicht mehr von der reflexiven Kontrollgruppe; die RZ haben sich sehr an die der reflexiven Kontrollgruppe KR angenähert. In der Verlängerung der Reaktionszeiten und der Verringerung der Fehlerzahl übertrafen die trainierten Gruppen bedeutsam die reflexive Kontrollgruppe und die beiden Kontrollgruppen von impulsiven Kindern, von denen eine überhaupt nicht trainiert worden war und die andere nur die gleiche Zeit wie die Trainingsgruppen die freundliche Zuwendung der Trainerin beim Spielen erhalten hatte (U-Test, MANN & WHITNEY, $p < .01$ bzw. $< .05$). Der Übungseffekt war also nicht auf „Reifung“ oder auf freundliche Zuwendung zurückzuführen, sondern auf das spezielle Training.

7.4.1. Die Ergebnisse der Trainings im einzelnen: Der Einfluß verschiedener Trainingsmethoden

a) *Vergleiche mit der impulsiven Kontrollgruppe*
Abb. 7.1. zeigt die Größe des Zuwachses an Reaktionszeit (A) sowie die Verringerung der Fehlerzahl (B) der drei verschiedenen Trainingsgruppen

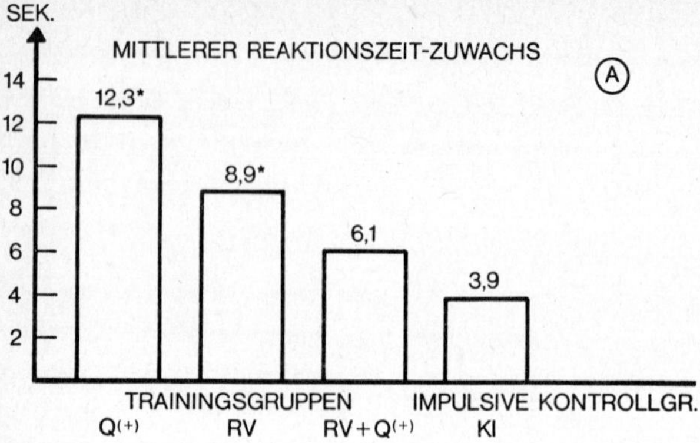

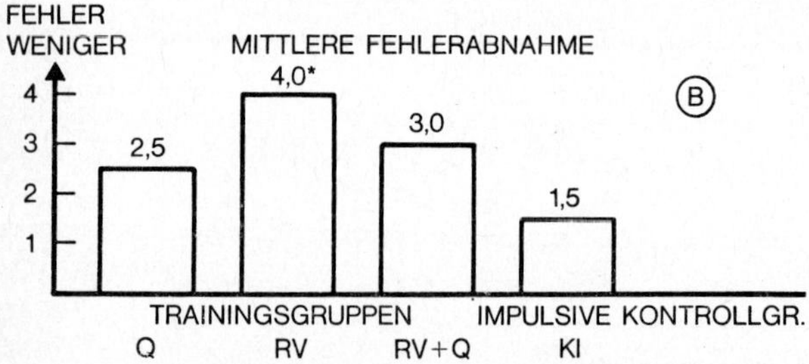

Abb. 7.1.: Durchschnittlicher Zuwachs an Reaktionszeit (A) und Verringerung der Fehlerzahl (B) in den Trainingsgruppen und der impulsiven Kontrollgruppe (Medianwerte), nach Hossbach 1970

* Unterschied zur impulsiven Kontrollgruppe signifikant ($p < .05$)
(+) Unterschied zwischen trainierten Gruppen signifikant (Q > (RV+Q), $p < .05$)

nach dem Training. Zum Vergleich sind die entsprechenden Veränderungen der impulsiven Kontrollgruppe vom 1. zum 2. MFF dargestellt.
Die statistische Prüfung dieser Vergleiche (Abb. 7.1.) mit dem U-Test ergab hinsichtlich der *Reaktionszeiten* gesicherte Unterschiede zwischen Trainingsgruppe Q und Kontrollgruppe KI, sowie zwischen RV und KI ($p < .05$), nicht aber zwischen Trainingsgruppe RV + Q und KI ($p > .05$). Hinsichtlich der *Fehlerzahl* erwies sich nur der Unterschied der Veränderungen zwischen der Versuchsgruppe RV und der impulsiven Kontrollgruppe KI als bedeutsam ($p < .05$). Die Tendenz einer Überlegenheit der Trainingsgruppen RV + Q und Q über Kontrollgruppe KI läßt sich aber auch hier erkennen, vergleicht man nur die absoluten Veränderungen.

Wir können also *zusammenfassen:*
Die Trainingsgruppen Q und RV verlängern ihre *Reaktionszeiten* vom 1. zum 2. MFF signifikant mehr als die nicht trainierte Kontrollgruppe KI.
Die Trainingsgruppe RV+Q weist keinen signifikant größeren Reaktionszeit-Zuwachs auf als KI.
Hinsichtlich der *Fehlerverringerung* ist nur die RV-Gruppe der Kontrollgruppe KI signifikant überlegen, während die Überlegenheit der Gruppen Q und RV+Q nur schwächer als Tendenz erkennbar ist.

b) *Vergleich der Vor- und Nachtests innerhalb der drei Trainingsgruppen*
Die Veränderungen *innerhalb jeder Trainingsgruppe* zwischen dem MFF vor und nach dem Training sind mindestens auf dem 5%-Signifikanzniveau gesichert (WALSH-Test), und zwar hinsichtlich der Reaktionszeiten und der Fehlerzahlen.

c) *Vergleiche zwischen den Trainingsgruppen*
Beim Vergleich der drei Trainingsgruppen untereinander zeigt sich lediglich bei den Reaktionszeitveränderungen ein signifikanter Unterschied (zuungunsten der Gruppe RV+Q) zwischen der Gruppe Q und der Gruppe RV + Q ($p < .05$, U-Test). Hinsichtlich der Veränderungen in der Fehlerzahl besteht zwischen den Trainingsgruppen kein bedeutsamer Unterschied.

d) *Einfluß des Faktors „Zuwendung“*
Positive Zuwendung der Trainerin allein bewirkte keinerlei bedeutsame Veränderungen der abhängigen Variablen Reaktionszeit und Fehlerzahl in der Kontrollgruppe Z (Zuwendungsgruppe; $p > .05$, U-Test).
Zusammengefaßt ergibt sich, daß alle drei Trainingsgruppen vom 1. zum 2. MFF ihre Reaktionszeiten signifikant verlängern und ihre Fehlerzahl signifikant verringern.
Zwischen den Gruppen gibt es hinsichtlich der Verringerung der Fehlerzahl keinen signifikanten Unterschied, hinsichtlich des Reaktionszeitzuwachses zeigt nur die Gruppe Q eine signifikante Überlegenheit gegenüber RV+Q. Eine auch beobachtete spontane Reaktionszeitzunahme bei einer bloßen MFF-Wiederholung (impulsive Kontrollgruppe KI) ist nicht von einer Abnahme der Fehlerzahl begleitet. Die Zuwendung der Trainerin hat auf die Leistungssteigerung keinen Einfluß.
Wir haben gezeigt, daß die beschriebenen systematischen Trainingsmethoden zu einer Verbesserung der Testleistung führen. „Verbesserung der Testleistungen“ heißt in diesem Zusammenhang immer: Verlängerung der Reaktionszeit *und* Verringerung der Fehlerzahl im MFF als Indizes für eine Erhöhung der Reflexivität.

7.4.2. Diskussion der Trainingserfolge

Folgende Ergebnisse können festgehalten werden:

a) Die *Testleistungen aller impulsiven Vpn* – sowohl in den Trainingsgruppen als auch in der nicht-trainierten impulsiven Kontrollgruppe – sind im 2. MFF gegenüber dem 1. MFF *bedeutsam angestiegen.*
b) Die *Veränderungen* der Gesamt-Trainingsgruppe sind jedoch signifikant größer als die der impulsiven Kontrollgruppe.
c) Nach dem Training nähern sich die *Reaktionszeiten* der trainierten Vpn an die der *reflexiven* Kontrollgruppe an; die *Fehlerzahl* unterscheidet sich nicht mehr signifikant von der der reflexiven Gruppe.

Aus der Tatsache, daß wider Erwarten auch die *impulsive Kontrollgruppe* eine signifikante Verbesserung erzielt, läßt sich der Schluß ziehen, daß ein Teil der Veränderungen in der Trainingsgruppe nicht auf das systematische Training zurückzuführen ist, sondern auf anderen Faktoren beruht. Dennoch weisen die unterschiedlich großen Veränderungen von Trainings- und Kontrollgruppe auf den *Übungsvorteil der Trainingsgruppen* hin.
Als mögliche *Erklärung* für die Verbesserung der Leistungen der impulsiven Kontrollgruppe kann nicht der Zeitraum zwischen den beiden MFF-Versuchen herangezogen werden. Zwar ist ein relativer Anstieg der Reflexivität mit dem Lebensalter von KAGAN (1965a, b) belegt worden, aber nur über größere Zeiträume hin.
Dagegen kämen die Teilnahme an den erwähnten Intelligenzuntersuchungen sowie Testängstlichkeit der KI in Frage, die ja nicht durch ein Training mit der Testleiterin vertraut werden konnten (nach MESSER 1970b erleben Vpn eine bloße Wiederholung des MFF meist als negative Rückmeldung über die erste Testdurchführung).
Die *reflexive Kontrollgruppe* zeigt keinerlei bedeutsame Veränderungen zwischen den beiden MFF-Versuchen. Hier scheinen die Faktoren, die bei der impulsiven Kontrollgruppe eine Erhöhung der Reflexivität zur Folge hatten, keine bedeutende Rolle zu spielen. Möglicherweise hatten die reflexiven Kinder bereits ein relativ stabiles Niveau auf der Dimension Impulsivität-Reflexivität erreicht, das nicht mehr in der gleichen Form zu steigern war wie der Reflexivitätsgrad der impulsiven Kinder. Man könnte sich die Entwicklung der Reflexivität dann etwa als negativ beschleunigte Wachstumsfunktion denken, die in Abhängigkeit von Faktoren wie Lebensalter und Übung zunächst stark ansteigt und später asymptotisch verläuft. Hier könnten weitere Versuche, in denen auch reflexive Kinder einem gleichen Training unterzogen werden, aufschlußreich sein.

Neben dem Vergleich zwischen der impulsiven Kontrollgruppe und den trainierten Gruppen könnte auch der Vergleich zwischen den Trainingsgruppen und der reflexiven Kontrollgruppe herangezogen werden:
Eine *Annäherung der Reaktionszeiten* der trainierten Vpn an diejenigen der reflexiven Kontrollgruppe, die als Tendenz nachgewiesen werden konnte, und eine völlige *Aufhebung des Unterschieds in der Fehlerzahl* zwischen den beiden Gruppen im 2. MFF zeigt deutlich einen Erfolg der Trainingsgruppen.
Damit „funktionieren" die trainierten impulsiven Vpn jetzt sogar besser als die schon ursprünglich reflexiven; es deutet sich hier nämlich an, daß die normalerweise reflexiven Kinder beim MFF zeitlich nicht optimal ökonomisch arbeiten. Hier sehen wir einen Hinweis für eine potentielle weitere Verbesserung von Trainingsprogrammen für Impulsive (s. auch WAGNER 1973, 1975b, WAGNER & CIMIOTTI 1973, 1975 und ZELNIKER et al. 1972).
Zur *Erklärung* der Befunde können wir trotz der eigenständigen Konzeption von HOSSBACHS Arbeit den Befund von GOODMAN (nach MEICHENBAUM 1971) heranziehen, der ja gefunden hat, daß Impulsive durchaus angeben, sie hätten (beim MFF) systematisch die Alternativen mit dem Standard verglichen (obwohl sie das nicht wirklich taten) – es scheint, als ob das Erlernen von „Denkpausen" (wie bei HOSSBACH) es ermögliche, daß dieses ungenutzte Wissen der Impulsiven um Strategien *aktualisiert werden* und auch *verhaltenssteuernd wirksam werden* kann.
Wir können Unterschiede in der Wirksamkeit der Instruktionen (vgl. WAGNER & HOSSBACH 1973) hier unberücksichtigt lassen und können alle drei empfehlen, evtl. abwechselnd für verschiedene Wiederholungen von Trainings. Es bleibt zu prüfen, ob eine einfachere Instruktion (RV *oder* Q) für manche Kindergruppen geeigneter ist als die komplizierte Instruktion (RV+Q; diese hatte bei HOSSBACH allerdings bei guter Fehlerabnahme den relativ geringsten Zeitzuwachs zur Folge, war also etwas effektiver als die anderen Instruktionen. Sie könnte auch insbesondere für Kinder aus bildungsbenachteiligten Milieus geeignet sein, die weniger Selbstinstruktionsverhalten ausgebildet haben dürften als Kinder begünstigter Milieus, vgl. RIDBERG et al. 1971).
Neben den oben erörterten Einflußgrößen (RV, Q, RV+Q, Bekräftigung, Zuwendung) dürften in das vorliegende Experiment einige andere als konfundierende Variablen eingegangen sein, auf die wir gleich zurückkommen. Das ist nicht als Nachteil anzusehen, da die Funktionsfähigkeit des Programms jedenfalls über seine theoretische Unanfechtbarkeit zu setzen ist. Zudem ist ein solches Programm hauptsächlich unter dem Aspekt seines praktischen Nutzens relevant. Für die Möglichkeit einer

erneuten Durchführung ist aber darauf zu achten, daß diese Variablen, die hier vielleicht zu einem erheblichen Teil am Erfolg beteiligt waren, möglichst ebenfalls gezielt eingesetzt werden können. Es hätten also, wenn die inzwischen vorliegenden Experimente (WAGNER 1973) schon früher bekannt gewesen wären, folgende sechs Gesichtspunkte noch mindestens stärker in die Planung einbezogen werden müssen:

1. der Faktor des inneren Sprechens und der Selbstbekräftigung durch das Kind (MEICHENBAUM & GOODMAN 1971, RIDBERG et al. 1971, vgl. Kap. 8),
2. die ausdrückliche Formulierung von motorischen und visuellen Abtaststrategien (RIDBERG et al. 1971, vgl. Kap. 6, 8),
3. der Faktor der Beobachtung und Messung des emotional-motivationalen Zustandes der Kinder (vgl. Kap. 4, WARD 1968, MESSER 1970b, MASSARI & SCHACK 1972), der besonders bei Jüngeren und bei Kindern sozial schwacher Schichten eine Rolle spielen dürfte (NICKEL 1969, IBEN 1971).

Diese Faktoren wurden z. T. in weiteren Untersuchungen berücksichtigt (BOULBOULLÉ 1974, ESSEN 1974, WAGNER 1975b, c; vgl. Kap. 8). Darüber hinaus haben wir später,

4. um eine Förderung möglichst vieler Kinder zu erreichen, versucht, ökonomische Verfahren auszuarbeiten, die für Gruppen verwendbar sind (die Vorführung von geeigneten Film-Modellen, die reflexives Verhalten vormachen und ihre Strategien ausführlich zur Sprache bringen, wie etwa bei RIDBERG et al. 1971 und bei MEICHENBAUM & GOODMAN 1971, WAGNER 1974a, b); das „Aufmerksamkeits-Training" ist auch für solche Kinder geeignet, die langsam und fehlerhaft arbeiten (WAGNER 1974a),
5. wurde verbreitetes konventionelles Übungsmaterial (u. a. MONTESSORI-Material) auf seine Brauchbarkeit für das Reflexivitätstraining überprüft (KÖSTER 1974, vgl. Kap. 9), und
6. erschien es als wünschenswert, Müttern Hilfen für ihr Erziehungsverhalten zu geben, mit denen sie in der häuslichen Erziehung schon bei Kleinkindern ein solches Anregungsmilieu schaffen können, daß nachträgliche Hilfen in Form von Trainingsprogrammen später normalerweise nicht mehr erforderlich sind (DRINGENBERG 1975, vgl. Kap. 10). Programme brauchen dann nur noch in Fällen besonders schwerer Beeinträchtigung zur Therapie gezielt eingesetzt werden.

Eine Auswertung unserer Trainingserfahrungen für die Gestaltung anderer Förderungsprogramme wurde in einem Katalog praktischer Vorschläge niedergelegt (vgl. Kap. 11, 12).

8

Trainingsversuche mit impulsiven Kindern (III): Die Einübung des inneren Sprechens zur Verbesserung der Selbstkontrolle (Lernen von einer Vorbildperson)

8.1. Einleitung

Ausgehend von den Untersuchungen von LURIA (1961) und WYGOTSKI (1969), die die Bedeutung der Sprache, des Mit-sich-selbst-Sprechens bei der Verhaltenssteuerung untersucht haben, haben MEICHENBAUM & GOODMAN (1971) Trainingsprogramme entwickelt, in denen u. a. kognitiv impulsive Kinder nach dem Vorbild eines Trainers lernten, ihr eigenes Verhalten bewußt zu steuern.
WYGOTSKI (1969) und LURIA (1961) „... vertreten die Ansicht, daß das Verhalten des Kindes in den frühen Entwicklungsstadien durch das Sprechen anderer (gewöhnlich Erwachsener) kontrolliert und geleitet wird. Etwas später wird das eigene offene (laute) Sprechen des Kindes zu einem wirksamen Regulator seines Verhaltens, und noch später kann das verdeckte oder innere Sprechen des Kindes eine regulierende Funktion übernehmen" (MEICHENBAUM 1973, S. 199; vgl. auch JENSEN 1971).
„Typisch für diesen Ansatz ist auch SHAFFER (1947), der Therapie als einen Lernprozeß definiert, ‚durch den eine Person die Fähigkeit erwirbt, auf angemessene Weise zu sich selbst zu sprechen, um ihr eigenes Verhalten zu kontrollieren'." (MEICHENBAUM 1973, S. 201.) „Auf der Grundlage dieser hypothetischen Entwicklungssequenz entwickelten wir ein Behandlungsparadigma, welches erfolgreich dazu benutzt werden konnte, impulsive Kinder darin zu üben, für die Entwicklung von Selbstkontrolle zu sich selbst zu sprechen" (MEICHENBAUM 1973, S. 199).
MEICHENBAUM hatte beobachtet, daß impulsive Vorschulkinder beim Spielen weniger als reflexive Kinder von spontanen aufgabenbezogenen Selbstgesprächen Gebrauch machten. Auch bei der Erledigung von Aufgaben nahmen bei impulsiven Kindern die selbststeuernden Anteile der Selbstgespräche nicht bedeutsam zu. Impulsive Kinder neigen stattdessen mehr zu selbststimulierenden Geräuschen; sie ahmen z. B. Tiergeräusche nach.
MEICHENBAUM & GOODMAN (1971) machten Versuche mit wiederholter Beobachtung von verschieden agierenden Vorbildpersonen durch impulsive Kinder (vgl. Kap. 6).
„Das selbstinstruierende Übungsverfahren führte, verglichen mit den Kontrollgruppen ..., zu signifikanter Leistungsverbesserung ... (u. a.) im Hinblick auf das kognitive Reflektieren. Die Leistungsverbesserung

war auch noch bei einer Nachuntersuchung einen Monat später deutlich erkennbar. Die Bedeutsamkeit der Ausführung von Selbstinstruktionen durch die Vp wurde in einer zweiten Untersuchung aufgezeigt, bei der kognitives Modellernen allein nicht so wirksam war wie Modellernen und Selbstinstruktionstraining zusammen. Die Anwendung der Technik der kognitiven Selbstführung bei impulsiven Kindern zeigt deutlich, daß Selbstgespräche direkt durch Modellernen und kognitives Proben erlernt werden können" (MEICHENBAUM 1973, S. 199–200).

8.2. Das Erlernen der kognitiven Selbststeuerung durch inneres Sprechen

Die von MEICHENBAUM & GOODMAN entwickelte Trainingsmethode läßt sich in den folgenden Schritten darstellen:

Vorgehen: von „offenem" (lautem) zu „verdecktem" oder „innerem" Sprechen:

a) Der Trainer (das Vorbild) führt eine Aufgabe durch, während er laut zu sich selbst spricht (Modellverhalten),
b) Das Kind führt die gleiche Aufgabe durch, während der Trainer es laut instruiert,
c) Das Kind führt die Aufgabe durch, während es sich selbst laut instruiert,
d) Das Kind führt die Aufgabe durch, dabei flüsternd sich selbst instruierend,
e) Das Kind führt die Aufgabe durch und denkt nur noch an die Instruktionen.

Der Trainer dient also als Vorbild (Modellperson) und instruiert dann das Kind und bekräftigt es mit Lob dafür, daß es sich selbst Anweisungen gibt.

Die Inhalte der Anweisungen, die der Trainer spricht und die das Kind später übernimmt, umfassen (erweitert, in Anlehnung an MEICHENBAUM):

1. Fragen über die Eigenart der Aufgabe,
2. Antworten auf diese Fragen in Form einer Wiederholung der Anweisung und in Form des Planens, Beschreibung der Suchtätigkeit,
3. Fortlaufende Selbstinstruktionen in Form der Selbststeuerung, besonders bezüglich der Reaktionsverzögerung,
4. das Bemerken und Korrigieren von Fehlern,
5. Möglichkeiten, mit Mißerfolg und Frustration fertigzuwerden,
6. die Feststellung und Kontrolle des Ergebnisses und die Selbstbekräftigung bei Erfolg,

– ferner bei längeren Übungssequenzen (z. B. Planen von Schularbeiten) –

7. das Einplanen von Pausen,
8. das Einbeziehen von inneren Tendenzen zur Ablenkung und ihre Bewältigung,
9. das Abschließen einer Aufgabe.

In diesen Kategorien kann man neben lerntheoretischen Prinzipien eine Anwendung von Prinzipien der gestaltpsychologischen Schule der Denkpsychologie wiedererkennen (DUNCKER 1935). Im Sinne von Strategien sind hier enthalten und weiter aufdifferenziert:

eine „Ziel"-Analyse (Was soll ich erreichen?),

eine „Material"-Analyse (Was ist vorhanden, womit kann ich arbeiten, wie vorgehen?) und

eine „Konflikt"-Analyse (Wie werde ich mit den Widerständen, die der Ziel-Erreichung im Wege stehen, fertig?)

Insgesamt kann man von einer umfassenden und bewußten *Planung des Vorgehens,* von einer Strategie-Entwicklung sprechen.

Es folgt das Beispiel einer wörtlichen Anweisung.

Das Vorbild spricht zu sich selbst:

„Also, was habe ich zu machen? Ich soll das Bild mit diesen vielen Linien abmalen. Ich muß langsam machen und sorgfältig sein. Also, zieh die Linie von oben nach unten, nach unten, gut; dann nach rechts, richtig; jetzt noch etwas weiter nach unten und nach links. Gut, soweit habe ich es gut gemacht. Ich muß daran denken, daß ich es langsam machen soll. Jetzt wieder aufwärts. Nein, ich mußte aber nach abwärts; das ist nicht schlimm. Eben diesen Strich vorsichtig ausradieren ... Gut. Auch wenn ich einen Fehler gemacht habe, kann ich langsam und vorsichtig weitermachen. Okay, jetzt muß ich den Strich nach unten ziehen. Fertig. Ich hab's geschafft" (MEICHENBAUM & GOODMAN 1971, S. 117; Übers. d. Verf.).

Es ist daneben sinnvoll, den übenden Kindern die Schritte der Strategie-Planung ausdrücklich mit zu vermitteln.

Die Beachtung der richtigen Inhalte bei den Anweisungen und die Reihenfolge ihrer Einübung ist aber nur die eine Seite von MEICHENBAUMS Übungen. MEICHENBAUM spricht selbst sehr *eindringlich* mit den Kindern: langsam, anschaulich, nuancenreich und mit Gesten untermalt, und er versichert sich eines intensiven Kontakts zu den Kindern (s. u. Abschnitt 4). Nach unseren Erfahrungen ist diese intensive zwischenmenschliche Interaktion ein ganz wesentliches Element der Übungen: Eine zu sachliche, weniger „spannende" Redeweise bewirkt kein ebensolches intensives Engagement bei den Kindern – die ja oft erst einmal motiviert werden sollen, sich überhaupt wieder auf Aufgaben einzulassen.

Zusammengefaßt kann man die Ziele eines Aufmerksamkeitstrainings nach Meichenbaum & Goodman und seine Methoden so darstellen:
Angestrebt wird zunächst für impulsive Kinder die Reaktionsverzögerung und damit letztlich die bessere Qualität ihrer Leistungen. Zwei Dinge sind hierzu besonders wichtig:
erstens, der Erzieher soll das systematische Auffassen oder Vergleichen von Einzelheiten einer Aufgabe fördern („Abtasten mit Augen und Fingern"), und
zweitens: der Erzieher soll ein sachbezogenes, begleitendes inneres Sprechen des Kindes fördern.
Systematisches Hinschauen oder Abtasten zur Verfeinerung des Wahrnehmens und gleichzeitiges inneres Sprechen bei der Aufgabendurchführung sind wichtige Bestandteile eines guten Trainings. Das systematische Vergleichen ist auch Inhalt des inneren Sprechens.
Das innere Sprechen muß *eingeübt* werden: Kinder lernen, sich selbst Anweisungen zu geben für das, was sie jetzt tun wollen. Sie lernen, sich durch Sprechen selbst zu steuern; sie lernen, ihr Verhalten zu planen, ihr Verhalten selbst zu kontrollieren.
Was sollen nun die Kinder zu sich sagen, damit dieses innere Sprechen ihr Verhalten steuert?
Es ist zunächst einmal nötig, daß die Kinder sich selbst klarwerden, was sie eigentlich bei ihrer bestimmten Aufgabe gerade tun sollen; also, sie stellen sich die *Frage:*
„Was soll ich tun?"
„Ich soll hier unten nachsehen, wo genau derselbe Baum ist wie oben auf dem Bild."
Die Kinder beantworten sich die Frage und fahren mit der Aufgabe fort. Alle Tätigkeiten bei der Aufgabe werden mit Worten begleitet.
Die *Genauigkeit* des Arbeitens ist ein wichtiger Inhalt der steuernden Selbstgespräche: „Ganz genau hinsehen. Dann wird es richtig." – „Ich mache das ganz genau."
Besonders wichtig ist die *Zeitverzögerung:* „Ich kann mir ruhig Zeit lassen." – „Ich habe genug Zeit."
„Ich muß ganz langsam machen. Hauptsache, es wird richtig."
„Wenn ich mir Zeit lasse, wird es besser."

[1] Dieser Abschnitt stimmt z. T. wörtlich mit dem Text von Wagner (1974 b) überein.

Wird ein *Fehler* gemacht, wird er auch benannt und verbessert.
„Dieser Baum sieht genauso aus. – Ach nein, dieser Ast hängt weiter nach unten.“
Außerdem führt man noch ein, daß das Kind den Fehler nicht zu wichtig nimmt, daß es auch eine sofortige Verbesserung einplant:
„Ist nicht schlimm, daß ich zuerst einen falschen Baum ausgesucht habe. Ich suche weiter, welcher Baum ganz gleich aussieht wie der Baum da oben. Also jetzt der Reihe nach ...“ – „Fehler kann man verbessern. Man muß sich eben Zeit lassen.“ – „Ich kann das, wenn ich genau hinsehe.“
Wichtig ist, daß das Vorbild absichtlich Fehler und Fehlerberichtigungen und Stellungnahmen dazu in seine Selbstgespräche einbaut, weil impulsive Kinder oft durch einen Fehler völlig aus dem Konzept kommen und lernen müssen, mit Fehlern umzugehen. Außerdem müssen Rückmeldungen über Erfolge und Selbstbekräftigungen vorkommen. Sie steigern eine erfolgsbezogene Leistungsmotivation.
Eine Bestätigung oder Bekräftigung guter Lösungen („Jetzt hab ich's richtig.“ – „Das hab ich gut gemacht.“ – „Gut.“) soll sich der Trainer selbst auch schon bei kleinen Teilerfolgen geben, bei scheinbar unwichtigen Abschnitten einer Aufgabe. Ein Kind, das vielleicht nicht die ganze Aufgabe schaffen kann, kann dann doch wenigstens zwischendurch kleine Teilerfolge wahrnehmen und wird durch den evtl. „großen“ Mißerfolg nicht so sehr entmutigt.
Alle einzelnen Teile der Selbstinstruktionen gehören zu *Strategien* der Planung eines erfolgreichen Vorgehens.
Um die Kinder dazu zu bringen, sich auf die beschriebene Weise selbst zu instruieren, macht der Trainer das begleitende innere Sprechen zuerst vor: zuerst laut, indem er sich selbst bei der Durchführung einer Aufgabe instruiert, z. B.:
„Was soll ich tun? Dieses Wort hier ganz genau abschreiben. Ich kann mir ruhig Zeit lassen. Ich lege meine Finger auf den ersten Buchstaben – ein großes gedrucktes B –; ich fange an, das B zu schreiben, zuerst kommt von oben nach unten ein gerader Strich, dann zwei runde Bögen. Halt, nicht zu tief runter mit dem ersten Bogen – das ist falsch, da muß ich ein Stückchen wegradieren. – So, und nun nochmal genauer. Langsam – ja, so ist es gut. Jetzt gucke ich mir den nächsten Buchstaben an – ein kleines a ...“ und so weiter.
Für längere Arbeitszeiten ist es sinnvoll, auch *Pausen* mit in die Selbstinstruktion aufzunehmen sowie eine *Tendenz zur Ablenkung* zu berücksichtigen, z. B.: „Ich habe schon keine Lust mehr zum Schreiben. Noch einen Satz, und dann mache ich erstmal Pause.“

Wenn die Kinder diese Methode übernehmen, werden sie zuerst angewiesen, wie sie es machen sollen, dann sprechen sie bei den gleichen Aufgaben, z. B. beim Abmalen, auf die gleiche Weise zu sich selbst.
Der allgemeine Verlauf ist also so, daß die *Instruktion durch den Trainer* abgelöst wird durch eine *Selbstinstruktion* der Kinder, die zunehmend *verinnerlicht* wird, d. h. also zum Flüstern und zur stillen Arbeit sich weiter entwickelt.
Kinder müssen oft im Anfang noch daran erinnert werden, bestimmte Teile der Instruktion nicht zu vergessen. Der Trainer wird also hin und wieder die Selbstgespräche der Kinder ergänzen. Falls in Gruppen geübt wird, sollte reihum jedes Kind im Verlauf mehrerer Wochen mehrfach die ganze Folge von der Vorbildbeobachtung bis hin zur stillen Selbstinstruktion durchlaufen können.
Der Trainer kann besonders in Fällen der *Entmutigung* immer mit Worten *unterstützend* eingreifen, ohne dem Kind seine eben erworbene Selbständigkeit streitig zu machen. Wenn man z. B. einmal die Aufgabe für ein Kind doch zu schwer gewählt hat, muß man auch nur den guten Willen bekräftigen: „Du hast dir schon viel mehr Mühe gegeben, langsam zu arbeiten. Aber die Aufgabe war bestimmt noch zu schwer. Wir wollen einmal erst eine einfachere machen. Dann kannst du später auch diese schwierigere richtig machen.“ (Die hier verwendete Ursachenerklärung von Erfolg und Mißerfolg wird in Kap. 12 genauer erklärt.)
Man kann das innere Sprechen auch durch *optische Signale unterstützen.* So kann man das *Stopp-Zeichen* aus dem Verkehrsunterricht benutzen bei solchen Übungen zur Reaktionsverzögerung und zum Strategietraining, indem man z. B. einführt:
„Stopp – erst hören! Stopp – erst sehen! Stopp – erst denken! Stopp – dann antworten!“ (nach PALKES et al. 1968).
Andererseits kann man auch gut mit *Reimen* arbeiten, die sich *gut einprägen;* das paßt an solchen Stellen, wo nur ein allgemeiner Kommentar erforderlich ist, z. B. „Ich bin schlau – ich schau genau“ oder „Nachgedacht – gut gemacht“. Hier kann man schöne Spiele für die Kinder erfinden, indem man sie *selber* Reime suchen läßt, z. B. nachdem man eine erste Zeile vorgegeben hat. Allerdings sollte man doch eine zu starke Schematisierung der Selbstinstruktionen vermeiden. Stark formelhafte Selbstinstruktionen verlieren leicht den Bezug zur Tätigkeit und werden dadurch unwirksam (MEICHENBAUM 1975b).
Mit der Anleitung zu *systematischem Tun* und *begleitendem Sprechen* haben wir die wesentlichen *Elemente des Trainings* vorgestellt. Diese sollten in jeder einzelnen Aufgabe vertreten sein.
Manche Trainer müssen vielleicht erst eine gewisse Scheu überwinden,

wenn sie so mit Kindern reden sollen, und müssen das zuerst einmal im stillen Kämmerlein einüben. Solange man es selbst komisch findet, laut zu sich selbst zu sprechen, wird man diese Methode nicht sehr effektiv an Kinder weitervermitteln können. Aber diese Hemmungen lassen sich leicht überwinden: Man braucht ja inhaltlich kaum etwas wirklich Neues zu lernen; man verlegt nur etwas nach außen, was ja sowieso im Strom des Bewußtseins dauernd anwesend ist.

Man kann das Training auch als ein neues lustiges Spiel einführen, das jemand erfunden hat, und es „gemeinsam ausprobieren, ob wohl wirklich etwas daran ist – und ob man wohl wirklich weniger Fehler macht."

Und dann kann man z. B. auch ein Erfolgs-Tagebuch führen darüber, wie die Fehler seltener werden.

8.4. Verschiedene Untersuchungen zur Verinnerlichung von Selbstinstruktionen

Meichenbaum & Goodman (1971) versuchten, die Wirksamkeit von einfacher Modelldarbietung und Verbalisierungstraining mit Modellvorgabe gegeneinander auszutesten.

Die Autoren wählten als Vpn solche Kinder aus, die wegen ihrer Hyperaktivität und geringen Selbststeuerung bei teilweise auch geringer Intelligenz in einer Sonderklasse unterrichtet wurden und die außerdem bei zweimaliger Anwendung des MFF als impulsiv klassifiziert wurden. Dabei wurde der 2. MFF mit der besonderen Instruktion gegeben, die Bilder länger und sorgfältiger zu vergleichen.

Diese besonders impulsiven Kinder erhielten nun in 4 halbstündigen Sitzungen „kognitives Training", über zwei Wochen verteilt. Dabei wurde eine allmähliche Verinnerlichung der anfangs nur vom Trainer gesprochenen Instruktion durchgeführt. Der Inhalt der Instruktionen ist sehr genau ausgearbeitet, wie vorn ausgeführt (Abschnitt 2, 3).

Eine erste Kontrollgruppe erhielt dieselben Aufgaben wie die oben beschriebene Experimentalgruppe, aber ohne Verbalisierungstraining. Eine zweite Kontrollgruppe machte nur die Vor- und Nachtests mit. Die Schwierigkeit der Trainingsaufgaben wurde allmählich gesteigert, von einfachen sensumotorischen Tätigkeiten bis zu komplexeren Problemlösungen.

Die Ergebnisse: Nur die experimentelle Gruppe erzielte gegenüber den Kontrollgruppen signifikante IQ-Gewinne und Reaktionszeitzuwachs im MFF. Signifikante Fehlerabnahme in einem Labyrinth-Test erreichte auch die erste Kontrollgruppe (ohne Vorbildvorgabe und ohne Verbalisierung), die also nur dieselben Aufgaben bearbeitet hatte. Eine Fehlerabnahme im MFF-Nachtest deutet sich in der experimentellen Gruppe an; der Unterschied in der Fehlerabnahme zu den anderen Gruppen war aber statistisch nicht bedeutsam. Der Erfolg des Trainings in den anderen Kriterien war noch einen Monat nach Abschluß des Trainings nachweisbar.

Erst in einem späteren Training mit normal begabten, aber ebenfalls hyperaktiven 5—6jährigen Kindern erzielten MEICHENBAUM & GOODMAN (1971) auch eine Fehlerabnahme im MFF, und das nach einem Training mit nur einer 20minütigen Sitzung, mit allerdings MFF-ähnlichen Übungsaufgaben. In diesem Experiment wurde festgestellt, daß Vorbildvorgabe und Verbalisierung des Trainers im oben beschriebenen Sinne allein nur ausreichen, um die Reaktionszeiten zu verlängern, daß aber mit zusätzlicher aufgabenbezogener Selbstinstruktion des Kindes auch die Fehlerabnahme im MFF zu erreichen ist. Diese Strategie-Instruktionen waren übrigens orientiert an SIEGELMANS Untersuchung über visuelle Abtaststrategien von impulsiven und reflexiven Kindern (1969).

Leider sind die statistischen Grundlagen der Arbeit von MEICHENBAUM & GOODMAN (1971) unbefriedigend, so daß diese Angaben zunächst nicht viel mehr als noch zu überprüfende Hypothesen sind. RIDBERG et al. (1971) fanden ja auch eine Fehlerabnahme im MFF bei einfacher Modellpräsentation ohne jede Verbalisation, bei allerdings vergleichsweise sehr intelligenten Kindern; d. h. die Wirksamkeit der Trainingsfaktoren ist auch abhängig vom geistigen Entwicklungsstand der Kinder (vgl. WAGNER 1975b).

8.5. Inneres Sprechen und dynamischer Sprechstil der Modellperson

Ein späterer Versuch, die Methode von MEICHENBAUM & GOODMAN mit einer größeren Versuchspersonenzahl zu überprüfen, brachte ein zunächst überraschendes Ergebnis. BOULBOULLÉ, ESSEN und WEIGMANN (alle 1974) trainierten 36 siebenjährige etwas retardierte Schulkindergartenkinder (IQ a. M. = 88). Hauptziel der Untersuchung war es, die kognitiven und die mehr motivationalen Anteile der Original-Instruktion von MEICHENBAUM & GOODMAN (1971) auch getrennt auf ihre Wirksamkeit zu überprüfen. Die Instruktionen wurden noch zusätzlich durch Reime, wie die Autoren intendierten, eindringlicher gemacht (vgl. aber Abschn. 3).

Getrennte Trainingsgruppen von impulsiven Kindern erhielten 4 Wochen lang entweder

a) die „komplexe“ Instruktion nach MEICHENBAUM oder
b) eine solche, die nur die kognitiven, auf die Strategie bezogenen Inhalte davon enthielt, oder
c) eine solche, die mehr die motivational-bekräftigenden, stimulierenden Inhalte enthielt.

MEICHENBAUMS komplexe Instruktion enthielt „a) Fragen bezüglich der Aufgabe; b) Antworten zu diesen Fragen in Form des kognitiven Probens und Planens; c) Selbstinstruktionen in der Form der Selbstführung“ (1973, S. 199) und d) Selbstbekräftigung. Die Instruktion enthielt also kognitive, spezifisch strategie-bezogene Inhalte und solche Inhalte, die lediglich unspezifisch genaues und langsames Arbeiten suggerieren sollten und Bekräftigungen vermittelten. BOULBOULLÉ, ESSEN und WEIGMANN isolierten diese Anteile: Die unspezifischeren Instruktionen lauteten z. B.: „Ich bin schlau, ich schau genau“ oder: „Nachgedacht, gut gemacht.“ Die aufgabenspezifischeren lauteten z. B.: „Ich lege mir erstmal alle Teile des Puzzles so hin, daß ich sie in der richtigen Richtung sehe.“ Die parallelisierten Trainingsgruppen wiesen nach 8 Sitzungen im MFF keine bedeutsamere Zunahme in den Reaktionszeiten und keine bedeutsamere Abnahme in der Fehlerzahl auf als die nicht trainierte Kontrollgruppe. Die verschiedenen Inhalte der Instruktionen bedingten keine unterschiedlichen Effekte (BOULBOULLÉ 1974). Im *Intelligenztest* schnitten allerdings die trainierten Gruppen im Nachtest hochsignifikant besser ab als die Kontrollgruppe (ESSEN 1974, vgl. Abb. 8.1.).

Verbesserte Intelligenzleistungen finden sich auch bei bloßen Sorgfaltsanweisungen (vgl. Kap. 3). Eine Diskussion zur Bewertung solcher IQ-Gewinne folgt in Kapitel 9.

Auch in einem Test des *Sprachverständnisses* machten die trainierten Kinder später signifikant weniger Fehler als die Kinder der nicht trainierten Kontrollgruppe. Dabei blieben die Reaktionszeiten weitgehend unverändert (WEIGMANN 1974).

Wir können z. Zt. nur Spekulationen darüber anstellen, warum die MEICHENBAUM'sche Selbstinstruktionsmethode bei BOUBOULLÉ keine Veränderungen der MFF-Meßwerte erbracht hat. Wir haben aber einen konkreten Anhaltspunkt: Die drei Trainer, einer männlich, zwei weiblich, hatten sich bei anfänglichen gegenseitigen Beobachtungen ihrer Interaktionen mit Kindern geeinigt, ihr recht unterschiedliches Verhalten nach dem eher sachlich-nüchternen Interaktionsstil des männlichen Trainers auszurichten, weil dies schneller erfolgversprechend erschien als der umgekehrte Weg. Alle drei Trainer vermieden also stark ausdruckshaltige Gebärden und Sprechweisen; sie verhielten sich aber geduldig und freundlich-akzeptierend, so daß die Kinder auch begeistert zu den Übungen kamen.

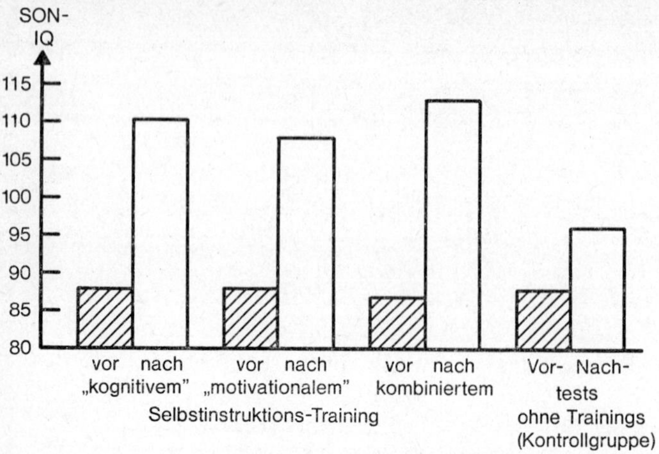

Abb. 8.1.: Die mittleren Intelligenzquotienten (IQ) im Snijders-Oomen-Intelligenztest (SON) vor und nach drei verschiedenen Selbstinstruktions-Trainings und bei einer nicht trainierten Kontrollgruppe (nach Essen 1974).

– Meichenbaum, der später seine Methode bei uns demonstrierte (Bochum 1973), führt nun aber seine Trainings mit großem dynamischen Engagement und mit stark nuanciertem mimischen und gestischen Ausdruck („enthusiastisch") durch. Er dürfte dabei eine viel intensivere aktuelle Beziehung zu den Kindern herstellen und dadurch viel stärker als unsere drei Trainer Aufmerksamkeit erweckt und Lernen erleichtert haben. Von den Ergebnissen her zu schließen, sind anscheinend diese nicht-sprachlichen Eigentümlichkeiten des Gesprächs bei jüngeren und retardierten Kindern weitaus wichtiger für den Lernerfolg auch bei der Instruktionsübernahme als ihr Inhalt, also wichtiger als noch so raffinierte Formulierungen der unterschiedlichen sprachlichen Informationen, die bisher nur zur Debatte standen. Wir führen diesen Punkt in Kap. 12 weiter aus (vgl. auch Wagner 1975c).

Hier sind allerdings noch weitere Untersuchungen erforderlich: So ergaben sich zwar bei Boulboullé, Essen und Weigmann keinerlei Unterschiede zwischen den drei Trainingsgruppen mit unterschiedlichen Instruktionen – u. E. könnten sich aber die Unterschiede in deren Informationsgehalt doch noch bemerkbar machen, wenn sie alle unter den „dynamischen" Meichenbaum'schen Grundbedingungen angewendet werden. So wäre z. B. bei den kognitiv-strategisch akzentuierten Trainings ein dauerhafterer Langzeiteffekt denkbar. Allerdings könnte auch gerade das motivational akzentuierte Training insbesondere bei sehr jungen Kindern die

kognitiven Reserven mobilisieren (vgl. z. B. ZIGLER & BUTTERFIELD 1968, NICKEL 1968a). Möglicherweise ist aber die frühkindliche Erfahrungswelt so strukturiert, daß die – für uns Erwachsene – semantisch unterscheidbaren Aspekte der Instruktion beim Kind völlig in den Hintergrund treten gegenüber der sozialen Interaktion und der Tätigkeit selbst, so daß also die Inhalte der Instruktion gar nicht erst „überkommen". Dann wäre eine so differenzierende Frage nach den wirksamen verbalen Anteilen der Instruktion für das Vorschulalter gänzlich falsch gestellt gewesen.
Wir betrachten jetzt die „nüchterne" Untersuchung von BOULBOULLÉ, ESSEN und WEIGMANN als Kontrollversuch. Für ein Aufmerksamkeitstraining mit Legasthenikern haben wir inzwischen Filme hergestellt, in denen Modellsituationen mit einer dynamischeren Version des Selbstinstruktionstrainings von MEICHENBAUM verwendet werden (WAGNER 1974c). Die Filme sollen zum Training in Gruppen verwendet werden und alsbald auf ihre Wirksamkeit überprüft werden.

8.6. Zusammenfassung

Zur Förderung eines reflexiven Problemlösungsstils bei kognitiv impulsiven Kindern eignen sich je nach Alter und Intelligenzniveau beim Lernen vom Vorbild:
- die bloße Vorführung einer langsam arbeitenden Modellperson,
- die – u. U. kombinierte – Demonstration von
  - besonderen visumotorischen Abtaststrategien und
  - Strategie-Verbalisationen,
- die systematische Anleitung zur Internalisierung von Strategie-Verbalisationen in das Selbstinstruktions-Repertoire des Beobachters,
- eine besonders intensive, dynamische Interaktion zwischen Modellperson und beobachtendem Kind bei der Einübung der Selbstinstruktionen.

Die zuerst angeführten Vorgehensweisen sind am besten für ältere und besonders intelligente Kinder geeignet, die zuletzt angeführten für jüngere und für schwächer begabte Kinder.
Die Vorbildperson gibt zunächst sich selbst und dann dem übenden Kind die Anweisungen: Es instruiert sich zuerst laut selbst, dann leise, und schließlich nur noch in Gedanken.
Der Inhalt der Anweisungen bezieht sich auf die Anforderungen der Aufgabe, auf systematisches, langsames Vorgehen und das Verhalten bei Fehlern und Erfolgen.

9

Trainingsversuche mit impulsiven Kindern (IV): Übungen mit dem Montessori-Material und dem Frostig-Wahrnehmungs-Trainingsprogramm

9.1. Einleitung

Das weit verbreitete und mit Nachdruck als sehr bewährt gelobte MONTESSORI-Material ist bisher nur selten einer psychologischen Analyse seiner tatsächlichen Wirksamkeit unterzogen worden. Es wird besonders zur Schulung der Sinne und der Aufmerksamkeit für geeignet gehalten; es spricht mit seinen Materialien alle Sinnesbereiche an und enthält viel dreidimensionales Übungsmaterial, mit dem manipuliert werden kann.

Die Vorteile des MONTESSORI-Materials liegen in der Vielfalt der sensumotorischen Erfahrungsmöglichkeiten, in der Strategie-Vorgabe durch das Material und in der Möglichkeit zur eigenen Kontrolle des Ergebnisses durch das Kind; weiter natürlich in der Weckung zielgerichteter kindlicher Eigenaktivität.

Das Wahrnehmungstrainingsprogramm von FROSTIG ist nach experimentellen Untersuchungen der visuellen Wahrnehmung von Kindern systematisch zum Training bestimmter visueller Wahrnehmungsfunktionen entworfen worden, und es wurde auf seine Wirksamkeit zur Förderung der fraglichen Fähigkeiten experimentell überprüft.

Beide Programme, so wenig sie sonst vergleichbar sein mögen, beanspruchen, eine Verfeinerung der Wahrnehmungsleistungen zu bewirken. In unserem Zusammenhang interessiert, ob diese Programme darüber hinaus nicht auch – wie manche sogenannte „Intelligenz-Trainings" – brauchbar sind, um die Aufmerksamkeits-Zuwendung impulsiver Kinder zu verbessern. Aufgaben-Analysen zu beiden Förderungsprogrammen legen diese Erwartung nahe. Die spezifische Wirksamkeit der Programme zur Aufmerksamkeitsförderung kann wieder mit dem MFF-Test nachgeprüft werden.

Besonders für Vorschulkinder konnte erwartet werden, daß das MONTESSORI-Material zum Training besonders geeignet sein würde, weil es dreidimensionale, manipulierbare Gegenstände enthält. Wie nämlich SIGEL (1971) fand, können jüngere Kinder und Kinder aus benachteiligten Milieus oft noch nichts mit Bildern und Zeichnungen als Übungsmaterial anfangen: Sie können zuerst an festen Gegenständen räumliche oder inhaltliche Beziehungen erkennen und brauchen eine Menge Erfahrung mit solchem dreidimensionalen Material, bevor sie die gleichen Beziehungen wie dort auch an Bildmaterial erkennen und entsprechend darauf reagieren können. Erst allmählich, wenn sie älter oder geübter sind, können sie die gleichen Beziehungen wie an den Gegenständen auch an bunten Bildern wiederfinden, und schließlich finden sie die Beziehungen auch an Strichzeichnungen und dann in rein gedanklichen Operationen, also auf der Vorstellungsebene. SIGEL spricht von einer allmählichen „Distanzierung" vom Konkret-Anschaulichen hin zum Vorstellungsmäßigen und Begrifflichen. Er konnte durch ein Trainingsprogramm, das er nach diesen Erkenntnissen aufgebaut hatte, die geistige Entwicklung von bildungsbenachteiligten Negerkindern erheblich fördern (1971).

SIGEL (1971) führte ein Erziehungshilfe-Experiment in einer Institution durch, in der Kleinkinder von ausgebildeten Erzieherinnen betreut wurden. Es wurde für die Kleinkinder eine Umwelt geschaffen, die ihnen Gelegenheit bot, hinreichend Erfahrungen mit manipulierbarem Material zu machen, und es wurde dafür gesorgt, daß die Erzieher den Übergang zur Vorstellungsbildung durch Sprechen von Abwesendem, durch Voraussagen von Konsequenzen, durch Planen von Zukünftigem usw. als Ziel berücksichtigten. Durch geordnete Umwelten sollte eine geordnete Erwartungsbildung gefördert werden. Das Erziehervorbild demonstrierte die Bedeutung und den praktischen Wert der „Distanzierung". Im übrigen wurde das in Kindertagesstätten übliche Programm durchgeführt. Am Ende des Experiments – im Alter von ca. 2 bis 4 Jahren – hatten die Kinder einen seelisch-sozialen Entwicklungsstand, der ihrem Lebensalter z. T. weit voraus war. Zahlreiche Tests und Beobachtungen belegten dieses Ergebnis.

Wenn wir Trainingsmethoden für impulsive Kinder erproben, müssen wir uns auf dem Hintergrund dieser Beobachtungen auch für die Eigenart des Übungsmaterials besonders dann interessieren, wenn wir es mit Kindergarten-Kindern zu tun haben. Kinder aus benachteiligten Milieus, die häufiger impulsiv sind als Kinder aus bevorzugten Milieus, müssen u. U. noch Erfahrungen mit dreidimensionalem Material nachholen.

Daher ist der Vergleich des Ergebnisses von Übungen mit drei- und mit zweidimensionalem Übungsmaterial besonders interessant. Deshalb wurden in dem im folgenden dargestellten Experiment neben den Trainings mit dem MONTESSORI-Material auch Trainings mit dem nur zweidimensionalen FROSTIG-Material angesetzt.

Die Erwartungen waren, daß jüngere und vielleicht weniger begabte und bildungsbenachteiligte Kinder aus dem Umgang mit dem MONTESSORI-Material mehr lernen würden als aus dem Umgang nur mit dem FROSTIG-Material.

Beim Erfolg mit MONTESSORI-Material könnte ein weiteres Argument für

die Anschaffung des immerhin sehr teuren Materials in Kindergärten geliefert werden, und es könnte für das Training auf Fachkräfte zurückgegriffen werden, die Kindern die nötige Förderung gezielt und ohne zusätzliche Spezialausbildung zuteil werden lassen könnten.
Eine Wirksamkeit der dazu geplanten Trainings konnte in folgenden Richtungen erwartet werden:
Da bei der MFF-Leistung die Beteiligung einer verallgemeinerten Fähigkeit zur Analyse von wahrgenommenen Inhalten – u. a. visuelle Analysefähigkeit – angenommen werden muß (HAAR 1973, s. Kap. 2), dürften schon die verschiedenen Analyse-Übungen auf visuellem und haptischem Gebiet die MFF-Leistungen beeinflussen. Ein Teil der erwarteten Verbesserungen im MFF dürfte also auf die Verbesserung der Analysefähigkeiten zurückzuführen sein. Eine Überprüfung wurde daher eingeplant (s. u. Testabfolge). Zu einer Verbesserung der MFF-Leistung trägt wohl auch die besonders durch das MONTESSORI-Material nahegelegte Ausbildung von Aufgabenstrategien bei, die wir nicht direkt überprüfen.
Die wichtigste Auswirkung des Trainings dürfte in der Ausbildung einer insgesamt besseren Aufmerksamkeitsleistung bestehen, die im MFF nachzuweisen wäre und u. a. auch mit auf verbesserten Wahrnehmungsstrategien beruhen würde. Eine gleichzeitige Verbesserung von Intelligenztestwerten ist wegen der verbesserten Aufmerksamkeit nebenbei zu erwarten, ohne daß wir dies als einen echten Intelligenz-Zuwachs interpretieren würden. Eine Verbesserung der Intelligenztestleistungen kann durch Wiederholung eines Intelligenztests nach dem Training aufgezeigt werden.

9.2. Ein Trainingsplan

Um die Wirksamkeit der beiden Trainingsmaterialien zu vergleichen, entwickelte KÖSTER (1974) den folgenden Trainingsplan: Es werden zwei Gruppen von gleichaltrigen impulsiven Kindern in zwei Phasen trainiert, davon eine zuerst mit dem FROSTIG-Material (F), die andere zuerst mit dem MONTESSORI-Material (M); in der zweiten Trainingsphase üben beide Gruppen mit einer Parallelform aus weiterem FROSTIG-Material.
Es wären weitere Vergleiche denkbar gewesen, so z. B. die Trainingsfolge MONTESSORI-MONTESSORI und die Folge FROSTIG-MONTESSORI. Die letztere Folge erschien als nicht sehr sinnvoll, weil der Schwierigkeitsgrad des MONTESSORI-Materials niedriger eingeschätzt werden mußte als der des FROSTIG-Materials und weil die nach SIGEL (1971) normale entwicklungspsychologische Abfolge hier auf den Kopf gestellt worden wäre.

Wiederholte Übungen mit MONTESSORI-Material erschienen wegen der Leichtigkeit der Übungen für unsere Altersgruppe auch nicht sehr sinnvoll – von der Schwierigkeit einmal abgesehen, parallele Übungssequenzen aus dem MONTESSORI-Material zusammenzustellen. Daneben mußten aber vor allem ökonomische Gesichtspunkte beachtet werden: Der Zeitaufwand für jede denkbare zusätzliche Gruppe wäre erheblich gewesen.

Für die Trainingsgruppen gab es je 20 Übungssitzungen von je 15 bis 20 Minuten. Die Übungen fanden mit kleinen Gruppen von je 4 Kindern statt und verteilten sich auf 10 Wochen.

Eine impulsive Kontrollgruppe (K) erhielt die gleichen Vor- und Nachtests wie die beiden trainierten Gruppen: den MFF-Test, einen „Paar-Vergleichs-Test" (PVT, ein Wahrnehmungstest), und den Snijders-Oomen-Intelligenztest (SON, P-Serie). Nach der 5. Woche wurde mit allen drei Gruppen ein Zwischentest durchgeführt (MFF, PVT).

Es wurden aus 110 Kindergartenkindern 42 impulsive für die Untersuchung ausgewählt. Das Alter lag zu Beginn zwischen 5;3 und 6;4 Jahren, im Durchschnitt bei 5;10.

Das Schema des Versuchsablaufs ist in Tab. 9.1. dargestellt.

Tab. 9.1.: Überblick über die Behandlung der verschiedenen Gruppen; Abfolge von Tests und Trainings (nach Köster 1974)
Erläuterung der Testabkürzungen im Text

	Vortests				Zwischen-tests			Nachtests		
Gruppe	MFF 1	SON 1	PVT 1	Training Phase 1 5 Wochen	MFF 2	PVT 2	Training Phase 2 5 Wochen	MFF 3	PVT 3	SON 2
1. Training MONTESSORI+FROSTIG = M + F)	x	x	x	MONTESSORI	x	x	FROSTIG	x	x	x
2. Training zweimal FROSTIG (= F + F)	x	x	x	FROSTIG	x	x	FROSTIG	x	x	x
3. kein Tr. = Kontrollgruppe (K)	x	x	x	–	x	x	–	x	x	x

a) Aus dem sehr umfangreichen MONTESSORI-Material wurden nach praktischen Gesichtspunkten die folgenden Materialien ausgewählt: die Einsatzzylinder, die Farbtafeln, die „geometrische Kommode", die Karten mit geometrischen Figuren, die geometrischen Körper aus massivem Holz mit den dazugehörenden Grundflächen zum Aufsetzen der Körper und die „konstruktiven Dreiecke"[1].

Mit den *Materialien* ist dem Kind die *Aufgabe* praktisch vorgegeben: Es müssen die verschieden dicken und langen Einsatzzylinder so in die passenden Aussparungen in den Holzblöcken eingepaßt werden, daß alles „aufgeht"; bei den Farbtafeln sind zahlreiche Schattierungen vieler Farben zuzuordnen; bei der „geometrischen Kommode" sind viele geometrische Einsatzfiguren richtig einzupassen; auf Karten sind die gleichen geometrischen Figuren in verschiedener Weise abgebildet: voll ausgefüllt, mit breitem oder mit schmalem Umriß; die Grundflächen massiver Körper können auf Grundrissen wiedergefunden werden; Dreiecke können in unterschiedlicher Weise zu größeren Figuren kombiniert werden.

Die *Aufgabengruppen* können so klassifiziert werden:

Größenvergleiche, Formvergleiche; Gleiches finden, Unterschiede finden; Figuren zusammensetzen, Zuordnen von dreidimensionalen Objekten zu ihren zweidimensionalen Abbildern.

Entgegen dem üblichen Vorgehen nach MONTESSORI wurden knappe Instruktionen gegeben, um die Parallelisierung zum FROSTIG-Programm zu gewährleisten.

Ein *Beispiel* für eine Übungseinheit mit MONTESSORI-Material: 1. Übungseinheit: Einsatzzylinderblöcke (4 Blöcke mit je 10 Einsatzzylindern, verschiedene Schwierigkeitsstufen).

Durchführung: Das Kind findet auf seinem Platz die Blöcke vor. Um die Übung für die 5–6jährigen etwas zu erschweren, werden die Zylinder bereits vorher gut gemischt vor die Blöcke gestellt. Nachdem das Kind die Übung zweimal richtig durchgeführt hat, werden die Blöcke ausgetauscht.

Instruktion: „Ihr seht vor euch auf dem Tisch einen Kasten, und davor stehen lauter Holzfiguren. Die nennt man Zylinder, weil sie so lang und

[1] Das weitere (haptische und akustische) Material wurde hier u. a. aus finanziellen Gründen nicht verwendet. Es dürfte aber aus den oben erörterten Gründen auch für die Steigerung der Aufmerksamkeit geeignet sein.

rund sind (zeigen). Jeder Zylinder paßt in eine ganz bestimmte Öffnung in dem Kasten (zeigen an einem Beispiel).
Versucht jetzt einmal alle Zylinder in die richtige Öffnung in dem Kasten einzuordnen. – Ihr könnt selbst sehen, ob es richtig ist. Es darf nichts überstehen, und es darf keine Lücke bleiben (auf Beispiel zeigen)."
In der ersten Sitzung bekommen die Kinder nur je einen Kasten, anschließend zugleich zwei, dann zugleich drei Kästen.

b) Das „Frostig-Programm für die Entwicklung der visuellen Wahrnehmung" (Frostig & Horne 1964) umfaßt 3 Hefte mit Aufgaben steigenden Schwierigkeitsgrades. Nach Vorversuchen wurde das mittlere Heft ausgewählt, weil es im Schwierigkeitsgrad der hier trainierten Altersgruppe entsprach. Es wurden für die beiden Übungsphasen zwei Parallelserien aus dem Übungsheft 2 zusammengestellt. Die Serie für die Übungen 11 bis 20 war für beide Trainingsgruppen gleich; die F+F-Trainingsgruppe erhielt in den Übungen 1 bis 10 die Parallelserie.

Das Frostig-Programm umfaßt fünf Aufgabengruppen:

– „visumotorische Koordination": Ziel der Übungen ist eine besser koordinierte Strichführung; Aufgaben bestehen z. B. im Nachfahren einer Linie, im Verbinden von zwei Punkten über eine vorgezeichnete Strecke usw.
– „Figur-Grund-Wahrnehmung": Geübt wird die Konzentration auf wichtige und das Ausschalten unwichtiger Details, z. B. beim Erkennen und Benennen sich überlappender Figuren, beim Figuren-Ergänzen, beim Erkennen von Ähnlichkeiten und Unterschieden an Bildern usw.
– „Wahrnehmungskonstanz": Geübt wird die Fähigkeit wahrzunehmen, daß ein Gegenstand unveränderliche Züge besitzt, z. B. eine bestimmte Form, Größe oder Farbe; es muß z. B. ein bestimmtes Quadrat unter verschiedenen Rechtecken herausgesucht werden.
– „Erkennen der räumlichen Lage": Geübt wird die Fähigkeit, die Beziehung zwischen Beobachter und Lage des beobachteten Gegenstandes zu erkennen; z. B. das Erkennen von gedrehten oder umgekehrten Figuren oder Teilen von Figuren.
– „Erfassen von räumlichen Beziehungen": Geübt wird die Fähigkeit, die Stellung von zwei oder mehreren Objekten zu erkennen, z. B. deren Beziehung zueinander oder die Beziehung zum Beobachter; es müssen z. B. Veränderungen an einer Zeichnung auf eine gleichartige übertragen werden, so daß sie das gleiche Bild ergeben.

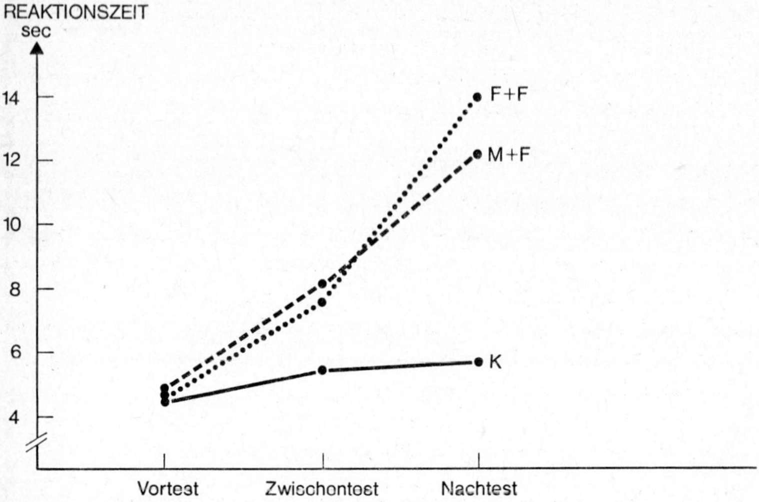

Abb. 9.1.: Reaktionszeiten im MFF-Test in drei Testphasen bei zwei trainierten Gruppen (F+F und M+F) und einer Kontrollgruppe (K) (nach Köster 1974), Erläuterungen s. Text

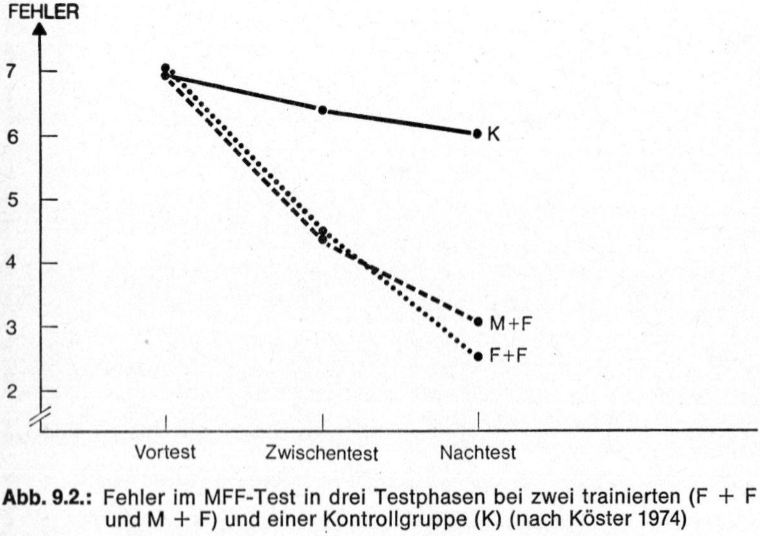

Abb. 9.2.: Fehler im MFF-Test in drei Testphasen bei zwei trainierten (F + F und M + F) und einer Kontrollgruppe (K) (nach Köster 1974)

Die Abbildungen 9.1. und 9.2. zeigen die Ergebnisse der Trainings, zunächst beim *MFF-Test:* Während sich die drei Gruppen zu Anfang weder in ihrer Fehlerzahl noch in ihren Reaktionszeiten unterscheiden, weisen sie schon im *Zwischentest* – nach 5 Wochen – Unterschiede in der erwarteten Richtung auf: Beide trainierten Gruppen haben statistisch sehr bedeutsam erhöhte Reaktionszeiten und verringerte Fehlerzahlen gegenüber ihrem ersten MFF-Test und gegenüber der nicht trainierten Kontrollgruppe. Keine Trainingsgruppe ist allerdings der anderen überlegen.
Im *Nachtest* haben beide trainierten Gruppen gegenüber dem Zwischentest noch einmal statistisch hoch bedeutsame Gewinne in der angestrebten Richtung erzielt. Wieder unterscheiden sie sich allerdings untereinander statistisch nicht bedeutsam.
Eine leichte Differenzierung des Erfolgs kann man dann konstatieren, wenn man Fehler und Reaktionszeiten zugleich betrachtet: Jedesmal schneidet im Nachtest diejenige Gruppe, die nur mit FROSTIG-Material trainiert wurde, etwas besser ab als die andere Trainingsgruppe.
Die Kontrollgruppe weist keine bedeutsamen Änderungen ihrer Testleistungen auf, und so können die Veränderungen in den Testwerten der trainierten Gruppen auf die Einflüsse des Trainings zurückgeführt werden.
Die *Intelligenz* der Kinder hat einen differenzierenden Einfluß auf die *Fehlerabnahme* im MFF: Teilt man die insgesamt durchschnittlich begabten Kinder (SON-IQ a. M. = 102) in eine begabtere und eine weniger begabte Hälfte, so findet sich, daß die *begabtere Hälfte* (IQ $\geqq$ 102, mittlerer IQ = 110), schon im MFF-Zwischentest und ebenso im MFF-Nachtest dann weniger Fehler macht, wenn sie mit dem FROSTIG-Programm trainiert wurde; die *weniger begabte Hälfte* (IQ $<$ 102, mittlerer IQ = 95) macht beide Male dann weniger Fehler, wenn sie zuerst mit dem MONTESSORI-Material trainiert wurde. Dieses Ergebnis läßt sich im Sinne von SIGEL (1971) so interpretieren, daß das dreidimensionale Material offenbar dem Entwicklungsstand der weniger begabten Kinder noch mehr entsprochen haben mag, während es den begabteren nicht mehr genügend Anreiz geboten haben wird. (Die *Reaktionszeitänderungen* der begabteren und der weniger begabten Kinder unterscheiden sich nicht bedeutsam bei den beiden Trainingsgruppen.)
Beide Programme haben übrigens auch eine Verbesserung der *Wahrnehmungsfähigkeit* bei den trainierten Gruppen bewirkt: Während die Kontrollgruppe im PVT keinen Leistungszuwachs zu verzeichnen hatte, machten beide Trainingsgruppen schon im Zwischentest sehr bedeutsam weniger Fehler; im Nachtest ergab sich nochmals eine geringere signifikante Fehlerabnahme im PVT.

Auch eine Verbesserung der *Intelligenzwerte* im Nachtest wurde festgestellt:

Tab. 9.2.: Die Veränderungen der Intelligenztestleistungen bei den 3 Versuchsgruppen

Gruppe	IQ-Veränderungen im SON			
	SON 1 (Vortest)	SON 2 (Nachtest)	IQ-Zuwachs	p
1. M + F	102,8 ± 9,8	117,0 ± 11,7	14,2	< .001
2. F + F	102,6 ± 9,1	117,7 ± 11,0	15,1	< .001
3. Kontr.	102,0 ± 9,8	106,6 ± 11,9	4,6	< .05

Wie aus Tab. 9.2. zu ersehen ist, haben beide trainierten Gruppen *gleich viel* in den Intelligenztests profitiert. Die Kontrollgruppe hat auch einen signifikanten Gewinn zu verzeichnen, der aber bedeutsam geringer ist als derjenige der trainierten Gruppen ($p < .05$).

9.5. Bewertung der Ergebnisse

Die Wirkung beider Trainingsprogramme ist in allen gemessenen Bereichen als praktisch gleich anzusehen, wenn man von der unterschiedlichen Ansprechbarkeit verschieden intelligenter Gruppen einmal absieht: Es wurde in den trainierten Gruppen eine hoch bedeutsame Verbesserung der Leistungen in einem Wahrnehmungstest, im Aufmerksamkeitstest (MFF) und in einem Intelligenztest beobachtet. Die Kontrollgruppe änderte sich dagegen fast gar nicht; sie hatte nur einen geringfügigen Zuwachs bei der Wiederholung des Intelligenztests, der auf die Vertrautheit mit der Testsituation zurückgeführt werden kann.

Wir können also beide Programme für die Gesamtheit der Trainierten als gleich effektiv werten. Dabei ist das Montessori-Material, wie es Sigels Theorie (1971) voraussehen ließ, für etwas weniger begabte und somit auch für jüngere Kinder deutlich besser geeignet, und das nur zweidimensionale Frostig-Material ist besser für die intelligenteren und für etwas ältere Kinder geeignet. Da im Gesamtergebnis die Leistungen der F+F-Gruppe, die in beiden Phasen mit dem Frostig-Material trainiert wurde, etwas besser sind als die der M+F-Gruppe, die zuerst mit dem Montessori-Material trainiert wurde, sollte eine Kombination mit dem Frostig-Material immer vorgesehen werden – nachdem evtl. bei Bedarf zuerst mit dem Montessori-Material geübt wurde.

Wir müssen übrigens klarstellen, daß wir nicht etwa beanspruchen, mit den Trainings echte Intelligenzsteigerungen zustandegebracht zu haben. Vielmehr führen wir die verbesserte Leistung im SON-Test auf die *verbesserte Aufmerksamkeit* zurück, die in den Trainings erreicht wurde. Da die Kinder reflexiver geworden sind, können sie ihre intellektuelle Leistungsfähigkeit jetzt ungestört einsetzen. Es wurden also nur Leistungshindernisse beseitigt, die vorher den effektiven Einsatz der vorhandenen Begabung gestört haben.

Dafür spricht auch der folgende vergleichbare Befund, den KOHLBERG (1968a) zitiert:

„Ein integriertes MONTESSORI-Programm für Headstart[2]-Kinder von 3 und 4 Jahren führte zu einer Zunahme des Stanford-Binet-IQ von durchschnittlich 14 Punkten in den ersten 6 Monaten. Es wurde kein weiterer IQ-Anstieg in den folgenden 1½ Jahren gefunden, während derer die Kinder an dem Programm teilnahmen. Die anfänglichen IQ-Steigerungen konnten nicht als wirkliche Steigerungen der allgemeinen kognitiv-strukturellen Entwicklung angesehen werden, da ihnen kein signifikanter Zuwachs bei den Leistungen in PIAGETS kognitiv-strukturellen Aufgaben entsprach. Die hauptsächliche Ursache des IQ-Anstiegs war eine Verbesserung in der Aufmerksamkeit und in der Beziehung zu Erwachsenen. Der geschätzte Zuwachs an Aufmerksamkeit in der Schulklasse (ebenso wie in der Testsituation) war deutlich (marked) während der ersten 6 Monate, und die individuelle Verbesserung in der geschätzten Aufmerksamkeit korrelierte .63 mit der Verbesserung in den Stanford-Binet-IQs während dieser Zeit. Zusätzlich zur Aufmerksamkeit wies die Verbalisierung eine starke anfängliche Steigerung (spurt) auf, die mit der Verbesserung der IQ-Leistung verbunden war. Zusammengefaßt scheint es also, daß die IQ-Änderungen mehr ein Resultat von Änderungen in der kognitiven Motivation waren als von Änderungen in der kognitiven Kapazität. Diese Veränderungen wieder erreichten eine obere Grenze, anstatt stetig zu steigen, und die motivationalen Änderungen selbst führten nicht zu einem späteren Zuwachs in der kognitiven Kapazität durch eine erhöhte allgemeine Lernfähigkeit (learning)" (S. 1051, Übers. d. Verf.).

Für diese Interpretation sprechen auch die Auswertungen zahlreicher anderer Experimente, aus denen KOHLBERG (1968a) die folgende Konsequenz zieht:

„Wir meinen, daß weder die Theorie der kognitiven Entwicklung noch empirische Befunde die Auffassung stützen, daß die Vorschulzeit eine besonders offene Periode ist, um die allgemeine Intelligenz oder die allge-

[2] Headstart = amerikanisches Vorschul-Förderungsprogramm

meine kognitive Entwicklung anzuregen. Diese Schlußfolgerungen werden durch die ziemlich enttäuschenden Befunde gestützt, die die tatsächlichen Effekte von vorschulischer kognitiver Anregung auf die Leistungen in psychometrischen Tests der allgemeinen Intelligenz betreffen. MORRISETT (1966) faßt Literaturberichte ... und unveröffentlichte Arbeiten zusammen mit der Folgerung, daß es keine zwingende Evidenz für die langfristige Wirksamkeit von kurzfristiger erzieherischer Intervention im Vorschulalter gibt. Viele Vorschulprogramme für benachteiligte Kinder zeigen, daß sie im ersten Jahr des Programms relativ große Gewinne in Intelligenztestleistungen erzielen; aber diese charakteristische Beschleunigung im intellektuellen Wachstum wird nicht immer in einem zweiten Vorschuljahr aufrechterhalten oder wenn die Kinder in die erste Klasse eintreten" (zit. aus KOHLBERG 1968a, S. 1051, Übers. d. Verf.).

Eine pessimistische Beurteilung aller Förderung braucht aber aus solchen Erwägungen nicht zu resultieren: Eine *Förderung der Grundfunktion der Aufmerksamkeit* kann offenbar andere intellektuelle Funktionen zumindest zeitweise positiv beeinflussen, und das ist hier zunächst wichtig. Daß damit nicht zugleich eine unbegrenzte Dauerhaftigkeit der Übungsgewinne verbunden ist, kann nach bekannten Gesetzen des Lernens und des Verlernens nicht verwundern. Eine weitere *Stabilisierung* von erworbenen Fertigkeiten wäre durch rechtzeitige Wiederholung des Trainings und durch Variation der Lernbedingungen anzustreben (s. dazu Kap. 4, 11, 12).

10 Trainingsversuche mit impulsiven Kindern (V): Beteiligung der Mütter

10.1. Einleitung: Unterschiedliche Erziehungsstrategien sozialer Schichten

Der individuelle Umgang zwischen Müttern und Kindern bringt schon im Vorschulalter meßbare individuelle Unterschiede in der Aufmerksamkeit der Kinder hervor (WARD 1968, BRINKS 1970, WELCH 1975).
Manche Mütter können offenbar mit ihren Kleinkindern so umgehen, daß gar nicht erst Aufmerksamkeitsstörungen entstehen. Die Art, wie Mütter die eigene Aktivität ihrer Kinder zulassen und ermutigen oder aber behindern, und die Art, wie sie mit ihren Kindern sprechen und von ihnen planendes Verhalten oder aber schnelles Reagieren verlangen, hat Einfluß auf die bessere oder schlechtere Ausprägung der Aufmerksamkeit ihrer Kinder. Solche Unterschiede sind u. a. bei der Untersuchung von sozialschichtabhängigen Erziehungsstilen beobachtet worden (GRAY & KLAUS 1968, GRAY 1969, HESS & SHIPMAN 1968, KOHLBERG 1968). Impulsive Kinder stammen häufiger aus den benachteiligten sozialen Schichten, und ein Zusammenhang ihrer Impulsivität mit ihren Entwicklungsbedingungen konnte belegt werden (HESS & SHIPMAN 1968, GIOTT 1973) – obwohl wiederum zwischen den untersuchten sozialen Gruppen zweifellos große Unterschiede bestehen. Immerhin – da wir einige der Bedingungen kennen, die zur Entwicklung eines aufmerksamen Verhaltens gegeben sein müssen (vgl. auch Kap. 4), können wir versuchen, diese Bedingungen mit Müttern und Kindern herzustellen, und die Mütter müßten schließlich befähigt werden, ihre Kinder auch selbst zu trainieren. Wenn Mütter frühzeitig das wünschenswerte Verhalten ihren Kindern gegenüber erlernen würden, könnte man schließlich bereits der Entstehung von Aufmerksamkeitsstörungen bei Kindern vorbeugen.
Die Förderung kulturell benachteiligter Kinder ist auf dem Hintergrund der Befunde von HESS & SHIPMAN (1968) zu sehen: „In der kognitiven Umwelt des kulturell benachteiligten Kindes wird Verhalten mehr durch Befehle reguliert als etwa durch Beachten der individuellen Eigentümlichkeiten einer besonderen Situation; in dieser Umwelt wird Verhalten nicht durch sprachliche Bezeichnungen vermittelt, die es ermöglichen würden, die Sprache als ein Werkzeug zu benutzen, um die Angebote der Umwelt zu bezeichnen, zu ordnen und zu handhaben, und Verhalten wird auch nicht so vermittelt, daß Ereignisse zu anderen Ereignissen und zur

Gegenwart und zur Zukunft in Beziehung gesetzt werden. Die Bedeutung des Mangels (der Deprivation) erscheint so als ein Mangel an Bedeutungen in den frühen kognitiven Beziehungen zwischen Mutter und Kind. Diese Umwelt bringt ein Kind hervor, das sich mehr auf Autorität als auf begründete Erklärungen beruft, das oft fügsam (compliant) sein mag, aber in seinem Verhalten nicht reflexiv ist, ein Kind, für das die Folgen einer Handlung überwiegend in unmittelbarer Bestrafung oder Belohnung bestehen anstatt in zukünftigen Auswirkungen und langfristigen Zielen. Wenn dieses Gesamtbild zutrifft, scheint das Ziel der Früh-Erziehung zu sein, Strategien oder Strukturen für den Umgang mit Informationen zu entwickeln, anstatt nur einen Vorrat an Begriffen, Information und geistigen Fertigkeiten zu vermitteln" (S. 103, Übers. d. Verf.).

Die Beobachtungen von Gray & Klaus (1968) fügen sich in dieses Bild ein: Sie stellen fest, daß das kulturell benachteiligte Kind wohl genausoviel Anregungen erhalte wie das Mittelschicht-Kind, daß diese aber weniger vielfältig und weniger geordnet seien; es fehle an räumlicher und zeitlicher Organisation, so daß das Kind nicht lerne, sich den für die intellektuelle Entwicklung wichtigen Erfahrungsmöglichkeiten zuzuwenden. Die wichtigsten Mängel seien aber im Bereich der Umgangs-Erfahrungen und der Bekräftigungen zu finden: Da die wichtigsten Bekräftigungen von den Erwachsenen kommen, die oft mit Arbeit überlastet sind, kommt das Kind hier oft zu kurz. Es erhält daher eher Bekräftigung nicht-verbaler Art von seinen Geschwistern und aus seinen eigenen grob-motorischen Aktivitäten (wie Herumrennen) und aus seinem unmittelbaren Erleben. Bekräftigungen sind daher selten verbal und wenig von der Art, die die Ausbildung komplexerer z. B. sprachlicher Reaktionen anregt. Bekräftigungen, die gegeben werden, betreffen die problemlose Bewältigung der augenblicklichen Situation – so wird das Kind gelobt, wenn es sich ruhig verhält und nicht „stört", nicht aber für erkundendes, neugieriges Verhalten. Bekräftigungen richten sich in kulturell benachteiligten Schichten ferner nicht auf Art und Angemessenheit der Leistung, sondern werden global und diffus gegeben (z. B. „Du bist ein guter Junge"); das Kind lernt also nicht, seine eigene Leistung einzuschätzen und zu verbessern und sich selbst angemessen zu bekräftigen.

Die aufzeigbaren Defizite geben bereits zahlreiche Ansatzpunkte für eine gezielte Abhilfe:

So finden Hess & Shipman (1968) in den benachteiligten Schichten ein eher „imperativ-normatives" verhaltensregulierendes Vorgehen („So was tun Mädchen nicht!" oder „Du tust, was ich dir sage!"); hier gibt es „keine Widerrede". Es wird dem Kind keine Alternative gelassen, die es erwägen und bewerten könnte – es ist keine komplexe sprachliche Kommunikation erforderlich (BERNSTEIN 1961). Zwei andere Stile der Verhaltensregulierung zeigen HESS und SHIPMAN (1968) auf, die eine eingehende Kommunikation anregen: einen „persönlich-subjektiven" und einen „kognitiv-rationalen". Bei dem „persönlich-subjektiven" Stil wird bei autoritären Forderungen zugleich auf den *inneren Zustand* des Individuums eingegangen (z. B. „Du solltest so was nicht sagen – es wird die Gefühle deiner Schwester verletzen", oder: „Mach deine Schularbeiten jetzt; du wirst dich wohler fühlen, wenn du sie hinter dir hast"). – Bei dem „kognitiv-rationalen" Stil wird die *Begründung* hinter einer Regel oder einer Forderung sichtbar gemacht (z. B. „Du solltest in der Schule nicht schwätzen, weil die Lehrerin nicht unterrichten kann, wenn die Kinder reden, und dann wirst du nichts lernen"). Hier wird eine komplexere Reaktion vom Kind verlangt, weil es einer Abfolge von Gedanken folgen und die Beziehungen zwischen Ereignissen beobachten muß; Denken, Sprache und Aufmerksamkeit werden mehr gefordert, und das Kind gewöhnt sich an die Beachtung von langfristigen Konsequenzen und an die begriffliche Erfassung der Welt (ref. nach HESS & SHIPMAN 1968, S. 93–94). Neben diesen verhaltens-regulierenden Stilen betonen HESS & SHIPMAN (1968) den unterschiedlichen Grad der „Elaboriertheit" (Ausführlichkeit) der Sprache des Erziehers (vgl. BERNSTEIN 1961), der auch aus den oben angeführten Beispielen zu erkennen ist.

Bei Beobachtungen von Müttern mit ihren Kindern fand BROPHY (1970), daß Mütter der Mittelschicht bedeutsam mehr Zeit auf die *Vorbereitungsphase* bei Aufgaben verwenden als Mütter der Unterschicht; die Mittelschicht-Mütter lenken also die Aufmerksamkeit der Kinder schon vorher auf die wichtigen Merkmale der Aufgabe, und sie geben den Kindern auch mehr und anschaulichere Informationen (HESS & SHIPMAN 1968).

Unterschiedliche Verhaltensweisen von Müttern impulsiver und reflexiver Kinder wurden von DÜRING (1972) beschrieben. Die Mütter waren beobachtet worden, als sie mit ihren Kindern einfache Aufgaben durchführten. Die Befunde sind in Kap. 4 referiert worden.

HECKHAUSEN (1969, vgl. auch HECKHAUSEN & OSWALD 1969) fand nach ähnlichen früheren Mütterbeobachtungen, „daß hohe Leistungserwartungen, positive Bekräftigungen und selbständigkeitsfördernde Eingriffe das Leistungsverhalten des Kindes günstig beeinflussen; daß dagegen niedrige Leistungserwartungen, negative Bekräftigungen und abhängigkeitsfördernde Eingriffe einen ungünstigen Einfluß haben" (HECKHAUSEN 1969, S. 352). Zu den genannten Verhaltensweisen gibt HECKHAUSEN (1969) die folgenden Beispiele:

„Acht protokollierte Reaktionsweisen der Mutter im Umgang mit ihrem Kind

Positive Bekräftigungen:

1. Die Mutter ist zärtlich, sie zeigt warme Zuneigung oder spendet Trost.
2. Die Mutter beurteilt die Tätigkeit des Kindes positiv. Beispiele: „Das hast du schön gemacht", „Gut so!", „Was du schon alles kannst!"
3. Die Mutter spornt das Kind an, ist dabei freundlich. Sie versucht, das Kind bei Laune zu halten.
   Beispiele: „Nun wollen wir mal anfangen", „Das wäre doch gelacht, wenn wir das nicht schafften!"

Negative Bekräftigungen:

4. Die Mutter schimpft das Kind aus, macht abfällige Bemerkungen. Beispiel: „Du bist doch zu dumm!"
5. Die Mutter beurteilt die Tätigkeit des Kindes negativ.
   Beispiel: „Das war aber gar nicht gut!"
6. Die Mutter sucht das Kind anzuspornen, indem sie ihre Unzufriedenheit zeigt. Es können dieselben Wendungen wie unter 3 sein, aber in einem tadelnden Ton ausgesprochen. Beispiele: „Nun mach doch mal los!", „So geht das aber doch nicht!"

Selbständigkeitsfördernde Eingriffe:

7. Die Mutter gibt indirekte Hinweise, allgemeine Anhaltspunkte; zum Beispiel beim Haus-Zusammensetzen: „Wie sehen denn die Fenster aus?", „Irgend etwas paßt doch nicht ganz"; bei der Gedächtnisaufgabe: „Überleg mal, was haben wir heute morgen gesehen?" bei der Labyrinthaufgabe: „Ob es da weitergeht?"

Abhängigkeitsfördernde Eingriffe:

8. Die Mutter gibt direkte Hinweise zur Aufgabenlösung. Zum Beispiel zeigt sie beim Haus-Zusammensetzen mit dem Finger: „Nimm die Türe da fort, sie gehört hierher!"" (S. 351).

10.2. Einige bisherige Mütter-Trainings

Es wurde von verschiedenen Autoren gezeigt, daß Mütter benachteiligter Schichten fähig sind, ihre eigenen Kinder zu einem angemesseneren Aufgabenverhalten zu erziehen – wenn sie selbst die richtige Art, mit ihren Kindern zu sprechen und zu spielen, gelernt haben (Brophy 1970, Levenstein 1970, Santostefano & Stayton 1967). Aus diesen Förderungsprogrammen entnahm Dringenberg (1975, s. u.) Hinweise für die Gestaltung von Trainings mit Müttern impulsiver Kinder. Weitere Hinweise entnahm sie aus Beobachtungen von Giott (1973) und Düring (1972) über die Erziehungsstile und die Verhaltensweisen von Müttern impulsiver und reflexiver Kinder, noch andere aus der Literatur zur Entstehung der Leistungsmotivation und der frühkindlichen Entwicklung (HECKHAUSEN 1969).

In den meisten Förderungsprogrammen für bildungsbenachteiligte Kinder wurden die Eltern nicht geschult. In wenigen Fällen wurden aber die Mütter durch besonders ausgebildete Sozialarbeiter und Lehrer in die Programme einbezogen. In mehrjährigen Versuchen fanden GRAY & KLAUS (1968) sehr nachhaltige Intelligenzsteigerungen bei den Kindern und sogar „Ausbreitungseffekte": Die Mütter, die in Programme einbezogen waren, fingen nämlich spontan an, ihre Nachbarinnen auch einzuweisen. So ergab sich bei Kindern von Kontrollfamilien im gleichen Wohnbezirk, die ursprünglich nicht an dem Förderungsprogramm teilgenommen hatten, eine fast ebenso große Entwicklungssteigerung wie bei den direkt geförderten Kindern; bei einer zweiten Kontrollgruppe mit vergleichbarem sozialen Hintergrund, die in einer entfernten Stadt lebte, fand sich keine Entwicklungssteigerung. Die Langzeit-Erfolge von GRAY & KLAUS (1968) sind deshalb so bedeutsam, weil die Erfolge bei der alleinigen Förderung von bildungsbenachteiligten *Kindern* sich immer als sehr vergänglich erwiesen hatten (KOHLBERG 1968a; vgl. Kap. 9).

Die Art der Anleitung von Müttern als Trainer war unterschiedlich: bei GRAY & KLAUS (1968) und bei LEVENSTEIN (1970) kamen die Lehrpersonen regelmäßig ins Haus, andernorts werden Mütter als Helferinnen im Kindergarten eingesetzt (STEIN 1970, pers. Mitteilung; PRÜSER 1972), oder Mütter erhielten ihre Informationen in einem Trainingszentrum (SANTOSTEFANO & STAYTON 1967).

Es wurden u. W. bisher nirgends Mütter dazu trainiert, ihre „impulsiven" Kinder zu einem „reflexiven" Vorgehen anzuleiten. Die Untersuchungen der amerikanischen Autoren hatten meist primär die Verbesserung der Intelligenz und des Denkens und nicht die Verbesserung der Aufmerksamkeit im Auge, mit Ausnahme der Trainings von SANTOSTEFANO & STAYTON (1967).

SANTOSTEFANO & STAYTON (1967) sehen Aufmerksamkeit als eine grundlegende Fähigkeit, die verhältnismäßig unabhängig von höheren kognitiven Leistungen geübt werden kann. In ihrem Programm führten Mütter mit ihren eigenen geistig zurückgebliebenen Kindern mit Erfolg ein Training zur „Aufmerksamkeits-Zentrierung" oder „-Lenkung" durch. Sie lernten mit Hilfe von Anweisungen die bedeutsamen Eigenschaften von einfachen Gegenständen zu beschreiben und solche „Grundfunktionen" zu üben wie Objekt-Unterscheidung, Klassifizieren (Gruppieren), Begriffsbildung – Grundfunktionen, die als Voraussetzungen für die Ausbildung höherer kognitiver Funktionen angesehen werden.

Levenstein (1970) brachte Mütter in einem kompensatorischen Programm dazu, beim Spielen mehr und genauer mit ihren Kindern zu sprechen. Dabei wurde klar, daß Unterschichtmütter nach einem Training ihre Kinder mit den nötigen Informationen versorgen und sie auch bekräftigen können und daß sie sie ebenso zu sprachlichen Äußerungen anregen können, wie dies Mittelschicht-Mütter spontan tun. Die Mütter lernten zuerst von einer Lehrerin eine Menge Spiele, und sie erhielten auch Kinderbücher. Sie lernten durch eigenes Spielen, was sie mit den Spielen anfangen konnten, und es wurde ihnen die Wichtigkeit sprachlicher Anregungen einsichtig gemacht. Sie lernten 8 Kategorien sprachlichen Verhaltens kennen:

- das Informieren (z. B. Bezeichnen der verwendeten Gegenstände, Farbe, Form, Größe)
- das Beschreiben des eigenen Tuns (z. B. beim Bauen mit Klötzen)
- das Anregen des Kindes zum Antworten
- das Benennen der sozialen Vorgänge beim Spielen
- Ermutigen des Kindes zum Nachdenken über Alternativen bei seinem Tun, zum Nachdenken über Konsequenzen seiner Tätigkeiten
- Ermutigen von unabhängigem Verhalten, von Neugier, von phantasievollem Vorgehen
- Erwecken von Interesse an Büchern, um die Vorstellungsbildung zu fördern
- das Geben von Bekräftigung, von gezieltem Lob, von Unterstützung mit Worten.

Die trainierte Müttergruppe brachte ihre Kinder im Lauf von 7 Monaten zu einer – verglichen mit zwei Kontrollgruppen – so erheblichen Leistungssteigerung in Intelligenztests, daß das Programm von mehreren Institutionen zur Weiterverbreitung in der Praxis übernommen wurde.

Die ermutigenden Ergebnisse dieser Forscher ließen es aussichtsreich erscheinen, auch einmal Mütter dazu anzuleiten, ihre impulsiven Kinder selbst mit einfachen Aufgaben zu trainieren (Dringenberg 1975).

Die Fragestellung war, ob nicht Mütter sozial benachteiligter Schichten, die nachweislich ihre eigenen Kinder fördern können, auch ihre impulsiven Kinder zu einem reflexiveren Verhalten veranlassen können, obwohl sie vorher mit ihrem spezifischen Erziehungsverhalten zu dem Entstehen eines impulsiven Problemlösungsstils bei ihren Kindern beigetragen haben.

DRINGENBERG (1975) wollte also herausfinden, ob nicht Mütter der sozial benachteiligten Schichten durchaus in der Lage sein würden, ihre impulsiven Vorschulkinder gezielt selbst dazu anzuleiten, aufmerksamer zu werden. Dazu erschien es sinnvoll, auch wieder Vergleichs- oder Kontrollgruppen zu bilden: DRINGENBERG entschied sich für eine zusätzliche Gruppe, die von ihr selbst, als Psychologin, trainiert werden sollte, und für eine Gruppe, die nur getestet wurde. So konnten die Einwirkungen der Psychologin später mit denen der Mütter verglichen werden, die bezüglich der Trainings ursprünglich als Laien angesehen werden konnten, und es konnte zur Kontrolle die alleinige Auswirkung der Kindergartenförderung abgeschätzt werden.
Es wurden jeder der drei Gruppen 12 impulsive Kinder im Alter von 4;3—5;9 Jahren zugeordnet (mittleres Alter 5;1 J.). Für die Mütter, die ihre Kinder selbst trainieren sollten, wurden in Wochenabständen 8 jeweils einstündige Vorbereitungssitzungen in kleinen Gruppen oder bei Bedarf allein angesetzt, die immer den 8 Übungssitzungen mit den Kindern vorausgingen. Die Kinder wurden immer einzeln trainiert; eine Übung dauerte 15—20 Minuten. Das Übungsmaterial wird unten beschrieben.
Die ca. 5jährigen impulsiven Kinder, je 12 in den beiden Trainings- und der Kontrollgruppe, wurden aus 107 Kindern aus 3 Kindergärten ausgesucht. Es wurden nur Kinder der sozialen Unterschicht, definiert nach den Berufen der Väter, in den Versuch einbezogen. Die Gruppen wurden so zusammengestellt (parallelisiert), daß hinsichtlich des Impulsivitätsgrades, der Intelligenz, des Alters, des Anteils der Geschlechter und der Zugehörigkeit zu einem der drei Kindergärten keine bedeutsamen Unterschiede zwischen den drei Gruppen bestanden.

10.4. Das Training mit den Müttern

Das Konzept für die erste Sitzung mit den Müttern, die durch Briefe leicht für die Mitarbeit gewonnen werden konnten, ist unten beigefügt. Die Unterrichtsstunden für die Mütter wurden so gegliedert, daß die Mütter zuerst immer selbst alle Handlungen so ausführten, wie sie sie mit ihren Kindern später üben sollten, während die Psychologin als Trainerin auftrat. Danach erläuterte die Psychologin anfangs den Müttern die Art, wie sie eben mit ihnen gesprochen hatte, und machte ihnen einige Prinzipien ihres Verhaltens deutlich, die man unter die folgenden Handlungsziele bringen kann:

- mit dem Kind ausführlich über das Material und über die Aufgabe sprechen, viele Einzelheiten formulieren *vor* der Durchführung der Aufgabe, Planen des Vorgehens mit dem Kind; häufiges aufgabenbezogenes Sprechen mit dem Kind soll aufgabenbezogene sprachliche Selbst-Instruktion als wirksames Mittel zur Selbstkontrolle anregen; die Verinnerlichung der Selbstkontrolle ist das Ziel,
- bei Erfolg loben und Begabung und Selbständigkeit des Kindes als Ursache von Erfolg ansprechen; bei Mißerfolg das Kind ermutigen, auf zukünftige mögliche Erfolge bei mehr Anstrengung hinweisen, mit dem Ziel, die Leistungsmotivation zu erhöhen und Erfolgszuversicht und Selbstbewußtsein zu stärken,
- bei der Aufgabe sind Eingriffe erlaubt, die Selbständigkeit fördern können, z. B. unspezifische Hinweise zur Aufgabenlösung, Hinweis auf nochmals notwendige Kontrolle des Ergebnisses, nicht aber manuelles Eingreifen,
- angemessene Leistungsanforderungen — nicht zu schwer, nicht zu leicht — sind Voraussetzung für die Möglichkeit eines Erfolgserlebens beim Kind; Anforderungen sollen langsam steigen, Neugier und Leistungsmotivation werden dadurch gefördert,
- erlaubendes, nicht autoritäres Verhalten der Mutter ist wichtig, selbständiges Erkunden des Materials muß dem Kind zugestanden werden, Nachdenken über Alternativen für eine Lösung, um reflexives Verhalten zu fördern, daher keine Ungeduld der Mutter,
- es soll nur geübt werden, wenn Mutter und Kind sich in Ruhe den Aufgaben zuwenden können.

Es folgt das *Konzept der ersten Übungsstunde* mit den Müttern. Die Mütter hatten hierbei einen Teil des Trainingsmaterials vor sich liegen. Während der Erklärungen der Psychologin führten die Mütter die erste Übung selbst durch (Mosaik-Vorlagen s. Abb. 10.1).

Ein Beispiel für die Vermittlung des Übungsmaterials aus der ersten Müttersitzung

„In unserer heutigen Sitzung wollte ich Ihnen das Mosaik-Spiel vorführen. Es ist ein Spielzeug, von dem ich hoffe, daß es den Kindern besonders viel Spaß machen wird; den meisten wird es auch noch ganz unbekannt sein. Damit die Kinder es richtig kennenlernen, müssen wir ihnen erst einmal richtig erklären, warum diese bunten Plättchen an der Tafel kleben bleiben. Wir erzählen ihnen, daß in der schwarzen Tafel Eisen darin ist und

Abb. 10.1.: Vorlagen für das magnetische Mosaik-Spiel (Bunter Spaß, Mosaik-Legespiel, Schroedel Verlag, Hannover 1975).

daß dieses Eisen alle anderen Dinge, in denen auch Eisen ist, anzieht; d. h. daß die Teile aus Eisen an der Tafel kleben bleiben.
Wir können das erst einmal mit Kupferpfennigen ausprobieren. Wer Pfennige dabei hat, lege sie bitte einmal wie ich auf die Tafel in einen Kreis; daneben legen wir noch einen Kreis aus Büroklammern, die ich hier auch mitgebracht habe. Wenn wir jetzt die Tafel hochheben, können wir den Kindern zeigen, daß wirklich alles an ihr haften bleibt und nichts herunterfällt.
Für die Kinder ist solch ein Material nicht nur interessant, sondern auch sehr praktisch. Sie sind in diesem Alter noch nicht so geschickt, und bei dem Magnetmaterial kann nicht alles so leicht herunterfallen oder verrutschen.
Nun zeigen wir ihnen, daß hinter all den bunten Plättchen auch eine dünne Eisenschicht ist und diese Formen darum auch an der Tafel haften bleiben.
Wir wollen nun als erstes mit diesen Plättchen Reihen auf die Tafel legen und den Kindern dabei die unterschiedlichen Formen und Farben beibringen, die wir immer vor der Aufgabenbearbeitung auch benennen müssen.
Also nehmen wir zuerst die grünen Formen und zeigen den Kindern, daß diese Plättchen 4 gleiche Seiten haben und 4 Ecken und darum Vierecke oder Quadrate genannt werden. Dann nehmen wir einige gelbe Formen und zeigen, daß die auch 4 Ecken haben, aber zwei kurze und zwei lange Seiten und Rechtecke heißen. Unter die Reihe mit den Quadraten lassen wir die Kinder Rechtecke legen und darunter eine Reihe mit roten Dreiecken, die drei Ecken haben. Dann folgen die blauen Plättchen, und wir zeigen den Kindern, daß diese gar keine Ecken haben, sondern rund sind und Kreise genannt werden.
Da unsere Kinder später, wenn sie einmal schreiben lernen, immer links oben eine Reihe beginnen müssen, lassen wir sie auch auf dieser Tafel links oben beginnen und immer die Reihe bis ganz rechts zu Ende legen. Dabei lernen sie gleichzeitig, systematisch zu arbeiten.
Wenn sie die Tafel vollgelegt haben, bringen wir ihnen bei, daß sie immer Plättchen von der gleichen Form und Farbe auf ein gesondertes Häufchen herunterschieben. Wenn sie alles so geordnet haben, sehen sie, was zusammengehört und können alle Formen gut unterscheiden lernen und sie gleichzeitig rasch wiederfinden, wo sie weiterbauen wollen.
Ob Sie sich jetzt einmal Stichworte für die Aufgabenbearbeitung machen wollen?
– Quadrat oder Viereck – 4 Ecken – gleiche Seiten – grün
– Rechteck – 4 Ecken – zwei kurze und zwei lange Seiten – gelb

– Dreieck – 3 Ecken – 3 gleiche Seiten – rot
– Kreis – keine Ecken – rund – blau

Aufgaben
– Kreis aus Kupferpfennigen legen
– Kreis aus Büroklammern legen
– Reihen legen

besonders beachten
– Reihen links beginnen
– auf Stapel zurückordnen
– Farben benennen
– Formen benennen" (DRINGENBERG 1975, A 5–A 7).

Konzept der Vermittlung der Trainingsvariablen an die Mütter
„Wenn Sie mit ihren Kindern arbeiten, möchte ich Sie bitten, noch einige Punkte besonders zu beachten. Damit die Kinder nicht sogleich verzagen, wenn eine Aufgabe nicht auf Anhieb gut gelingt, brauchen sie unsere Ermutigung. Sagen Sie ihnen einfach, daß es schon klappen wird, wenn sie es noch einmal versuchen und sich noch ein wenig mehr anstrengen. Versuchen Sie, ganz ruhig und freundlich zu bleiben und öfter auch einmal zu sagen, daß es ja gar nicht so schlimm ist, wenn Ihr Kind alles noch nicht so schön macht.
Wenn ein Muster z. B. gut gelungen ist, wollen die Kinder auch gelobt werden. Vergessen Sie dann auch nicht zu sagen, daß das Kind das sehr fein gemacht hat und schon sehr tüchtig ist und die Spiele ganz alleine ohne Hilfe machen kann.
Das Wichtigste für den Schuleintritt ist nämlich eine entsprechende Selbständigkeit der Kinder. Darum dürfen wir nicht eingreifen und rasch selber alles perfekt und schnell machen und den Kindern alles aus der Hand nehmen, wenn sie z. B. ein Muster legen wollen und im Anfang noch vieles krumm aussieht. Meint das Kind, das Muster sei nun fertig gelegt, und Sie sehen, daß da noch etwas vergessen ist, sagen Sie bitte nicht: „hier fehlt der grüne oder rote Stein", sondern einfach: „guck noch einmal genau nach, ob du auch wirklich nichts vergessen hast – ob da vielleicht noch etwas fehlt" usw. Wenn wir immer alles an Stelle der Kinder machen, werden sie nicht daran gewöhnt, daß sie irgend etwas einmal ganz alleine schaffen müssen. In der Schule kann das zu schlimmen Enttäuschungen für sie führen, wenn sie ganz plötzlich vieles alleine erledigen müssen und keiner bereit ist, ihnen ständig zu helfen. Damit die Kinder auch in Ruhe ihre Muster legen können, dürfen sie nicht abgelenkt wer-

den; d. h. wir lassen am besten kein Radio und Fernsehen laufen und sorgen auch dafür, daß nicht die Geschwister stören. Die Kinder üben im Anfang ja nur zehn bis fünfzehn Minuten, da ist es nicht so schwierig, für Ruhe zu sorgen. Da sie uns Eltern in diesem Alter gerne imitieren, ist es auch günstig, wenn wir dieses Viertelstündchen ruhig bei ihnen sitzen, ohne alle paar Minuten aufzuspringen und irgendeinen Handgriff im Zimmer zu tun. Die Kinder werden dann leicht auch ihre Tätigkeit unterbrechen und keine fünfzehn Minuten hintereinander ruhig auf dem Stuhl sitzen können. Sie müssen bedenken, daß die Kinder in einem Jahr von heute auf morgen mehrmals 45 Minuten am Tage still auf ihrem Platz sitzen und aufmerksam zuhören müssen. Wenn sie das alles vorher nicht ein wenig üben, wird es für sie eine große Überforderung schon in den ersten Schultagen geben.
Zuletzt noch ein Rat: Wenn Sie mit den Kindern spielen wollen, reißen Sie sie bitte nicht aus einem anderen Spiel heraus. Wenn es Ihre Zeit erlaubt, wählen Sie Augenblicke, in denen die Kinder gerade nicht beschäftigt sind, andererseits aber auch noch nicht zu müde für unsere Spielaufgaben sind. In meiner Kindergruppe mache ich die Erfahrung, daß die Kinder zu günstigen Zeitpunkten viel mehr Freude an unserem Spiel haben, als wenn sie aus anderen Spielaktivitäten gerissen werden.

Damit Sie sich an diese Punkte daheim auch erinnern können, schreiben Sie sich bitte noch folgende Stichworte auf:

- ermutigen und loben
- nicht direkt eingreifen – Selbständigkeit
- nicht ablenken – Ruhe
- nicht in anderen Spielaktivitäten stören – passenden Zeitpunkt wählen" (zit. nach Dringenberg, 1975, A 3–A 4).

10.5. Das Training mit den Kindern

Das Vorgehen der Psychologin bei ihrer Arbeit mit den Kindern ist aus ihrem Konzept für ihre erste und ihre vierte Stunde erkennbar, die jetzt folgen:

Versuchsanweisung – Sitzung 1
„Wir wollen jetzt öfter zusammen spielen. Ich habe heute ein schönes Spiel mitgebracht, was du sicherlich noch nicht kennst. Sieh einmal, hier zeige ich dir eine dunkle Platte, und hier sind lauter bunte Plättchen. Jetzt le-

gen wir einmal einige Plättchen auf die Tafel, und du hebst die Platte einmal hoch und stellst sie auf. – Siehst du, da bleibt alles daran kleben, nichts rutscht und fällt herunter. – Nun leg einmal einen Kreis aus diesen Pfennigen auf diese Tafel und heb sie wieder hoch und schau mal, ob die auch nicht herunterfallen. – Nun legst du noch einen Kreis aus diesen Büroklammern wie eine Sonne auf die Tafel und siehst, ob die auch fest darauf bleiben. Siehst du, solch eine Tafel heißt Magnettafel. In dieser Tafel ist Eisen darin, und das zieht alle anderen Dinge an, in oder an denen auch Eisen ist, d. h. sie bleiben daran kleben. So kann man also Büroklammern und Pfennige auf die Tafel legen, und weil sie aus Eisen sind, werden sie nicht herunterfallen. Bei den bunten Plättchen ist vorne Papier und hinten Eisen. Darum kleben die auch fest an der Tafel und fallen nicht herunter. Mit dieser Tafel und den vielen bunten Plättchen wollen wir nun jedes Mal ein Weilchen spielen.

1. Nun wollen wir einmal mit diesen Plättchen Reihen auf der Tafel legen. Zuerst machen wir eine Reihe mit diesen grünen Plättchen. Die haben 4 gleiche Seiten und 4 Ecken und heißen Vierecke oder Qudrate. Fange die Reihe bitte hier oben links an und lege sie bis zum Ende der Tafel. – Nun wollen wir mal die gelben Plättchen nehmen. Die haben 2 kurze und 2 lange Seiten und auch 4 Ecken wie die Quadrate und heißen Rechtecke. Lege bitte unter die erste Reihe jetzt eine mit den gelben Rechtecken. – Nun kommen die schönen roten Formen an die Reihe. Zähle bitte einmal, wieviele Ecken die haben. Ja, 3. Darum werden sie Dreiecke genannt. Damit legst du hier drunter auch eine Reihe. Aber auch wieder vorne links beginnen und bis zum Ende der Reihe legen. – Jetzt haben wir noch eine Sorte von Formen, die blauen. Die kennst du schon. Das sind Kreise. Gibt es da auch Ecken? Nein, der Kreis hat überhaupt keine einzige Ecke. Er ist ganz rund. Damit legen wir auch eine Reihe genau unter die drei anderen Reihen. – Jetzt heb doch mal die Tafel hoch und schau mal zu, ob auch alles daran kleben bleibt.
2. Schieb mal die Reihen mit den blauen Kreisen, den roten Dreiecken und den gelben Rechtecken von der Tafel herunter. Jetzt bleiben nur die grünen Quadrate liegen. Nimm einmal 2 rote Dreiecke und lege sie hier zusammen unter ein grünes Viereck. Schieb sie mal richtig an den langen Seiten zusammen und rücke sie noch etwas gerade. Nun zähle mal die Seiten von dieser Figur. Ja, richtig, jetzt sind es auf einmal 4 Ecken. Wie nennen wir diese Figur denn jetzt? Ja, Viereck oder haben 4 gleiche Seiten und 4 Ecken und heißen Vierecke oder Quadrate. gelegt. – Jetzt lege mal eine ganze Reihe von solch zusammengesetzten roten Vierecken unter die Reihe von den grünen Vierecken. –

Nun nimm einmal 2 gelbe Rechtecke und lege sie an den 2 langen Seiten nebeneinander und schiebe sie ganz zusammen. Zähle jetzt die Ecken. Ja, es sind 4 wie beim Rechteck und beim Viereck. Aber, die 4 Seiten sind jetzt alle gleich lang, dann hast du also aus den 2 gelben Rechtecken auch ein Viereck oder Quadrat zusammengesetzt. Setze bitte die ganze Reihe lang aus gelben Rechtecken Vierecke zusammen.

Nun kennst du alle bunten Formen, die es in diesem Mosaikspiel gibt.

Hier ist eine Vorlage, da sind viele schöne Figuren abgebildet. Du kannst dir nun eine aussuchen, die du gerne nachbauen möchtest.

„Die Rakete, sagst du? – Gut, dann baue sie einmal. – Nun legst du dir die Formen erst einmal zurecht, ja? Womit beginnst du? Mit den Vierecken? Gut. Welche Farbe haben sie denn?" – „Grün." „Ja".

„Wieviele brauchst du von den grünen Vierecken? – Zähle am besten laut, wenn du sie dir genau ansiehst, dann läßt du nicht so leicht eines aus." „1, 2, 3." „Gut, richtig. – So, was kommt dann?" „Die gelben." „Fein. Wie nennt man die denn? – Weißt du nicht mehr? Nicht schlimm. Das sind Rechtecke. Die haben auch vier Ecken wie die Vierecke, aber die Seiten sind nicht gleich lang. – Nun, ist die Rakete jetzt fertig? – Nein? – Was fehlt denn noch?" „Ach, so, die spitzen Dinger." „Wie nennt man die denn? – Zähle doch mal, wie viele Ecken die haben." „1, 2, 3." „Hm, hm. Tja, da heißen die wohl?" „Dreiecke." „Prima! Siehst du, du weißt das ja schon ganz genau, wenn du mal überlegst. – Wieviele Dreiecke müssen da denn hin?" – „3". „Nun mache die Figur mal ganz fertig. Sieh noch einmal genau nach, ob du auch ganz genau die gleiche gebaut hast, wie die auf dem Bild aussieht. Ganz prima. Siehst du, das hast du ganz alleine gebaut und alles richtig gemacht. Heb noch einmal die Tafel hoch. Fein, nichts fällt herunter, alles klebt an der Magnettafel fest. – Ob du jetzt noch den Puppenwagen bauen kannst? Du hast die Rakete so fein gemacht, da schaffst du den Puppenwagen auch" (DRINGENBERG 1975, A 8–A 10).

Versuchsanweisung – Sitzung 4

„1. Sieh mal, neulich haben wir so etwas ganz ähnliches gemacht mit dem Bild mit den vielen Hunden. Hier siehst du ganz viele Mädchen. Sieh dir das Mädchen oben genau an. Bei allen Mädchen ist immer etwas vergessen worden. Das sollst du jetzt einzeichnen. Du denkst bitte wieder daran, daß du jede Zeile vorne links beginnen sollst und immer eine Zeile nach der anderen darankommt. So kannst du kein Mädchen vergessen (Bl. 4).

2. Auf diesem Bild siehst du einen großen Jungen mit einem Revolver und

ein großes Mädchen mit einem Apfel. Male den großen Jungen mit diesen Stiften an und auch alle kleinen Jungen da unten genau so und dann male das große Mädchen mit einer anderen Farbe an und auch unten alle kleinen Mädchen (Bl. 9).

3. Hier ist noch einmal solch ein Bild wie mit den vielen Hunden und den vielen Mädchen. Der oberste dicke Mann ist ganz fertig gemalt. Sieh ihn dir mal genau an und vergleiche, was bei allen anderen Männern fehlt. Sieh dir zwischendurch immer wieder den obersten Mann an, damit du auch genau weißt, wie jeder Mann da unten aussehen muß. Zeichne jeden Mann fertig (Bl. 11).
4. Auf diesem Blatt sind viele Bäume. Schau dir den Baum oben genau an und suche in jeder Reihe, welcher Baum genauso aussieht wie der da oben. Mit diesem Stift kannst du oben den Baum anmalen und auch unten alle, die so aussehen, wie der Baum da oben (Bl. 18).
5. Dieses lustige Blatt darfst du wieder nach Hause mitnehmen. Hier schreib ich auf, wann du wiederkommen kannst. Auf den Bildern schaust du mal nach, was da alles falsch ist und nicht stimmen kann. Darum malst du dann einen Kringel. Wenn du das nächste Mal kommst, dann kannst du mir mal zeigen, was du alles Ulkiges auf dem Bild gefunden hast (Bl. 7)" (DRINGENBERG, 1975, A 23).

10.6. Das Trainingsmaterial und die Aufgaben

Als Übungsmaterial wurde benutzt:

- ein magnetisches Legespiel aus dem Schroedel-Verlag für jedes Kind: Es besteht aus einer Magnetplatte und verschiedenfarbigen Kreisen, Quadraten, Rechtecken und Dreiecken und dient der Form- und Farbdifferenzierung (Vorlagen Abb. 10.1.), Anweisungs-Beispiele s. o. unter 4. und 5.),
- ein Quadrat-Puzzle der Didacta-Puzzles aus dem Verlag Ravensburg,
- 30 ausgewählte Blätter aus „Malen – Kleben – Denken" des Carlsen-Verlags, Block 1 und 2: Hier geht es um logisches Denken, Formulieren, differenziertes Sehen und Vergleichen (Anweisungs-Beispiele s. o. unter 5.),
- Muggelsteine in zwei Größen und vier Farben zur Größen- und Farbunterscheidung,
- eine humorvoll gezeichnete Instruktion für reflexives Verhalten (Abb. 10.2.).

Die einfachen Trainingstätigkeiten sollen u. a. folgende Grundkenntnisse

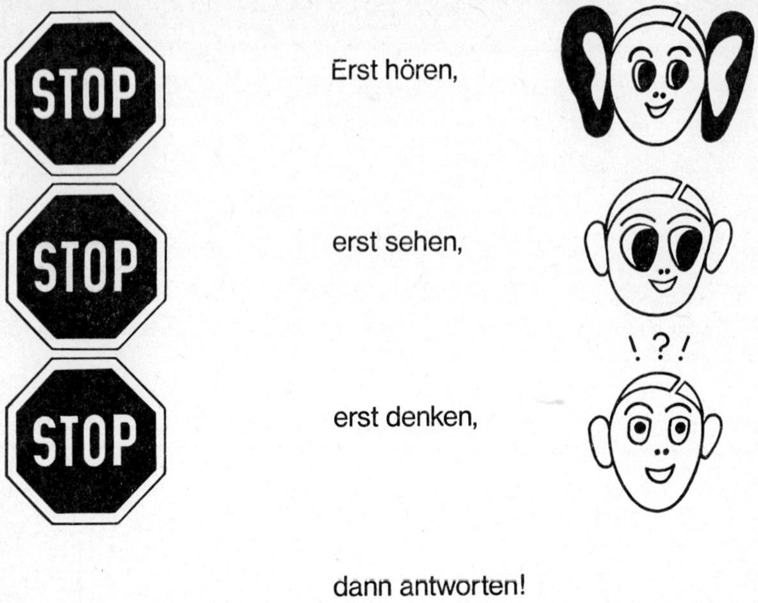

Abb. 10.2.: Humorvolle Erinnerungshilfe für reflexives Verhalten (nach Dringenberg, 1975; angelehnt an Palkes, Stewart & Kahana 1968).

und -fertigkeiten vermitteln, die verschiedenen inhaltlichen Lernbereichen zugeordnet werden können:

1. Begriffslernen: Farbennamen, Grundbegriffe der räumlichen Orientierung (vorn-hinten, links-rechts, oben-unten, Anfang-Ende, innen-außen), der Mengenerfassung und des Rechnens (Mengenbegriffe, „genau soviel wie", Zahlen von 1 bis 6), geometrische Formbegriffe (Kreis, Quadrat, Dreieck, Rechteck).
2. Beobachten: visuelles Erfassen, Unterscheiden und Klassifizieren: Unterscheiden von Eigenschaften wie Form, Farbe, Größe, Anzahl; Erkennen von Gleichem und Unterschieden, Suchen nach Fehlendem, Zuordnen von 2 und mehr Gegenständen, Zusammengehöriges suchen, witzig-Unpassendes auf Bildern herausfinden, unfertige Bilder ergänzen; Unterscheiden nach 2 oder 3 Größen, bezeichnen, ordnen, Verkleinerungen erkennen und bezeichnen.
3. Logisches Denken, Erfassen von Beziehungen und Regeln, Kombinieren (Einzelbilder zu einer Geschichte kombinieren, an Bildern einen Handlungsablauf erkennen, eine Serie richtig fortsetzen).
4. Visumotorische Koordination und Feinmotorik (nach Mustern nach-

bauen, aus mehreren Linien eine bestimmte verfolgen und nachzeichnen, Dinge durch Striche zwischen Linien verbinden, bestimmte Formen bunt ausmalen).

10.7. Die Auswirkung der Trainings auf die Mütter

Zunächst seien die Reaktionen der Mütter auf die Trainings beschrieben, die sehr überraschend und ermutigend waren. Als ein erster wichtiger Erfolg der Übungen mit den Müttern kann angesehen werden, daß die Mütter sofort sehr engagiert in das Programm „einstiegen". Sie ergriffen begeistert die Gelegenheit, neue Tüchtigkeiten zu erwerben. Sie waren schon vorher sehr motiviert gewesen, ihren Kindern, auch den älteren Schulkindern, zu helfen, hatten aber nicht selten die Erfahrung machen müssen, daß sie solchen Absichten nicht gewachsen zu sein schienen. Sie waren anfangs sehr mutlos, konnte es doch geschehen, daß ihnen schon die Darbietungen ihrer Kleinen im Kindergarten bei Festen zum Teil unverständlich blieben und daß ihnen ihre Männer grundsätzlich überlegen schienen. Vor schriftlichem Informationsmaterial, das ihnen vorher einmal von der Stadtverwaltung in guter Absicht als Erziehungshilfe zugeschickt worden war („Pelikan-Briefe"), hatten sie alle spornstreichs kapituliert — es wird in diesen Familien normalerweise nicht gelesen.
Nun aber erhielten sie einfache Informationen und lernten einfache Fertigkeiten — es kam vor, daß sie vorher nicht gewußt hatten, was ein Quadrat ist —, in einem Zusammenhang, der unverfänglich war, weil nur für die Kinder gelernt werden sollte. Sie machten selbst die verblüffendsten Entdeckungen und gaben sie begeistert an ihre Kinder weiter, wobei sie auch in der Familie eine unerwartete Autorität gewannen. Auch die Mengenlehre, mit der sich ihre älteren Kinder beschäftigten, erschien ihnen fortan nicht mehr wie ein Buch mit sieben Siegeln. Im Erfahrungsaustausch mit den anderen Müttern erfuhren sie, daß nicht nur ihre eigenen Kinder Schwierigkeiten hatten, sich zu konzentrieren — was fast jede gemeint und ängstlich vor anderen verborgen hatte —, sondern daß die anderen Kinder und Mütter oft die gleichen Schwierigkeiten hatten. Sie erfuhren, daß nicht nur sie selbst immer dazu neigten, so ungeduldig zu werden, sondern daß es sehr vielen, und auch der Psychologin, so erging — und das hatte eine so entspannende Wirkung, daß sie viel lachten und kleine Übungen für sich selbst ausdenken konnten, um mit diesen Schwierigkeiten fertigzuwerden.
Die Mütter, die anfangs nicht gewohnt gewesen waren, mit Terminen zu

leben und häufig einmal einen vergaßen, wurden zunehmend pünktlicher. Sie lernten es, sich gegenüber ihren Männern, die ihnen gelegentlich das Üben aus der Hand nehmen wollten (weil sie das angeblich doch besser könnten), durchzusetzen kraft ihrer Notizen aus den Unterrichtsstunden und dank ihrer neuen Erfahrungen, die sich auch auf ihr Selbstwertgefühl auswirkten. Es kam schließlich dazu, daß die Übungsspiele in der Familie gemeinsam gespielt wurden und daß weitere Spiele gekauft wurden.

Wir sehen hier einen äußerst bemerkenswerten Erfolg der Trainings, den wir durchaus nicht eingeplant hatten und der unbedingt bei späteren Bildungsbemühungen zuständiger Stellen berücksichtigt werden sollte, umso mehr als diese Mütter auch bei ihren Kindern noch dazu bessere Trainingserfolge aufweisen konnten als die Psychologin (s. u. 8.). Dabei möchten wir jetzt diesen Erfolg bei den Müttern und den Familien durchaus als den wichtigsten ansehen.

10.8. Die Trainingsergebnisse bei den Kindern

Vor und nach den Trainings wurden alle drei Kindergruppen mit dem MFF-Test (hier mit einer vereinfachten Form mit nur 4 Varianten in der Vorlage) sowie mit einer Kurzform des SON-Intelligenztests (P-Serie) untersucht. Der Abstand zwischen Vor- und Nachtests betrug 9 Wochen.

Im folgenden können die sehr deutlichen Trainingserfolge abgelesen werden:

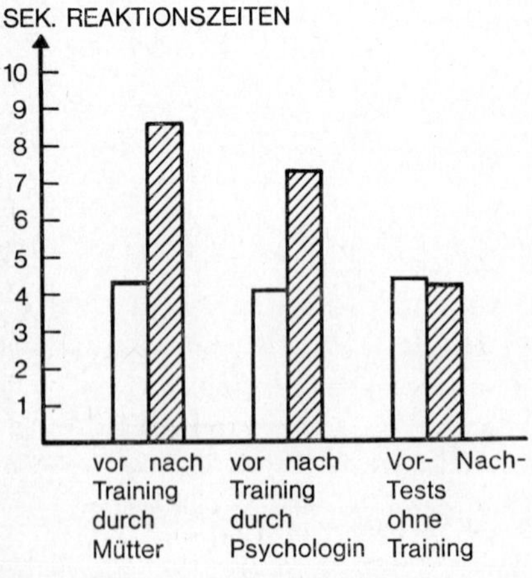

Abb. 10.3.: Die mittlere Reaktionszeit im MFF vor und nach den Trainings (nach Dringenberg 1975)

Abb. 10.3. zeigt, daß bei den beiden trainierten Gruppen die *Reaktionszeiten* (RZ) im MFF sehr bedeutsam ($p < .01$) gestiegen sind, während die Reaktionszeiten bei der Kontrollgruppe ungefähr gleich geblieben sind. Dabei ist die Gruppe der von ihren eigenen Müttern trainierten Kinder derjenigen Gruppe noch signifikant überlegen, die von der Psychologin trainiert wurde ($p < .05$).
Das gleiche gilt für die Abnahme der *Fehlerzahl* (Abb. 10.4.): Während die Kontrollgruppe im Nachtest noch genausoviele Fehler macht wie im Vortest, haben die Fehler in den Trainingsgruppen sehr bedeutsam ($p < .01$) abgenommen; am meisten allerdings haben die Fehler bei den Kindern abgenommen, die von ihren Müttern trainiert worden waren (Unterschied zur Gruppe der Psychologin $p < .05$).

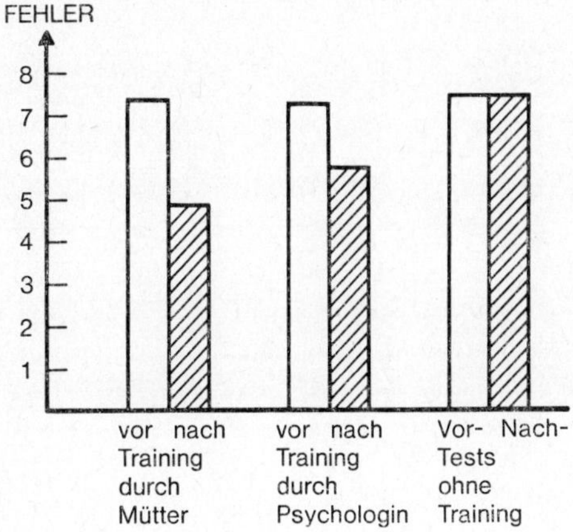

Abb. 10.4.: Die mittlere Fehlerzahl im MFF vor und nach den Trainings (nach Dringenberg 1975)

Im *Intelligenztest* (Abb. 10.5.) weisen alle drei Gruppen bedeutsame Gewinne auf (trainierte Gruppen $p < .01$, Kontrollgruppe $p < .05$), aber die Gewinne der trainierten Gruppen übertreffen diejenigen der Kontrollgruppe doch statistisch bedeutsam ($p < .01$ bzw. $< .05$). Zwischen den beiden trainierten Gruppen findet sich hier kein statistisch bedeutsamer Unterschied im Trainingsgewinn.

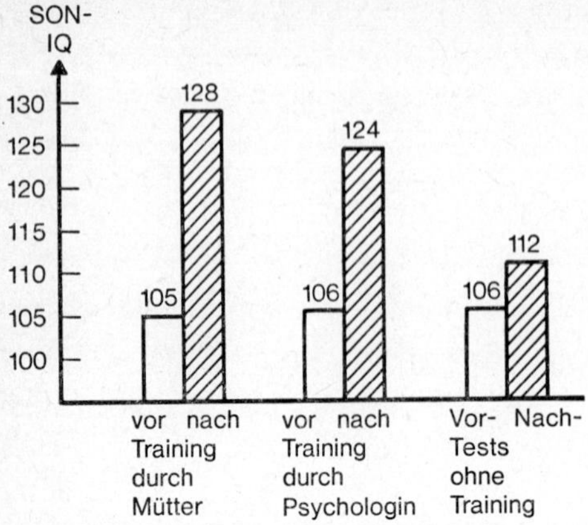

Abb. 10.5.: Die Zunahmen im Intelligenz-Quotienten (SON) bei den drei Gruppen (nach Dringenberg 1975)

10.9. Interpretation

Die Leistungsverbesserungen der trainierten Gruppen im Aufmerksamkeits- und im Intelligenztest übertrafen die kühnsten Erwartungen der Untersucherin. Beide trainierten Gruppen von sozial benachteiligten Kindern erzielten in nur 8 Trainingswochen ganz erstaunliche Gewinne in allen Teiltests.

Wenn wir die enormen Gewinne der Kinder beider trainierten Gruppen vergleichen, beeindruckt natürlich am meisten, daß die nur kurz „angelernten" Mütter so großartige Erfolge erreichen konnten. Sie erzielten ja noch bedeutsam bessere Erfolge bei den von ihnen trainierten Kindern als die Psychologin, die sich immerhin schon lange Zeit mit den Voraussetzungen für ein gutes Training beschäftigt hatte. Offenbar ist es der Psychologin gelungen, den Müttern genau die Hilfen zu vermitteln, die für eine Förderung ihrer Kinder auf dem untersuchten Gebiet nötig waren. Es schmälert diese Erfolge nicht, wenn wir z. Zt. nicht sagen können, was genau aus dem Programm und dem Verhalten der Psychologin dieses Lernen der Mütter bewirkt hat (dazu s. aber Kap. 12). Wir konnten auch nicht im einzelnen kontrollieren, wie die Mütter mit ihren Kindern geübt haben – und wie oft sie dies getan haben. Es kann aber als sicher angenommen werden, daß die Mütter in ihrer Begeisterung mit ihren Kindern viel öfter als nur einmal wöchentlich geübt haben. Daher dürfte der bessere Erfolg bei dieser Gruppe u. a. durch häufigeres Üben zustandegekommen sein; DRINGENBERG übte mit jedem Kind ihrer Trainingsgruppe jeweils nur einmal in der Woche. Aber darauf kommt es zunächst einmal gar nicht so sehr an. Es mag auch sein, daß sich im tagtäglichen Erziehungsverhalten der Mütter durch ihre neuen Einsichten und ihre neu erworbene Selbstsicherheit etwas Grundlegendes geändert hat — das kann man noch weiter untersuchen. Es wurde jedenfalls hier erst einmal ein vielversprechender Anfang gemacht, der weitere Forschungsbemühungen rechtfertigt: Um dieses Lernen für andere wiederholbar zu machen, ist es nämlich doch wichtig, seine Bedingungen genauer unter die Lupe zu nehmen und die wirksamen Faktoren zu erfassen. Aber einige der grundlegenden Voraussetzungen des Trainingserfolges können ganz offenbar auch heute schon benannt und vermittelt werden. (Dazu geben Kapitel 11 und 12 noch nähere Einzelheiten.)

Es kommt nun ganz sicher nicht nur auf die technischen Einzelheiten der Trainings an, wie auch besonders die Trainingskonzeption von DRINGENBERG zeigt. Viel zum Erfolg beigetragen haben sicher das besondere Engagement der Trainerin und ihr Enthusiasmus, zusammen mit ihrer positiven Einstellung zu den Müttern, die tiefe Überzeugung nämlich, daß die Mütter letztlich in der Lage sein würden, sich und ihren Kindern selbst zu helfen, wenn man ihnen nur die Voraussetzungen dafür schaffen könnte. Diese von ROGERS (1973) geprägte Einstellung hat sich vielfältig bewährt, und es scheint, daß sie bei dieser Gruppe wenig selbstsicherer, unselbständig gehaltener Frauen, denen niemand viel zugetraut hatte und die sich selbst nicht viel zutrauten, gerade eine Weiche stellen konnte, über die ihre schlummernde Tüchtigkeit sich endlich Bahn brechen konnte.

Wir müssen nochmals anfügen, daß wir auch hier die Verbesserungen der Intelligenztest-Werte nicht im Sinne einer echten Intelligenzsteigerung interpretieren wollen (vgl. Kap. 9), aber ein Hinweis auf bemerkenswerte verborgene Leistungsreserven bei jenen Unterschichtkindern — und ihren Müttern — sollte dennoch erlaubt sein. Es muß auch angemerkt werden, daß eine dauerhafte Verbesserung der intellektuellen Leistungsfähigkeit hier noch nicht erwartet werden kann: Solcherart Erreichtes zu stabilisieren, wird eine spätere Aufgabe sein. Es wurde hier auch leider nur ein kleiner Bereich intellektueller Leistungsfähigkeit getestet — der SON prüft nur nichtsprachliche Intelligenz. Es ist unwahrscheinlich, daß auch die sprachliche Intelligenz bei diesen Übungen ebenso stark gestiegen ist. Hier bleiben noch viele offene Fragen[1].

---

[1] Wir hatten diese Arbeit im Rahmen eines umfassenderen Forschungsprogrammes durchführen wollen. Da aber keine Institution bereit war, „nur Diplom-Arbeiten" zu finanzieren, mußten weitere Untersuchungen unterbleiben.

11

Praktische Hinweise für Aufmerksamkeits-Trainings mit Kindern: Regeln und Übungsmaterial

In den vorhergehenden Kapiteln wurde gezeigt, auf welch verschiedene Weise man solchen Kindern helfen kann, die beim Lernen und Problemlösen überstürzt, „impulsiv" vorgehen. Es wurden Trainingsverfahren vorgestellt, mit denen man diese impulsiven Kinder zu einem bedächtigen, reflexiven Vorgehen und zu größerer Sorgfalt beim Herangehen an Aufgaben erziehen kann.

Weitere Trainings im deutschsprachigen Raum, die auf verschiedenen theoretischen Hintergründen aufbauen, werden berichtet von POPPELREUTER (1933), LORF (1966), NICKEL (1968a, 1969a, b), ISSING & ULLRICH (1969), BINAS (1973), KLAUER (1974), DÜKER (1975). Sehr gute weitere Methoden werden in englischer Sprache berichtet (ZAPOROSHETS 1965, EGELAND & WOZNIAK 1975).

Wir haben diese Methoden auch für solche Kinder empfohlen, die nicht impulsiv sind, aber auch Probleme mit dem exakten Arbeiten haben. Ein Sorgfaltstraining benötigen viele Schüler, die aus den verschiedensten Gründen nicht ihr Leistungsoptimum erreichen. Wegen der ermutigenden Grundbedingungen der Trainingssituationen werden auch motivationale Veränderungen bei den Schülern bewirkt, so daß eine Verminderung von Schulangst und eine Stärkung des Selbstbewußtseins resultieren können, beides u. a. Voraussetzungen für zielorientiertes Arbeiten.

Unsere Besprechung der erfolgreichsten Trainingsmethoden und ihrer Lernprinzipien wird dem Leser die Auswahl des Lernmaterials und die Formulierung der Arbeitsanweisungen erleichtern. Wir geben an, wie ein erfolgreiches Training aufgebaut sein kann, nach welchen Kriterien man Trainingsmaterial aussuchen kann und welche Arten von Arbeitsanweisungen hilfreich sind. Wir verzichten auf schematische Rezepte und geben stattdessen die Begründungen für unsere Empfehlungen, so daß der Erzieher seine Methoden immer an den Prinzipien überprüfen kann. Der Leser soll angeregt werden, mit Hilfe der Hinweise Programme aufzubauen, die seinen Möglichkeiten und Vorlieben entsprechen.

Als Ziel aller Trainings haben wir formuliert, daß jedes Kind nach einem Training selbst entscheiden kann, auf welche Weise und wie lange es sich mit einer Aufgabe beschäftigen muß, um eine gute Lösung zu erzielen.

Die erprobten Programme gelten mit einer kleinen Einschränkung. Es wurde mit ihnen zwar nachgewiesen, daß Reflexivität trainierbar ist, aber es gibt bisher kaum Untersuchungen, aus denen etwas über die Langzeit-

wirkung von Aufmerksamkeitstrainings hervorgeht. Eine *Langzeitwirkung* über mindestens drei Monate beim Training mit der HOSSBACH-Methode kann als sicher angenommen werden (vgl. NICKEL 1969b). Nun wird keiner erwarten, daß ein kurzfristiges Training ein für allemal Konzentrationsprobleme lösen kann, so wie auch eine kurzzeitige gute Ernährung nicht späteren Mangelerscheinungen vorbeugen kann. Ein rechtzeitiger Beginn mit dem Training, evt. im Vorschulalter, wiederholte Trainings, Stabilisierung des Erreichten sind notwendig – und Situationen, in denen nicht psychischer Druck und Angst ein konfuses Reagieren veranlassen müssen. Man sollte auch nicht zu schnell Erfolge erwarten – eine wichtige Einstellung, wenn man Erfolge dauerhaft machen will.
Letztlich sollten sich natürlich spezielle Übungen von selbst überflüssig machen – wenn etwa das Individuum weitgehend zur ausreichenden Selbstkontrolle und Selbststeuerung auch auf diesem Gebiet fähig geworden ist: Hier reichen allgemeine Ziele der Erziehung der Persönlichkeit in unseren abgegrenzten Leistungsbereich hinein, die wir unerörtert lassen mußten. Einige Überlegungen dazu folgen in Kapitel 12.

11.1. Grundregeln für Aufmerksamkeitstrainings

Einige Grundbedingungen, die bei allen Trainings beachtet werden sollten, damit nicht ein unerfreulicher Drill bei den Übungen herauskommt, werden im folgenden abgehandelt. Sie werden als eine Sammlung von Faustregeln dargestellt.
1. Es wurde immer wieder erwähnt, daß Geduld, Freundlichkeit und eine entspannte Atmosphäre beim Training notwendig sind. Es wird also eine freundlich-ermutigende, evt. spielerische Atmosphäre geschaffen, in der sorgfältig auf die kindlichen Gefühle geachtet wird. Besonders ist auf die Gefahr der Entstehung von Ängstlichkeit und Leistungsdruck zu achten. Training mit impulsiven Kindern darf diesen auch nicht ihre sonstige Spontaneität und Lebhaftigkeit nehmen. Es wäre verhängnisvoll, wenn Kinder durch ein Training lediglich eingeschüchtert oder gehemmt würden. Dann wäre das Aufmerksamkeitstraining falsch angewendet. Falls schon Schulangst besteht, muß man vielleicht mit Spielmaterial zu üben anfangen, bei dem das Kind gar nicht merkt, daß es übt, und kann erst später schulbezogenes Material einbeziehen. Für die angstbesetzten Schulaufgaben kann man vielleicht die Situation dadurch entspannen, daß man eine Zeitbegrenzung für die Schularbeiten ansetzt: (z. B. „jetzt nur erst mal drei Sätze abschreiben, und dann ist eine Pause . . ."); dann fällt es

einem Kind oft schon viel leichter, überhaupt heranzugehen, weil ein Ende abzusehen und eine Belohnung in Sicht ist.

2. Es sollten viele kurze Trainings von 10–15 Minuten angesetzt werden, die auf einen längeren Zeitraum von mehreren Wochen verteilt werden. Kurze Übungszeiten sind wichtig, damit die Aufmerksamkeit nicht nachläßt und Ablenkung und Ermüdung nicht zu groß werden. Es reicht, wenn man jeden zweiten oder dritten Tag – nicht zu spät am Tage – ein besonderes Aufmerksamkeitstraining ansetzt. Eine Verteilung auf mindestens acht Wochen ist für ein Training vorzusehen. Das mehrwöchige Training sollte in Abständen öfter wiederholt werden. Aufgabenarten aus früheren Übungen bringen Erfolgserlebnisse.

3. Man wird darauf achten, daß innere und äußere Ablenkungen vermieden werden. So sollten Kinder nur freiwillig zu den Übungen kommen, einfach weil die Übungen Spaß machen. Es ist für einen ruhigen Raum ohne viel Ablenkendes zu sorgen. Auch ablenkende Motive sollten nicht im Kind wirksam sein, z. B. Hunger, Trennungsangst, Furcht vor dem Trainer, Frustration wegen eines unterbrochenen Spiels u. ä. Dazu gehört, daß der Trainer sich für die Zeit der Übungen ganz dem Kind widmet und sich für die Zeit des Trainings keinen Nebentätigkeiten zuwendet. Alles wird auf eine ruhige Atmosphäre abgestellt, damit aufmerksames Spielen oder Arbeiten nicht erschwert wird. Dazu gehört auch, daß das Kind in seinen Tätigkeiten nicht unterbrochen wird – es soll ja gerade lernen, einmal länger an einer Sache zu bleiben, und es soll ja auch Fehler selber entdecken und neue Wege zur Lösung ausfindig machen.

4. Es werden zuerst leichte und mäßig schwere Übungsaufgaben eingeführt und erst später dann zunehmend schwierigere Aufgaben. Das Kind soll die Gelegenheit zu Erfolgserlebnissen haben – dazu dürfen die Aufgaben auch nicht zu leicht sein, da sie sonst keine Erfolgsfreude auslösen. Wenn sich das Kind ein wenig anstrengen mußte, ist sein Erfolg umso wertvoller und wird es zum Weitermachen anregen. Erst wenn die leichteren Aufgaben bewältigt werden können, geht man zu etwas anspruchsvolleren über, damit Neugier und Spannung erhalten bleiben. Man kann auch einführen, daß das Kind sich selbst Aufgaben verschiedener Schwierigkeitsstufen wählen kann, falls sich solche bei einer Aufgabenart aufzeigen lassen. Eine Steigerung der Leistungsmotivation ist durch die Anstrengungs- und die Erfolgserlebnisse zu erwarten.

5. Es muß den Kindern etwas daran liegen, die Lösung der Aufgaben zu finden. Das erreicht man, wenn das Ergebnis für das Kind sinnvoll oder irgendwie sonst attraktiv ist, auch durch Witz, durch Erfolgserlebnisse, durch Lob, durch Belohnung, durch Wetteifer, durch Wetten, falls nicht die Aufgabe in sich selbst belohnend ist (zu den Aufgabenarten s. u.).

6. Will man impulsive Kinder dazu bringen, etwas länger nachzudenken, verlange man anfangs nur wenige Sekunden des Wartens, bevor sie antworten dürfen. Impulsive Kinder können eine längere Wartezeit nicht angemessen nutzen und würden sich nur langweilen; sie würden anfangen herumzugucken und zu spielen. Gibt man den Kindern dagegen attraktive Aufgaben, die auch so leicht sind, daß sie keine zu lange Überlegungszeit verlangen, so vermittelt man ihnen Erfolgserlebnisse und kann schließlich auch die Aufgabenschwierigkeit und die Wartezeiten steigern, weil die Leistungsunlust inzwischen verflogen ist und Wartezeiten besser ertragen und genutzt werden können. Für die Wartezeit führt man z. B. ein Signal ein. („Du darfst jetzt nicht eher antworten, als bis dies Signal hier verschwindet. Du darfst aber noch länger warten, bevor du antwortest.")
7. Man gibt den Kindern Hinweise, wie sie die Wartezeiten sinnvoll ausfüllen können, z. B. „Du kannst in der Zeit alles ganz genau ansehen, von oben links nach rechts und dann unten der Reihe nach". Hier hat auch das Einüben des inneren Sprechens mit dem Kind seinen Platz, also das Benennen der Tätigkeiten und die Selbstbekräftigung. Bei geeigneten Aufgaben sollte unbedingt auch das gleichzeitige Zeigen mit dem Finger verwendet werden, besonders wenn man mit jüngeren Kindern übt. Zeigen, Schauen und Sagen müssen gleichzeitig ablaufen (also z. B. beim Zählen mit den Fingern: Zahl „1" aussprechen, Finger 1 ausstrecken und angukken, Zahl „2" aussprechen, Finger 2 ausstrecken und angucken usw.). Formelhafte Stereotypien sollten vermieden werden, wo es sich um die sprachliche Begleitung von Handlungsabläufen handelt. Das begleitende innere Sprechen macht der Lehrer vor. Die Kinder sprechen auf die gleiche Weise zu sich selbst, nachdem der Lehrer sie vorher instruiert hat; sie sprechen zuerst laut, dann leise flüsternd, dann ohne die Lippen zu bewegen. In die Selbstgespräche werden auch die Reaktionen auf Fehler mit eingebaut, und auch Verbesserungen und Erfolge werden erwähnt (vgl. Kapitel 8).
8. Fehler sollte das Kind selbst durch allgemein gehaltene Hilfestellungen des Trainers finden und verbessern können (z. B. „Sieh dir das hier oben nochmal genau an, stimmt das wohl ganz genau?" — oder: „Ich sehe hier oben noch eine Stelle, das ist noch etwas anders als auf der Vorlage." — oder: „Einen Fehler hast du noch übersehen, den findest du sicher auch noch ganz alleine."). Wichtig ist, daß den Kindern nicht einfach die Lösung vorgesagt wird. Sie sollen lernen selbst zu kontrollieren, ob alles richtig ist. Wenn sie das tun, ist das wichtiger, als daß am Ende wirklich kein einziger Fehler mehr in einer Arbeit ist.
9. Es sollte nur mit Lob oder Ermutigung und nicht mit Tadel oder Ungeduld auf die Handlungen des Kindes reagiert werden. Erfolge werden benannt, und der Stolz des Kindes wird bekräftigt. So kann man z. B.

ein Erfolgstagebuch oder eine Erfolgstafel anlegen. Als Beispiel für eine Erfolgs-Bekräftigung: „Ja, du hast gesehen, daß es hier oben links anders aussieht. Schön gemacht!" Freundlich bestätigt werden müssen auch schwache Annäherungen des Kindes an sein Ziel: „Ja, du hast dir jetzt viel mehr Mühe gegeben. So wirst du es nächstesmal bestimmt schaffen." – oder: „Diesen Teil der Aufgabe hast du sehr gut geschafft. Du hast sie fast ganz alleine geschafft." – „Nur bei diesem einen Zwischenergebnis hat es noch gehapert; fast war es ganz richtig." So kann man auch noch für eine schwache Leistung eine positive Rückmeldung geben und das Kind ermutigen.

10. Fast alle Trainings, auf denen unsere Erfahrungen beruhen, wurden in Sitzungen mit nur einem Kind durchgeführt. Wahrscheinlich können diese Übungen die Konzentration am besten fördern, weil weniger ablenkende Motive ins Spiel kommen. Aber wir empfehlen doch ausdrücklich das Üben auch in Gruppen, weil auch in Schulklassen keine ablenkungsfreie Situation geschaffen werden kann und Kinder lernen müssen, sich letztlich auch in der Klasse zu konzentrieren. Ein Training ist schon aus ökonomischen Gründen in der Schule nur in Gruppen durchführbar. Ein von den Kindern selbst kontrolliertes Training wäre mit angemessenem Material gut denkbar, z. B. mit Such-, Lege- und Fragespielen, bei denen man sich gegenseitig helfen kann oder wo man einem anderen etwas erklären kann. Kinder können da die wichtigen Dinge oft viel besser herausfinden als ein Erwachsener, dem manches schon viel zu selbstverständlich ist, was Kindern erst noch erklärt werden muß.

Es ist noch nicht überprüft worden, wie am besten mit Gruppen geübt werden kann. Wir haben vorgeschlagen, Filme mit Vorbildverhalten vorzuführen (WAGNER 1974c); ein Lehrer oder Trainer wird aber fast immer zusätzlich erforderlich sein, wenn eine Gruppe von Kindern zu üben beginnt. (Ein programmiertes Selbstinstruktions-Training für Legastheniker wird allerdings z. Zt. am Psychologischen Institut in Bochum durch Gerheid SCHEERER-NEUMANN entwickelt; pers. Mitt. 1975.) Beim Üben in Gruppen dürfte es auch am besten sein, wenn nicht alle Kinder gleichzeitig an Aufgaben arbeiten, da sie sich durch ihr Sprechen gegenseitig stören dürften. Man muß ja im Einzelfall auch kontrollieren können, ob sich die Kinder richtig instruieren. Daher ist es vorzuziehen, z. B. für 4–5 Kinder das Übungsmaterial nur in einem Exemplar auf den Tisch zu bringen und die Kinder der Reihe nach üben zu lassen: bei Aufgabe 1 (z. B. Muster nachlegen) zeigt z. B. das Vorbild, wie es sich selbst instruiert, bei Aufgabe 2 (ein anderes Muster nachlegen) begleitet das Vorbild mit seiner Instruktion das Kind A, bei Aufgabe 3 instruiert sich Kind A (oder Kind B) laut selbst, und ein anderes Kind (C), das vorher ausgewählt werden durfte, ergänzt evt., was das Kind noch vergißt; bei Aufgabe 4 spricht Kind B (oder C) leise mit sich selbst, und bei Aufgabe 5 denken alle Kinder an das, was sich Kind C (oder D) gerade denken wird. Jedes Kind kommt mehrfach als erstes, zweites usw. dran.

11. Es ist wichtig, daß Kinder die gelernten Fertigkeiten später auf andere Situationen übertragen lernen, in denen sie ähnliche Konzentrationsprobleme haben. Es sollte alsbald auch gelernt werden, wo *schnelle* Entscheidungen getroffen werden können oder müssen und wo eine Verzögerung sinnvoll ist, damit man zu einer richtigen Lösung kommen kann. Impulsive Kinder hatten ja gerade Schwierigkeiten dabei, solche Situationen zu erkennen, in denen eine Verzögerung der Reaktion eine bessere Lösung ermöglicht. Sie sollen aber nun nicht etwa lernen, immer verzögert zu reagieren. Daher kann es auch sinnvoll sein, Übungen zur Fixigkeit in eine Übungsfolge einzubauen – dann aber immer solche, die wirklich ein sofortiges Antworten erlauben, die also sehr einfach oder schon geübt sind (z. B. wenn ein Kind wirklich gut rechnen kann, können es Einmaleins-Aufgaben sein; das Kind kann sich aber auch schnell etwas ausdenken, was dann der Trainer raten muß, oder man kann sich in Gruppen Wörter mit bestimmten Anfangsbuchstaben ausdenken usw.).

11.2. Spiele und Aufgaben für das Aufmerksamkeitstraining

Erinnern wir uns, daß wir das genaue Hinschauen, das Vergleichen, die Verfeinerung des Wahrnehmens, das Verzögern vorschneller Reaktionen, die Selbststeuerung oder Selbstkontrolle unter anderem durch inneres Sprechen üben wollten.

Geeignet für Aufmerksamkeitstrainings ist jedes Material, das eine differenzierte Untergliederung aufweist und vielfältige Beschäftigungsmöglichkeiten bietet. Wichtiger als das Material selbst ist, daß man es im Sinne der erörterten wirksamsten Trainingsmethoden verwendet. (Der einfache Umgang mit Übungsmaterial unterstützt den Lernprozeß, er kann aber durch bestimmte Instruktionen wirksamer gemacht werden.)

Wir glauben, daß genügend Arbeitsmaterialien für Trainings auf dem Markt sind, daß aber eben zur Anwendung oft nicht hinreichend angeleitet wird und eine theoretische Begründung für ihre Anwendung auch oft fehlt. Eine irgendwie positive Wirksamkeit des Materials wird meist angenommen, aber sie wird nicht nachgewiesen, und unseres Erachtens wird wegen fehlender Durchführungsanweisungen oft in der Praxis auch nicht alles ausgeschöpft, was in dem Material-Angebot steckt. Wir haben im Anhang eine Liste mit Materialien und Spielen zusammengestellt, die Brauchbares für Übungen enthalten; wir pflegen solche Mappen als „Steinbrüche" zu benutzen, um uns das herauszusuchen, was wir für eine Übungsgruppe gerade gebrauchen können.

Für unsere Übungen ist sehr verschiedenes Material geeignet. Es soll kein bestimmtes käufliches Material direkt empfohlen werden, denn es mag sein, daß kein Geld für die Anschaffung vorhanden ist, oder man mag sich wünschen, die Aktivität der Kinder schon bei der Materialbeschaffung mit anzuregen – z. B. durch Ausschneiden aus Zeitschriften und Katalogen. Man soll sich überhaupt nicht eingeengt fühlen.

Wir gehen hier also mehr auf die *Art* des Materials ein als auf das Material selbst. Es kommt sowieso viel mehr darauf an, was man damit macht, als darauf, wie kunstvoll oder gar wie teuer das Material ist. Für verschiedene Altersgruppen wird sich die Auswahl auch unterscheiden müssen; man kann sich hier auch nach den Interessen der Kinder richten. Man kann ihre Phantasie damit beflügeln, sich selbst aus einfachen Dingen Spiele zu basteln (z. B. aus bedrucktem Schmuckpapier Lotto-Spiele).

Nun einiges zu der Art des Übungsmaterials: Auch noch für Schulkinder wird man auf jeden Fall zuerst bunte Bilder zum Angucken brauchen, die viele Einzelheiten enthalten, Bilder, in denen man „spazierengehen" kann: Versteckbilder, Vexierbilder, Bilder mit vielen Ähnlichkeiten und Unterschieden zum Herausfinden, Bilder zum Ausmalen oder zum Verbinden von Punkten, die zusammen erst ein Bild entstehen lassen usw. Man bekommt viele Übungs- und Spielmappen im Handel, z. T. unter dem Etikett von Intelligenz- und Sprachtrainingsmappen, dann einige Spiele wie etwa „Sehen und Ergänzen", „Differix", „Schau genau" usw., die solche Bedingungen erfüllen. Das Material soll möglichst so beschaffen sein, daß es schon von selbst Aufmerksamkeit auf sich zieht: eben bunt, lustig, witzig, mit vielen Einzelheiten, den Interessen von Kindern angemessen. Für besonders junge Kinder – im Kindergarten, aber auch im jüngeren Schulalter – kann noch dreidimensionales Material angemessen sein: MONTESSORI-Material oder Bauklötze zum Zusammensuchen und zum einfachen Bauen und Nachbauen.

Es macht nichts, daß diese Spiele meist für jüngere Kinder angeboten werden. Wichtig ist daran nur, daß diese Art von Material vielfältig verwendbar ist und viele Spiele damit möglich sind, z. B. Lotto-, Rate- und Gedächtnisspiele. Das Erfinden interessanter, neuer und anregender Einbettungszusammenhänge und Erlebnisse mit solchen Spielen wird besonders auch für solche Kinder hilfreich sein, die leistungsunlustig sind. Hier kann man sich z. B. auch Geschichten zu Suchbildern ausdenken, etwa Detektiv-Geschichten.

Auch Brett- und Würfelspiele können planendes Vorgehen fördern; sie verlangen einen Überblick über Vorgänge an verschiedenen Stellen des Spielfeldes und fördern die Einfühlung in bevorstehende Verhaltensweisen der Partner; nebenbei gestatten sie auf akzeptable Weise eine Abfuhr auch negativer Gefühle (z. B. „Mensch ärgere dich nicht!").

Für einen späteren Zeitpunkt des Trainings sind Buchstaben- und Zahlen-Suchaufgaben sehr brauchbar. Systematisches Vergleichen übt man beim Abschreiben und Abmalen, vorbereitet durch Spiele mit einem Drucker-Kasten oder einem Buchstaben-Kasten. Manche Kinder gewinnen erneut Interesse an Buchstaben, wenn sie an eine Schreibmaschine heran dürfen. Attraktive Bücher mit Bildern und wenig Text sollten als Angebot immer da sein, wenn das Lesen ein Problem ist[1].

Es werden weitere Spiele sehr nützlich sein, zu denen man überhaupt kein Material benötigt, nämlich solche Spiele, bei denen die Kinder angeregt werden, Vermutungen anzustellen und zu prüfen, ob sie zutreffen, z. B. „Ich sehe was, was du nicht siehst, und das ist ...". Durch das Anstellen von Vermutungen wird eine Vielfalt von Vorstellungen angeregt, es werden verschiedene Dinge gegeneinander abgewogen — nicht viel anders, als wenn man Aufgaben löst, indem man verschiedene Hypothesen bildet, sie gegeneinander abwägt und beurteilt. Es handelt sich bei solchen Tätigkeiten also durchaus und am ehesten auch um ein Denktraining.

In kleineren Gruppen lassen sich viele Übungen sicherlich spielerisch durchführen, mit entsprechenden Regeln für die Kinder (z. B. spannende Spiele mit auferlegten Schweigezeiten usw.). In Gruppen kann man auch solche Spiele machen, bei denen zu Geschichtenanfängen verschiedene Enden ausgedacht werden müssen. Dabei kann man die einzelnen Kinder unterschiedlich beteiligen, etwa so, daß jedes Kind sich selbst eine Geschichte ausdenkt, über die es hinterher befragt wird; oder so, daß alle nacheinander einen Satz anfügen oder daß zwei Gruppen unabhängig eine Geschichte zu dem vorgegebenen Anfang erfinden und sie dann vergleichen, oder daß die eine Gruppe Vermutungen darüber anstellt, was die andere Gruppe sich wohl ausgedacht haben könnte, und daß die Gruppen sich gegenseitig Fragen stellen.

---

[1] Das programmierte „Konzentrations-Trainingsprogramm" von Binas (1973) erfordert umständliche Vorbereitungen und aufwendiges Arrangement (Tonband), und es ist für Kinder leider wenig attraktiv (Büttner 1975, pers. Mitt.). Es beruht auf einer Auffassung von Konzentration, die eher die Ausdauer bei langweiliger Tätigkeit in den Mittelpunkt des Trainings rückt (vgl. auch Düker 1975, der in ähnlichem Zusammenhang von der „Ausbildung des Wollens" spricht; unser Konzept von der „Ausbildung der Selbstkontrolle" scheint uns umfassender — vgl. auch die Erörterungen zum Begriff der Konzentration Kap. 3, ferner Kap. 5).

Auch genaues Hinhören kann ein Teil unseres Aufmerksamkeitstrainings sein: Man kann es auch durch Ratespiele lernen, durch Erkennen und Benennen von feinen Unterschieden in Klängen und Tonquellen – etwa wenn man vergleicht, wie die eine und die andere Uhr tickt, wie das Klingeln von Weckern sich unterscheidet und wie Musikinstrumente sich unterscheiden. Auch das Zuordnen von Tönen und Gestalten gehört hierher – man denke an „Peter und der Wolf"; hier kann man bis zum Vergleich verschiedener Interpretationen bei beliebten Schallplatten fortschreiten.
Eine Möglichkeit für impulsive Kinder, zu einer allgemein verbesserten Selbstkontrolle zu finden, bietet sich auch in sportlichen Übungen, besonders in der Beherrschung fein abgestufter Bewegungsverläufe. Aber auch gerade Bewegungsspiele sind nützlich, bei denen dann Übungen zu einer kurzfristigen Bewegungshemmung mit eingebaut sein müßten; auch die Fähigkeit, seine Körperbewegungen zu kontrollieren, hängt mit der allgemeinen Fähigkeit zusammen, sich selbst zu steuern.

11.3. Prinzipien für das Aufmerksamkeitstraining

Wir wiederholen noch einmal in anderen Worten einige wichtige Punkte der vorhergegangenen Erörterung:
Die *Genauigkeit des Arbeitens* als Ausdruck verbesserter *Selbstkontrolle* kann gefördert werden, wenn Kinder mit vielfältig gegliederten Gegenständen oder Bildern üben und dabei konstruieren und manipulieren können, wenn man ihnen dabei Begriffe vermittelt, wenn man eine gefühlsmäßige Beteiligung an ihrem Tun hervorrufen kann und wenn man sich regelmäßig und ermutigend mit ihnen beschäftigt. Alle diese Bedingungen verbessern die Genauigkeit der Auffassung, das Suchen und Finden und das Beachten von *feinen Unterschieden,* die ja auch für das Lesen und Schreiben besonders wichtig sind.

Anweisungen für die Kinder sollten sich beziehen auf *Denkpausen,* für die wieder *begleitendes Sprechen* eingeübt wird. Das *zunehmend verinnerlichte* Sprechen zu sich selbst soll sich beziehen auf

– das günstigste Vorgehen bei allen Einzelheiten der Aufgabe,
– die Planung des jeweils nächsten Schrittes,
– die Feststellung und Verbesserung von Fehlern,
– die Selbstbestätigung bei Erfolgen und Fortschritten,
– die Einplanung von etwaigen Pausen beim Lernen,
– das Bemerken und die Bewältigung von Tendenzen zur Ablenkung.

Zu den *Anweisungen durch Worte* sollten Gesten hinzugenommen werden, wo das sinnvoll ist, etwa beim Vergleichen das Zeigen mit dem Finger. Wichtig ist der *Einbau von Denkpausen.* Zur Einübung der *Selbstgespräche* führt man am besten den Kindern Vorbilder vor und fordert die Kinder auf, diese genau zu beobachten, während sie eine Aufgabe durchführen. Das Vorbild kann der Erwachsene sein, es kann aber auch ein Kind diese Rolle übernehmen, und man kann mit gefilmten Vorbildern arbeiten, die das gewünschte Verhalten zeigen.

Zusammenfassend kann man sagen: am wirksamsten zur Übung sind *eigenes Tun* des Kindes und *gleichzeitiges inneres Sprechen* des Kindes in dem beschriebenen Sinne.

11.4. Wo anfangen?

Versuchen wir die Probleme wieder zu vereinfachen. Wir haben eine Fülle verschiedener Trainingsansätze Revue passieren lassen. Jeder einzelne Erzieher wird unterschiedliche Punkte finden können, wo er am ehesten fördernd einsetzen kann, Punkte, die ihn betroffen gemacht haben, die sein Nachdenken anregen. Auf welche Weise geht er selbst an Problemlösungen heran? Welchen Problemlösungsstil belohnt er? Fixes Antworten? Bedächtigkeit? Wie belohnt er? Entmutigt er Kinder? Wieviele Alternativen läßt er den Kindern, wenn er mit ihnen umgeht? Wieviele Möglichkeiten zu eigenen Entscheidungen, zu eigener Verantwortung? Man kann sich über seine Auswirkungen sehr täuschen – man versuche sich Rückmeldung zu verschaffen. Vielleicht muß manche liebgewordene Routine über Bord geworfen werden, manche bewußte Anstrengung versucht werden. Manche Routine mag aber auch bestätigt worden sein, und Begründungen für erfahrungsgemäß wirksame Eingriffe mögen geliefert worden sein. So wird der Lehrer vieles wiedergefunden haben, was er schon zu tun pflegte. (So etwa, wenn er Kinder ermutigte, sich ruhig Zeit zu lassen; wenn er unruhiges Drängen auf flottes Arbeiten vermieden hat). Das Bewußtmachen eigener impulsiver Tendenzen, eigener Ungeduld kann schon der erste Schritt zur Geduld sein. Von einer Betonung bloßer Schnelligkeit („Na, wie lange sollen wir noch auf dich warten?" – „Sei nicht so langweilig!") kann eine Verbesserung des Arbeitsstils von Kindern nicht erwartet werden. Zeigt dagegen der Lehrer Gelassenheit und gibt er dem Kind Zeit, so wird es schließlich auch wieder zu „fixem" Reagieren frei genug sein.

12

Hinweise für allgemein günstiges Erzieher-Verhalten zur Entwicklung der kindlichen Selbststeuerung und Selbstverantwortlichkeit

12.1. Was bewirkt den Erfolg in Trainings?

Blicken wir noch einmal zurück auf die Trainings mit impulsiven Kindern, so sehen wir, daß sehr verschiedene Methoden mit Erfolg angewandt worden sind. Wir haben es also mit einer spezifischen Problematik zu tun, die auf unterschiedliche Behandlungsmethoden anspricht. Das erleichtert es möglichen Trainern, sich ihre bevorzugte Methode zu suchen, und es ermöglicht verschiedenes Vorgehen in wiederholten Trainingsserien, die immer nötig sein werden. In einigen Untersuchungen konnten bestimmte individuelle Voraussetzungen wie Alter und geistiger Entwicklungsstand identifiziert werden, bei denen eine ganz bestimmte Art der Unterrichtung angezeigt ist:
So haben wir am Beispiel des Imitationslernens (Kap. 8, Wagner 1975c) gezeigt, daß den jüngsten und den schwächerbegabten Kindern die eindringlichsten und spezifischsten Lern-Hinweise gegeben werden müssen. Die ältesten (10jährigen) und die begabtesten so trainierten Kinder lernten die bessere Selbststeuerung schon durch einfaches Beobachten einer still arbeitenden Vorbildperson; sie lernten noch besser von einer Vorbildperson, die sich selbst laut instruierte, oder von einer Vorbildperson, die deutliches „Abtasten" vormachte. Bei durchschnittlich begabten älteren Kindern (8 bis 10 J.) müssen Strategie-Formulierung und Abtast-Demonstration durch die Vorbildperson zusammenkommen, damit ihre Reaktionszeiten steigen und ihre Fehlerzahl sinkt. Schließlich müssen die jüngsten (5jährigen) und die schwächer begabten Kinder neben dem Beobachten des Vorbilds noch direkt zur Übernahme der Instruktion in die eigene Regie angeleitet werden, um zu lernen, sich selbst besser zu steuern; sie müssen erst lernen, die Instruktion vom Vorbild zu übernehmen und sie allmählich zu verinnerlichen, so daß sie sich später selbst die richtigen Anweisungen geben können. Dazu scheint ein aktivierendes dynamisches oder „enthusiastisches" Verhalten der Modellperson hilfreich zu sein – mit ausdrucksvoller Gestik, Mimik und Sprechweise. Erst dann scheint von diesen Kindern die Botschaft der Modellperson wirklich aufgenommen zu werden und ihre Handlungsbereitschaften zu beeinflussen. Offenbar brauchen die jüngeren Kinder eine besonders intensive Zuwendung von seiten des Erwachsenen, wenn man ihre Aufmerksamkeit beim Üben aufrechterhalten will.

Die hier erörterte persönliche Beziehung zwischen der Vorbildperson bzw. dem Erzieher und dem Kind wurde von uns bisher immer nur nebenbei erwähnt (z. B. in Kap. 8 und 11). Hier soll sie einmal in den Mittelpunkt gerückt werden. Die tragende persönliche Beziehung zu den Kindern erst bewirkt es, daß aus den Übungen nicht ein bloßer Drill wird. Wir müssen uns, so unbequem die Einsicht sein mag, nämlich darauf einstellen, daß die persönliche Beziehung zwischen Erzieher und Kind den entscheidenden einbettenden Einfluß auch auf die intellektuelle Entwicklung des Kindes hat. Allerdings wollen wir jetzt nicht in die weit verbreitete Praxis verfallen, Eltern und Erziehern nur noch weitere Schuldgefühle einzupflanzen, sondern stattdessen an ihre vielfältigen Erfahrungen anknüpfen.

Dazu soll einmal an allgemeinere Vorstellungen von Erziehung erinnert werden. In welche übergeordneten *Erziehungsziele und -methoden* soll das beschriebene Training eingeordnet werden? Wir haben z. B. schon immer von „Selbstkontrolle" und „Selbststeuerung" als Erziehungszielen gesprochen. Es kann hier nicht unsere Aufgabe sein, die umfangreiche Erziehungsziel-Diskussion der Pädagogik oder der Pädagogischen Psychologie zu wiederholen. Wir wollen nur aufzeigen, auf welche Weise einige wenige ganz bestimmte Erziehungsziele erreicht werden können, zu denen Forschungsergebnisse vorliegen – wenn man denn diese Ziele als erstrebenswert ansehen möchte.

Überraschend bringen Studenten auch gegen die Entwicklung der Selbstkontrolle, sogar am Beispiel der Verbesserung der Aufmerksamkeit, noch immer den Einwand, hier würde „Anpassung" betrieben. M. E. haben wir aber kein Recht, jemandem eine Verbesserung seiner Handlungsfähigkeit vorzuenthalten (die er in jedem Fall höchst dringend braucht), wenn wir wissen, wie wir sie verbessern könnten. In welchem politischen System auch immer – es müssen stets Leistungen von einem Individuum verlangt werden, das seinen Platz in der Gesellschaft zu behaupten gedenkt. Die Entwicklung der „Selbstkontrolle" im Sinne der Aufmerksamkeits-Steuerung haben wir vorn ausführlich dargestellt. Wir wollen hier weiter auf einige Bedingungen für eine allgemeinere emotionale Selbstkontrolle eingehen und im Zusammenhang damit auf Bedingungen der Entwicklung des Ichs und des Selbstwertgefühls sowie der Tüchtigkeits- oder Leistungsmotivation. Wir werden dabei wieder zahlreiche Beispiele für Erzieherverhalten geben, um an Vorbildern zu zeigen, was auf welche Weise geübt werden kann. Es kommt eben auch sehr darauf an zu wissen, was man tun kann, um seine Ziele zu erreichen – nicht nur darauf, daß man ein Ziel hat.

Als Beispiel: Die Diskussion eines Lehrerkollegiums gipfelte kürzlich in

der Frage: „Wir sind uns jetzt theoretisch so verdächtig einig über die Ziele der Solidarität und der Autonomie, die unsere Schüler lernen sollen – aber warum haben wir dann selber kürzlich diese Wandzeitung unserer Schüler einfach sofort abgerissen?" – WEINERT beschreibt das Dilemma von Erziehern so: Es „zeigt sich bei Lehrern der verschiedensten Schulgattungen nicht nur ein deutliches Übergewicht autoritär-dominativer Verhaltensweisen, sondern auch eine beachtliche Diskrepanz zwischen dem aktuellen Verhalten der Pädagogen und dem, was sie selbst vom erzieherischen Standpunkt aus für wünschenswert und effektiv halten" (in GAGE 1973, S. 136).
Ein Konzept, das u. E. helfen kann, die Kluft zwischen erwünschtem und tatsächlichem Verhalten zu verringern, ist die „emotionale Zuwendung". Wir bleiben allerdings hier im bescheidenen Rahmen einfacherer erzieherischer Vorgänge, z. B. Übungen, wie sie oben berichtet wurden.

12.2. Was bedeutet Zuwendung? Kann man Zuwendung lernen?

Wir haben von der Beteiligung des Enthusiasmus bei der Erreichung einfacher Erziehungsziele gesprochen (Kap. 8). Enthusiasmus ist offensichtlich ein Aspekt der Unterrichtung, der Aufmerksamkeit und Lernen fördern kann. – Von manchen Erwachsenen lernen Kinder sichtlich mehr und lieber als von anderen. Jeder kennt Leute, von denen Kinder magisch angezogen werden. Warum bekommen diese so guten Kontakt zu Kindern? Daß es „geborene Erzieher" seien, brauchen wir heute nicht mehr zu vermuten. Kann es sein, daß die Enthusiasmus-Dimension beteiligt ist? Sie scheint uns viele Zusammenhänge interpretierbar zu machen. Aufgrund von Therapeutentrainings können wir nämlich voraussetzen, daß wir zwischenmenschlich wirksame Verhaltensweisen ausmachen können, die bis zu einem gewissen Grade lernbar und lehrbar sind – den guten Willen zu einer echten Beziehung zu Kindern sowieso vorausgesetzt. Es scheint auch auszureichen, von Zuwendung zu sprechen – von aktiver Zuwendung positiver Gefühle. In der sog. Gesprächs-Psychotherapie spielen ja Dimensionen wie Wärme des Therapeuten und Zuwendung eine große auch theoretische Rolle (vgl. Abschn. 3).
Wir haben versucht, das erwünschte Therapeutenverhalten in kleinen Schritten einzuüben, im sog. Micro-Counseling (Counseling = amerik. für Beratung; WAGNER 1975c, vgl. auch ALLEN & RYAN 1972, BERLINER 1973, IVEY, NORMINGTON, MILLER MORRILL & HAASE 1968, SCHERER 1970). Einzelheiten über unsere Übungen folgen unter 5.

Es muß eine entsprechende Einstellungs- und Zielbildung mit den Übungen einhergehen – in Kursen läßt sich das leicht sichern –, die dann auch eine Integration der geübten Einzelfertigkeiten ermöglicht (s. ROGERS 1957, 1970, 1972, 1973).

Und die Einstellung allein kann offenbar auch ohne jede Übung oft ein optimal förderndes Verhalten bewirken:

Dazu eine Beobachtung von SKEELS und DYE (SKEELS 1966; vgl. auch BRONFENBRENNER 1974). Diese Autoren fanden, daß der Entwicklungsstand von geistig zurückgebliebenen Waisenhaus-Kindern erheblich stieg, nachdem sie als Kleinkinder in die persönliche Obhut von schwachsinnigen Frauen in einem beschützenden Heim gegeben worden waren. Diese Kinder konnten später alle ein selbständiges Leben außerhalb der Institution führen; sie erreichten im Durchschnitt die 12. Klasse, und die meisten heirateten. Aus einer anderen, ebenso geschädigten Gruppe von Kleinkindern, die in ihrem Waisenhaus geblieben waren, blieben einige dauernd anstaltspflege-bedürftig; durchschnittlich erreichten sie nicht einmal die dritte Klasse. Dabei war diese Kontrollgruppe anfangs sogar durchschnittlich noch etwas intelligenter gewesen als die Gruppe, die in die Obhut der schwachsinnigen Pflegepersonen gegeben wurden. Aber schon in den ersten 9 Monaten des Versuchs stieg der Intelligenzquotient der Kinder in persönlicher Betreuung um durchschnittlich 32 Punkte, während der IQ der im Waisenhaus verbliebenen Kinder um durchschnittlich 21 Punkte sank. – Was war der Unterschied in den Entwicklungsbedingungen? Er wird beschrieben als ein Unterschied in „liebender Zuwendung". Die zärtlich-liebende Zuwendung der nicht-professionellen Pflegepersonen mit ihrem großen Gefühlsreichtum, der sich ganz auf die Pflegekinder richten konnte, hat wohl manches von dem gehabt, was wir oben (Kap. 8) als „Enthusiasmus" zu beschreiben versucht haben. Offenbar hat die menschlich warme Zuwendung der schwachsinnigen Frauen bei den ihnen anvertrauten Kindern Wachstumskräfte gestützt, die bei den Kindern der Parallelgruppe im Waisenhaus verschüttet blieben, obwohl sie in der Obhut geschulten Heimpersonals aufwuchsen. Dies zum spontanen, unverstellten Enthusiasmus, der vielleicht auch etwas mit bewahrter Kindlichkeit und Spontaneität zu tun hat.

Dieses unfreiwillige Experiment in der Lebenswirklichkeit hat Entwicklungspsychologen alarmiert (s. BRONFENBRENNER 1974). Hier sollte vor allem die große Bedeutung der emotionalen Zuwendung für die geistige Entwicklung im frühen Kindesalter betont werden.

Sicher hat die intellektualisierende Hochschul-Ausbildung bei Lehrern häufig einen Verlust solch naiver Menschlichkeit zur Folge. Vielleicht muß trotzdem der Lehrer, besonders wenn er jüngere Kinder unterrichten soll,

neben seiner intellektuellen Ausbildung auch etwas dafür tun, daß er etwas von einem „Märchenerzähler“ behält oder erwirbt.
Ewert (1974) äußert sich in einer Sendereihe zu der „Frage nach Funktion und Bedeutung von Gemüt in der gegenwärtigen Diskussion über Erziehung“ wie folgt: diese Frage sei „alles andere als selbstverständlich. Vielleicht wird, wer nach Gemüt fragt, schon gleich in die Rolle dessen gedrängt, der sich mit Unzeitgemäßem, mit nicht Relevantem befaßt. Nur zu leicht könnte die Frage ... als implizite Stellungnahme gegen rational ausformulierte, in offener Diskussion legitimierte Lernziele denunziert werden ... Sollte uns aber nicht gerade der Umstand, daß ein Thema mit so großer Selbstverständlichkeit als nicht behandlungswürdig erscheint, mißtrauisch stimmen?“ (S. 70).

12.3. Eine Begründung aus der Therapie-Forschung

Die Begründung der therapeutisch-zugewandten Verhaltensweisen findet sich in einer Theorie der menschlichen Beziehungen, wie sie von Rogers (1957, 1970, 1972, 1973a, 1973b, 1974) besonders für den Anwendungsbereich der Psychotherapie entwickelt worden ist. Rogers (1957) stellt aber fest, daß seine Beobachtungen ebenso auf gute freundschaftliche Beziehungen anwendbar sind, daß die als therapeutisch wirksam angesehenen Verhaltensweisen also genauso im täglichen Leben anzutreffen sind, wo Menschen sich begegnen. Rogers findet, daß Wärme und Echtheit der mitmenschlichen Zuwendung und das akzeptierende Eingehen auf die Gefühle des Partners entscheidend sind dafür, daß jemand sich verstanden fühlt und in seinem seelischen Wachstum Fortschritte machen kann; dies kann man in der Therapie beobachten, aber auch im Umgang mit Freunden, die diese Haltungen verwirklichen. Nach Rogers kann eine Selbstregulation des Individuums dann erwartet werden, wenn es sich ohne Druck von außen über seine Gefühle und damit über sich selbst klarwerden kann. Das gilt für Erwachsene, aber erst recht für Kinder. Wenn sich das Individuum verstanden fühlt, wird es sich selbst verstehen; wenn es sich akzeptiert weiß, wird es sich selbst besser akzeptieren können, auch wenn es sich mit Teilen seines Selbst herumschlagen muß, die ihm unverständlich oder schwer akzeptabel vorkommen. Wenn es dagegen Teile seines Selbst unterdrücken muß, um akzeptiert zu werden, wird es gespannt und unsicher und unecht werden. Kann es dagegen auch seine negativen, z. B. aggressiven Regungen als seine eigenen kennenlernen, ohne sofort verdammt zu werden, wird es sie erkunden und sie in seiner Persönlichkeit einordnen: ihnen einen Platz anweisen in der Hierarchie seiner Motive; es wird sie zu regulieren lernen, anstatt sie zu verdrängen. Das gilt sowohl für das Kind im Prozeß seiner Entwicklung als auch für das evt. psychisch bereits geschädigte ältere Individuum.

Manche werden Mitmenschen kennen, die es ihnen ermöglichen, wirklich sie selbst zu sein, die sie akzeptieren, durchaus ohne dabei alles einzelne zu billigen, was sie tun mögen, die ihnen aber grundsätzlich signalisieren: „Du bist schon in Ordnung – und über alles andere läßt sich reden." – Wer solche Erfahrungen einmal gemacht hat, wird sich an die wohltuende Entspannung erinnern, die sich in der Gegenwart solcher Menschen einstellt.

ROGERS stellt einem Buch (1973a) ein Motto voran, das die Erfahrung solchen Verstandenseins in ergreifenden Worten formuliert: „In unserer Erinnerung leuchten die wenigen Gespräche, die wir in den trostlosen Jahren der Routine und der Sünde mit Seelen geführt haben, die unsere Seelen weiser machten; die sprachen, was wir dachten; die uns sagten, was wir wußten; die uns erlaubten zu sein, was wir tief innen waren." (EMERSON 1838, zit. nach ROGERS 1973a, Übers. d. Verf.)

12.4. Beispiele aus der Literatur

An einigen Beispielen aus der therapeutischen und der pädagogisch-psychologischen Literatur soll gezeigt werden, wie das besondere verstehende Sprechen mit Kindern gemeint ist. Beispiele können nämlich die Haltung eines Erziehers oder Therapeuten am besten deutlich machen. Man stelle sich beim Lesen zuerst einmal vor, man sei an der Stelle des angesprochenen Kindes; dazu versetze man sich so intensiv wie möglich in die Situation des Kindes. Vielleicht erinnert man sich an eine ähnliche Situation aus der eigenen Kindheit. In einem zweiten Durchgang mache man sich genau klar, wie der Erzieher hier die Gefühle des Kindes erkennt, sie respektiert und akzeptiert. Was ist an dieser Redeweise eigentlich anders, als man es aus dem täglichen Umgang gewohnt ist? Was bringt Sie dazu, sich über diese Redeweise zu wundern? Sie werden wahrscheinlich finden, daß es Ihnen anfangs recht schwerfallen wird, ähnliche Einfühlung für andere Menschen aufzubringen, wenn Sie versuchen sollten, sie zu üben. Bis jemand sich selbst so wird einfühlen können wie die hier zitierten erfahrenen Erzieher und Therapeuten, wird in jedem Fall viel Zeit vergehen; es ist meist ein langwieriger Lernprozeß erforderlich. Man kann sich beim Üben probeweise immer wieder einmal in die Rolle des

Kindes versetzen – sehr ernsthaft, so als sei man eben genau so angesprochen worden, wie man das Kind angesprochen hat –, und man wird die Auswirkungen seiner Worte auf die Gefühle des Kindes viel besser verstehen als vorher. Man kann sich auch zusätzlich ab und zu fragen: Ist das, was ich eben gesagt habe, umkehrbar? Könnte das Kind das auch zu mir sagen? Wenn man sich das immer fragen würde, würden wohl manche barschen Äußerungen unterbleiben (vgl. TAUSCH & TAUSCH 1970).
Einige vielfältig analysierte Erziehungsbeispiele und Hilfen für eigene Übungen finden sich bei TAUSCH & TAUSCH (1970):
Zahlreiche Beispiele von gutem und weniger gutem Erzieher-Verhalten werden hinsichtlich folgender Dimensionen analysiert und erörtert: emotionale Wertschätzung – Geringschätzung; Verständnis – Verständnislosigkeit; soziale Reversibilität – Irreversibilität (Umkehrbarkeit – könnte das, was der Erwachsene zum Kind sagt, auch vom Kind zum Erwachsenen gesagt werden?); Ermutigung – Entmutigung; Ruhe – Erregtheit; Optimismus – Pessimismus; Freundlichkeit – Unfreundlichkeit; Höflichkeit – Unhöflichkeit. (Leider ist das Buch überaus schwer lesbar.)

Hier zwei Beispiele nach TAUSCH & TAUSCH (1970):

a) Problem-Situation: „Am Wandertag geht Horst neben dem Lehrer – sie sprechen über den Sommer und die Hitze. Da sagt Horst: ‚Gestern nach der Schule kam ich über den Markt. Ich hatte so schrecklichen Durst, ich konnt' es nicht mehr aushalten. Da hab' ich mir heimlich eine Apfelsine von einem Marktstand genommen.' Da sagt der Lehrer zu Horst: ‚...'" (S. 346). – (Was würden Sie sagen?)

Beispiel für „verständnislose" Äußerungen (59% aller Äußerungen unter den Reaktionen von 242 Erziehern in einer Untersuchung von A. TAUSCH 1963):
„Das ist sehr böse, Horst. Du hast etwas weggenommen, was dir nicht gehört, du hast gestohlen. Das darf man nicht tun, und wenn der Durst noch so groß war. Der liebe Gott sieht alles, und er straft dafür."

Beispiel für „Äußerungen ohne Verständnis, aber auch ohne besondere Verständnislosigkeit bei Fehlen von Vorwurf und Tadel" (17% aller Erzieher-Äußerungen):
„So, und was machen wir nun?"

Beispiel für „verständnisvolle Äußerungen" (24% aller Äußerungen):
„Du konntest nicht anders, weil dein Durst so groß war."
Auf die verständnisvollen Worte der Erzieher können auch Ermahnungen oder kritische Fragen folgen: „Das kann ich dir nachfühlen, die Hitze

und der Durst sind für alle Menschen schrecklich. Aber denk' mal nach, wenn jetzt jeder eine Apfelsine nehmen würde. Die Marktfrau würde dann bald verzweifelt sein und in Schulden geraten." – „Durst tut weh, das weiß ich. Aber bist du nicht zum kleinen Dieb geworden?" (alle Beispiele S. 347).
„Trotz der Erfahrung, in großem Maße verstanden zu werden", sehen nach TAUSCH & TAUSCH „die Jugendlichen die verständnisvollen Äußerungen nicht als Billigung des unangemessenen Verhaltens an" (S. 361).

Noch einmal zu der oben angeführten Problemsituation: „Wenn hierbei der Lehrer die jeweils aktuellen Gefühle, Gedanken und Wünsche des Schülers verbalisiert und z. B. äußert: ‚Du mußt jetzt daran denken und möchtest mir davon erzählen' oder ‚Es schien dir fast unmöglich, ohne Apfelsine auszukommen?!' so erfahren Jugendliche hierdurch Verständnis für ihre Gefühle und persönlich-gefühlsmäßigen Gedanken, nicht jedoch Billigung ihres unangemessenen Verhaltens. So ergab sich z. B. in (einer) ... Untersuchung, daß es Schülern in derartigen Situationen lieber ist, wenn Lehrer mit einem gewissen Ausmaß an Verständnis, aber auch mit einem gewissen Ausmaß von Vorwürfen und Anschuldigungen reagieren anstatt nur mit einer Äußerung ihrer Gefühle in der Art ‚Du konntest nicht anders, dein Durst war so groß?!' " (S. 362).
In jedem Fall steht hinter solchen Äußerungen „das Bemühen des Erwachsenen, sich die Gefühle ... des jugendlichen Partners zu vergegenwärtigen und ihm mitzuteilen. Kommuniziert der Erwachsene dem Partner dieses Bemühen, z. B. in der Art: ‚Ich versuche mir vorzustellen, wie du diese Situation erlebst', so erfährt dieser die Aktivität und das Suchen des Erwachsenen, was ihn vermutlich stimuliert, sich selbst, seine gefühlsmäßigen Erlebnisinhalte in höherem Maße zu explorieren. Ein derartiger Ausdruck des Suchens und Bemühens des Erwachsenen um Verständnis begünstigt ebenfalls, daß dessen Äußerungen über die emotionalen Erlebnisinhalte des Jugendlichen nicht in Form sachlich konstatierender Beurteilungen ausgesprochen werden und daß der Jugendliche nicht durch fehlende Ratschläge – die er vielleicht erwartet hat – vom Gespräch enttäuscht ist." (S. 359).

b) Nun ein weiteres Beispiel für ein verständnisvolles Gespräch von Erwachsenen mit Kindern zu Hause:

„Traudel, 9½ Jahre, beim Abendbrot mit ihren Eltern: ‚Ach, war das heute ein langweiliger Tag!'
Vater: ‚M-hm! Ja.'
Traudel: ‚In der Schule hat sich Fräulein G ... nur um die paar gekümmert, die das Rechnen noch nicht kapiert hatten. Sie konnte uns doch Ex-

tra-Aufgaben geben, so wie neulich. Dann hätten wir wenigstens auch etwas zu tun gehabt.'
Vater: ,Du fandest es heute nicht so interessant in der Schule. Du bist enttäuscht.'
Traudel: ,Ja, und auf dem Nachhauseweg haben sich Sabine und Andrea auch noch gezankt und sich ewig die Mützen vom Kopf gerissen, uns dann auch, zu blöd!'
Vater: ,Der Tag hat dir viel Ärger gebracht.'
Traudel: ,Ja – es war nichts Besonderes los, alles langweilig!' Längere Pause.
Mutter: ,Du denkst darüber nach, was es alles war, was dich so enttäuscht und geärgert hat.'
Traudel: ,Ja – jetzt weiß ich, was am blödesten war. Die Sabine, seit Wochen redet sie von ihrer Einladung zum Gespensterspiel unten bei denen im Spielkeller. Heute durften wir nun endlich kommen. Es war nichts Besonderes. – Wir hatten uns so gefreut. Nichts wie Angabe von Sabine, die mit ihrem Gespensterspiel!'
Mutter: ,Du hattest dich so lange auf diesen Nachmittag gefreut, und nun war es nichts.'
Traudel, als sie wenige Minuten später ihre Schulmappe packt: ,Aber morgen nehme ich den ,Brehm' mit in die Schule. Wenn ich was Besonderes mithabe, freue ich mich immer auf die Schule, dann wird's bestimmt schön.'
Mutter: ,Du willst nicht wieder, daß es so ein langweiliger Tag wird. Du nimmst was mit und freust dich dann mehr auf morgen.' " (S. 356–357).

Ein weiteres Beispiel aus dem Schulalltag:
c) Entmutigte Kinder werden nicht selten innere Selbstgespräche führen wie das folgende, und fast jeder Leser wird einige ähnliche Erinnerungen dazu haben: „Ich kann es ja sowieso nicht. Die sollen mich doch bloß in Ruhe lassen. – Alle andern sind immer besser. Warum bin ich bloß alleine so schlecht? – Ich will hier weg. Ich will nach Hause. Da kann ich wenigstens schön spielen. – Aber verhauen werde ich auch noch, wenn ich wieder eine 5 kriege. Dann hau ich eben auch einen. – Ich hab gar keine Lust mehr, in die Schule zu gehen. Ist ja auch alles egal. Ich renn einfach weg ...".
Was, wenn ein solches entmutigtes Kind bei seinen Schularbeiten nur Vorwürfe zu hören bekommt, wenn seine Gefühle ignoriert und geleugnet werden, wenn es auf Drohungen trifft? („Nun stell dich doch nicht wieder so an, Schularbeiten müssen eben sein. Hast mal wieder nicht richtig aufgepaßt! Aus dir wird ja nie was Richtiges!"). Wie anders wird es sich fühlen, wenn der Erwachsene auf seine Gefühle eingeht. („Heute findest

du es ganz schön scheußlich, an die Schularbeiten zu gehen." – „Du bist diese ewigen stundenlangen Schularbeiten schrecklich leid. Und dann ist auch alles so schwer. Aber wenn du nach einer halben Stunde eine Pause einplanst, wird es dir sicher leichter fallen zu arbeiten." – „Schrecklich, diese Aussicht, daß du nun wieder Stunden vor deinen Büchern sitzen mußt, was?")

Bei einem Rollenspiel mit einer Lehrergruppe waren einige Lehrer äußerst verblüfft, als eine Therapeutin ihnen vormachte, wie man unterstützend-therapeutisch auf die entmutigten Kinder eingehen kann: „Daß man so anders miteinander überhaupt sprechen kann! Ich hätte nie gedacht, daß ich noch eine Art zu sprechen völlig neu entdecken könnte!"

Es hatte sich ein Rollenspiel etwa der folgenden Art ergeben, wobei die Rolle des Kindes von einem Lehrer gespielt wurde:

Kind: Ich kann es ja sowieso wieder nicht.

Therapeutin: Du bist jetzt ganz mutlos.

K.: Ja, ich trau mich gar nicht mehr. Es wird bestimmt wieder alles falsch. Ich will auch gar nicht mehr.

Th.: Du hast kaum noch Hoffnung, daß es klappen könnte. Du möchtest es fast ganz aufgeben.

K.: Es ist zu schwer für mich. Die andern können immer alles besser.

Th.: Das schüchtert dich ein, daß die andern so gut sind.

K.: Ja, ich möchte dann am liebsten wegrennen, mich verkriechen. Obwohl – alles können die ja auch nicht besser.

Th.: Soviel fühlst du dich ihnen gar nicht unterlegen.

K.: Aber mein Vater, der sagt auch immer, aus mir wird nie was.

Th.: Das bedrückt dich, daß er dir so wenig zutraut. Du weißt gar nicht, wie du da rauskommen sollst.

K.: Weiß ich auch nicht. Naja, gerade in Mathe hier, da ist es wirklich aussichtslos, aber in Deutsch steh ich gar nicht so schlecht.

Th.: Da traust du dir wohl was zu.

K.: Ja, aber in Mathe, da hab ich das letzte Jahr unheimlich geschlampt. Voriges Jahr war ich noch ganz gut. Aber ein ganzes Jahr, holen Sie das mal nach. Aber es bleibt mir wohl nichts weiter übrig. Im Grunde will ich ja die Schule zu Ende machen ...

Zahlreiche Erfahrungen zeigen, daß solche Gespräche sehr konstruktiv verlaufen können. Sie bedeuten auch nicht etwa ein grenzenloses Nachgeben des Erwachsenen kindlicher Unangepaßtheit gegenüber. Es geht vielmehr das Prinzip der Wärme und der Akzeptierung mit einem Prinzip des Begrenzens Hand in Hand. Sehr eindrucksvolle Beispiele dafür, daß Verstehen nicht bedeutet, die Grenzen der Realität zu mißachten, finden sich bei AXLINE (1972, 1974).

Das Wesentliche an diesen „kind-zentrierten“ oder „nichtlenkenden“ Verhaltensweisen hat AXLINE (1974) in 8 Grundprinzipien zusammengefaßt formuliert.

„Die Grundprinzipien, die den Therapeuten bei allen therapeutischen Kontakten im nicht-direktiven Verfahren leiten, sind zwar sehr einfach, aber von großer Wirkung, wenn sie gewissenhaft, konsequent und klug angewandt werden.

Die Grundprinzipien sind folgende:

1. Der Therapeut muß eine warme, freundliche Beziehung zum Kind aufnehmen, die sobald wie möglich zu einem guten Kontakt führt.
2. Der Therapeut nimmt das Kind ganz so an, wie es ist.
3. Der Therapeut gründet seine Beziehung zum Kind auf eine Atmosphäre des Gewährenlassens, so daß das Kind all seine Gefühle frei und ungehemmt ausdrücken kann.
4. Der Therapeut ist wachsam, um die *Gefühle*, die das Kind ausdrücken möchte, zu erkennen und reflektiert sie auf eine Weise auf das Kind zurück, daß es Einsicht in sein eigenes Verhalten gewinnt.
5. Der Therapeut achtet die Fähigkeit des Kindes, mit seinen Schwierigkeiten selbst fertig zu werden, wenn man ihm Gelegenheit dazu gibt, eine Wahl im Hinblick auf sein Verhalten zu treffen. Der Entschluß zu einer Wandlung und das In-Gang-Setzen einer Veränderung sind Angelegenheiten des Kindes.
6. Der Therapeut versucht nicht, die Handlungen oder Gespräche des Kindes zu beeinflussen. Das Kind weist den Weg, der Therapeut folgt ihm.
7. Der Therapeut versucht nicht, den Gang der Therapie zu beschleunigen. Es ist ein Weg, der langsam Schritt für Schritt gegangen werden muß, und der Therapeut weiß das.
8. Der Therapeut setzt nur dort Grenzen, wo diese notwendig sind, um die Therapie in der Welt der Wirklichkeit zu verankern und um dem Kind seine Mitverantwortung an der Beziehung zwischen sich und dem Kind klarzumachen.

Der Therapeut weiß, daß die Therapie im nicht-direktiven Verfahren kein Zauberkraut ist. Er gibt zu, daß ihr wie allen Methoden Grenzen gesteckt sind. Aber viele Erfahrungen haben erwiesen, daß die Art dieser Therapie von denjenigen Kindern, die mit Anpassungsschwierigkeiten zu kämpfen haben, als Anforderung und Erkenntnis erlebt wurde.“ (73—74).

Durch die Vorstellung dieser Prinzipien soll nun nicht etwa jeder zu einem Therapeuten gemacht werden — das hieße auch den schwierigen Weg dahin erheblich zu unterschätzen —, aber die Beispiele dürften doch gezeigt haben, daß eine Reihe von alltäglichen Konfliktsituationen durch die Mitwirkung solcher Prinzipien besser gemeistert werden können. Und ein Zuviel an Verwirklichung der Prinzipien ist gewiß nicht zu befürchten – wenn man nur einmal Mütter und Väter ansieht, wie sie in der Öffentlichkeit mit ihren Kindern so umgehen.

Abgrenzen müssen wir diese Methode auch von dem Erziehungsstil jener erbittert „anti-autoritären" Ideologen einer „repressionsfreien" Erziehung, die um der „Emanzipation" willen ihre Kinder wohl eher hilflos und allein gelassen haben. Dies ist allerdings kein Einwand gegen eine „*nicht*-autoritäre" Erziehung, die u. E. immer noch Anleitung und realitätsbezogene Begrenzungen umfassen muß (vgl. auch NICKEL 1974).

Da sich die nicht-autoritären Erzieher gerade mit den Begrenzungen schwer tun, sei hier auf AXLINES Buch „Dibs" (1972) verwiesen, in dem die äußerst konstruktive Wirkung von Begrenzungen u. a. am Beispiel der Beendigung von drei aufeinander folgenden Therapiestunden deutlich wird (S. 42–44, 51–56, 62–65).

d) Dibs ist ein anfangs psychisch schwer gestörtes Kind von fünf Jahren. Hier einige der Reaktionen von AXLINE auf seine verzweifelten Versuche, am angekündigten Ende der therapeutischen Spielstunde nicht in sein belastendes Zuhause zurückkehren zu müssen:

Dibs hat sich am Ende der *ersten* Spielstunde heftig erregt; er weint und resigniert schließlich. Völlig geschlagen läßt er sich den Mantel anziehen. Die Therapeutin zu ihm: „Manchmal ist es nicht leicht, die Dinge zu tun, die wir tun müssen, . . . Aber manche Dinge muß man tun. Willst du dich bitte dort hinsetzen, damit ich dir Schuhe und Überschuhe anziehen kann?" (S. 43), und etwas später: „Jetzt bist du traurig, . . . Ich kann verstehen, was du fühlst. Aber es gibt manchmal Dinge, die wir tun müssen, auch wenn wir es nicht wollen." (43).

Am Ende der *zweiten* Spielstunde beginnt Dibs in den letzten fünf Minuten noch ein Bild zu malen. Er will noch unzählige Dinge im Spielzimmer erledigen, bevor er geht. Die Therapeutin:

„Dir fallen noch manche Dinge ein, die du tun kannst, damit du nicht nach Hause gehen mußt, nicht wahr? Aber deine Zeit ist jetzt um, Dibs, und du wirst nach Hause gehen müssen."

„Nein. Warten. Warten", rief er aus.

„Ich weiß, daß du nicht gehen möchtest, Dibs. Aber für heute ist unsere Zeit um."

„Nicht jetzt gehen", schluchzte er. „Nicht jetzt gehen. Nie gehen."

„Es macht dich unglücklich, wenn ich sage, du mußt gehen, nicht wahr, Dibs? Aber du darfst nächste Woche wiederkommen. Nächsten Donnerstag." . . . (später):

Dibs stand plötzlich auf. „Nein!" schrie er. „Dibs nicht hier rausgehen. Dibs nicht heimgehen. Nie nicht!"

„Ich weiß, daß du nicht gehen möchtest, Dibs. Aber du und ich können jede Woche nur eine Stunde zusammen hier in dem Spielzimmer sein. Wenn diese Stunde um ist, ist sie für diesen Tag vorbei, und wir beide müssen gehen. Und es ist ganz gleich, ob es dir, mir oder irgend sonst jemand gefällt oder nicht. *Jetzt* müssen wir gehen. Es ist sogar schon etwas über die Zeit" (S. 54).

Am Ende der *dritten* Stunde macht Dibs nach der Ankündigung, daß die Spielstunde in fünf Minuten zu Ende sei, einen Plan, was er in dieser Zeit noch tun will: „Das alles passiert noch in fünf Minuten" sagt er zur Therapeutin (S. 63). Er beginnt also, mit den Realitäten seiner Welt zu leben und sie selbsttätig und verantwortlich zu gestalten. „Meiner Meinung nach beruht der therapeutische Wert dieser Art Psychotherapie darauf, daß das Kind sich selbst als leistungsfähige und verantwortliche Person in einer Beziehung erfährt, die ihm zwei grundlegende Wahrheiten nahezubringen versucht: daß niemand wirklich soviel über die innere Welt eines Menschen weiß wie dieser selbst, und daß sich auch das verantwortungsbewußte Freiheitsgefühl in einem selbst entwickelt. Das Kind muß sich zuerst selbst verstehen lernen und kann dann Selbstachtung erwerben und ein Gefühl für Würde erhalten. Erst dann kann es die Persönlichkeiten, Rechte und Verschiedenheiten anderer Menschen respektieren" (AXLINE 1972, S. 64–65).

12.5. Übungen zur Einfühlung

Es werden jetzt viele Trainingsprogramme für Elternverhalten publiziert (z. B. GORDON 1974, PERREZ, MINSEL & WIMMER 1974). Wichtig ist, daß bei der Durcharbeitung nicht nur simple Sozialtechniken übernommen werden; die grundlegende mitmenschliche Einstellung, wie sie aus AXLINES Zeilen erkennbar ist, entscheidet letztlich alles.

In unseren Therapie-Übungen im Audiovisuellen Labor haben wir u. a. aufmerksames Zuhören trainiert (nach IVEY et al. 1968), wobei sich die Studenten anfangs einfach nur vorgenommen haben, sich ganz in den anderen hineinzuversetzen, der ihnen eben etwas erzählte. Die Auswirkungen waren verblüffend für uns alle, und sie betrafen auch das private Verhalten der Studenten (vgl. auch WAGNER 1975d).

Sie berichteten, daß ihnen ihre Partner plötzlich viel mehr erzählten als vorher, daß sie viel mehr über die Gefühle der Partner erfuhren – und das wurde einigen manchmal sogar etwas unheimlich, und es entstanden Konflikte, bis sich ihre private und ihre therapeutische Rolle wieder hinreichend voneinander trennten. Durch den Versuch, sich einfach einzufühlen, gingen den Studenten die Augen auf für Gefühle ihres Gegenübers, die sie vorher nie bemerkt hatten, auch für Veränderungen der Stimmungen von einem zum anderen Augenblick (vgl. auch ROGERS 1973b).

Wir haben anderes nicht-sprachliches Verhalten geübt, wie: freundlich-akzeptierende Rückmeldung durch mimische und gestische Signale zu geben, und wir haben den Ausdruck von freundlicher Zuwendung in Körperhaltung, Mimik und Blickkontakt geübt. Durch Video-Aufzeichnungen konnte jeder seine Verhaltens-Äußerungen kontrollieren lernen: wo einer sich anfangs wie ein Eisblock vorkommt, kann er den abweisenden Gesichtsausdruck ändern; er kann lernen, ab und zu freundlich zu nicken, wenn er sich zu unfreundlich findet, und er kann es mal mit einem Lächeln versuchen. Es wurden oft sehr unterschiedliche Lösungen für dasselbe Verhaltensproblem gefunden. Bei der Selbstbegegnung in den Fernsehaufzeichnungen ergaben sich häufig tiefgreifende persönliche Umstellungen, die durch entstehende gruppendynamische Prozesse mitbedingt wurden.

Die erwähnten nicht-sprachlichen Interaktionen haben u. E. viel mit der Enthusiasmus-Dimension zu tun. Es mag, unsystematisch und vorläufig gesprochen, in der Erziehung anderes hinzukommen: die Fähigkeit, dem Kind Initiative zu lassen, Mut zur Emotionalität, einfache Sprache, Phantasie oder die Erinnerung an Gefühle der eigenen Kindheit, Interesse für das Kind, Ernstnehmen von Kindern, Bereitschaft, sich Zeit zu nehmen, Ursprünglichkeit. Manches davon freilich wird nicht trainierbar sein, manches aber wird man nur bewußt zu machen brauchen. Vielleicht brauchen wir statt von Enthusiasmus nur von Emotionalität oder verstehender Zuwendung zu sprechen.

Eine emotional zugewandte Interaktion mit Kindern braucht nicht zeitaufwendiger oder anstrengender zu sein als eine „übliche" – zumindest nicht nach einer kleinen Eingewöhnungszeit. Es handelt sich hauptsächlich darum, die Dinge anders zu tun, die man sowieso tut.

Jeder kann sich selbst Verhaltensziele aufstellen und sie üben: z. B. Zuhören, ohne zu unterbrechen; sich einfühlen in das, was ein anderer gerade fühlt, die verstandenen Gefühle des anderen versuchsweise auch einmal ausdrücken und sie so mitteilen, wie man sie verstanden hat; sich seine eigenen Gefühle dabei bewußt machen, sie ausdrücken; die verstandenen Gefühle des anderen bei seinen eigenen Handlungen berücksichtigen und nicht ignorieren, leugnen, überrennen – aber dabei auch nicht sich selbst und seine eigenen Gefühle verleugnen; auch seine eigenen Gefühle und Bedürfnisse achten und beachten.

So wird jeder sich bestimmte einfache Übungen vornehmen können, mit denen er sein Erzieher- oder Trainerverhalten verändern kann:

Eine überbeschäftigte Mutter wird vielleicht erst überhaupt einmal üben wollen, neben dem Kind einfach eine Minute, dann zwei, dann 5 Minuten stillzusitzen, bevor sie etwa anfängt, mit dem Kind irgendwelche Aufgaben zu machen. Sie darf sich über sich selber freuen, wenn sie es geschafft hat, einfach ruhig und freundlich neben dem Kind zu sitzen, das seine Schularbeiten macht; wenn sie darauf verzichten kann, das Kind anzutreiben, es zu kritisieren, einzugreifen, es zu drängen; wenn sie es einfach geschafft hat, sich zu entspannen. Später wird sie vielleicht etwas sagen können, ohne dem Kind die Initiative und die Verantwortung für das abzunehmen, was dessen Arbeit ist. (Es kann auch sein, daß die Mutter-Kind-Beziehung durch Leistungskonflikte schon so belastet ist, daß eine Mutter das Üben lieber einem fremden Fachmann überlassen wird, z. B. einem Erziehungsberater; dann wird die Mutter in Beratungsstunden erst lernen, andere Einstellungen zu dem Problem der Leistung zu finden und sich vielleicht nur bei Spielen mit ihrem Kind befassen, in denen die Leistung keine Rolle spielt.)

Ein „intellektueller" Vater wird vielleicht zuerst einmal durch Zuhören den Wortschatz kennenlernen müssen, der ihm den Zugang zu seinem Kind eröffnet, bevor er mit ihm spielen oder üben kann. Und viele werden merken, daß es schließlich gar nicht so schwer ist, einmal hauptsächlich zuzuhören (sie kamen vorher nur nicht darauf), und sie werden durch neue Erfahrungen des einfühlenden Verstehens überrascht werden.

Viele haben nur wenig Zeit, manche werden eigene Widerstände bemerken, wenn sie versuchen wollen, sich anders als gewohnt zu verhalten – sie können abwarten, bis sie einmal entspannt sind, und dann nur mit wenigen Minuten des Zuhörens anfangen. Vorbereitungen in der Phantasie können sehr helfen, sich an neue unerprobte Verhaltensweisen zu gewöhnen, auch an die inzwischen gut bekannten Selbstgespräche. (Solche Selbstgespräche führt ja jeder ständig, aber wir könnten ihnen mal einen anderen Inhalt geben (Meichenbaum 1973), z. B. „Heute habe ich mal wieder ganz wenig Lust, mich mit an seine Schularbeiten zu setzen. Er macht mich oft so nervös. Aber ich brauche es nur mal eine Minute zu tun. Es wird ihn vielleicht ermutigen. Er hat es auch nicht leicht . . .").

Einem Mißverständnis wollen wir vorbeugen: Es ist nicht vorgeschlagen worden, in Übungen etwa ein atomisiertes Repertoire zu schaffen, aus dem beliebig Einzelfertigkeiten entnommen oder ausgelassen werden könnten. Übungen wird jeder nach Bedarf da ansetzen, wo er sein Verhalten bewußter gestalten will. Immer muß ein größeres Umfeld des Handelns beachtet werden. Wir denken allerdings, daß die Erwähnung vieler möglicher kleiner Ansatzpunkte für Übungen den sehr unterschiedlichen Bedürfnissen der Benutzer dieses Buches entgegenkommen dürfte.

Einem anderen Mißverständnis muß noch vorgebeugt werden: Es handelt sich hier nicht darum, nur „liebe Menschen“ mit einer vagen Freundlichkeits-Ideologie hervorzubringen. Es handelt sich vielmehr darum, Verhaltensweisen, die sowieso stattfinden, anzureichern, so daß bessere Kommunikation möglich wird.
Es ist auch zu betonen, daß diese mitmenschliche oder dynamische Handlungsfähigkeit nicht etwa nur unter dem Aspekt anzustreben sein sollte, daß durch sie bessere schulische Leistungen der Kinder bewirkt werden können. Sie stehen vielmehr im Dienste der Ausbildung einer umfassenderen Kommunikationsfähigkeit, die auch Wert auf eine Formung des Gefühlslebens legt. Hier gibt es ja in den schulischen Curricula ein oft bedauertes Defizit. Und es gibt ein Defizit in unseren alltäglichen Umgangsformen – wenn man etwa an das ganz andere mitmenschliche Klima in anderen Ländern denkt, z. B. in Skandinavien, in Holland oder in den Mittelmeerländern.

12.6. Ein ähnlicher Rahmen: Hilfen zur Ich-Entwicklung bei Kindern

Nun mag es dem Anfänger ohne Anleitung fast unmöglich scheinen, die Einfühlungsmethode nach ROGERS und AXLINE voll zu verwirklichen (Studenten, denen es ebenfalls schwerfiel, sprachen gern vom „Axline-Wunder“). Es genügt uns auch hier zunächst einmal, ein Gespür für solche andersartige Sprechweise angeregt zu haben. Erfahrungsgemäß wirkt solch ein Ansporn weiter, und als Ziel wird er sich immer wieder einmal aufdrängen. Im Alltag muß nun aber ständig gehandelt werden, und einige schneller verfügbare Verhaltensweisen zur besseren Bewältigung alltäglicher Problemsituationen werden willkommen sein (vgl. dazu auch Kap. 8, 10). Dafür erörtern wir noch einige weitere Verhaltensstrategien.
Zwei Autoren müssen hier zuerst noch kurz erwähnt werden, weil sie eine vergleichbare Einstellung wie ROGERS zur Grundlage eigener Erziehungsmethoden gemacht haben, die dem Interessierten ein Weiterstudium erlauben: DECHARMS und MCCLELLAND, die beide aus der Tradition der Erforschung der Leistungsmotivation kommen. DECHARMS und MCCLELLAND (beide 1973) bringen jeder auf etwas unterschiedliche Weise Erzieher dazu, ihre Schüler als Individuen zu sehen, die zur Selbstverwirklichung fähig sind und dazu nur die Möglichkeit erhalten müssen.
Bei DECHARMS (1973) lernen Erzieher in einwöchigen Kursen, ihre anfänglichen Wünsche nach Erziehungsrezepten schnell aufzugeben; sie lösen sich entschieden aus der Abhängigkeit von ihren akademischen Trai-

nern und erobern sich die innere Freiheit, ihre Probleme selbst in die Hand zu nehmen. Sie erfahren dabei sich selbst als „Ursprung“ ihrer Problemlösungen (amerikanisch im Original „Origin“, DeCharms 1973). Sie bemerken, daß sie nicht länger als „Schachfiguren“ (amerik. „Pawns“) herumgeschoben und dirigiert werden, denen man alles vorschreiben muß. Wenn Individuen auf diese Weise als „Ursprung“ (Origin) und nicht als „Schachfigur“ behandelt werden, entwickeln sie eindrucksvolle Fähigkeiten, sich selbst Ziele zu setzen, und Initiative, sie auch zu verwirklichen. – Nach den beschriebenen eigenen Erfahrungen werden Lehrer zunehmend fähig, auch ihre Schüler als „Ursprünge“ zu behandeln – bei allem Druck, den das amerikanische viel mehr als unser Schulsystem ausübt (vgl. dazu auch Rogers 1974, bes. Kap. 1). Die Kinder, denen fortan mehr Freiheit zur individuellen Gestaltung ihres Lernens überlassen bleibt als vorher, entwickeln Spontaneität, mehr Selbstverantwortlichkeit, mehr Disziplin und ein reiferes Gesamtverhalten, als es ihrer Altersgruppe entspricht[1]. Ihre Leistungen sind auch nicht schlechter als die anderer Klassen, tw. sogar besser. (Manche Kinder fangen erst unter diesen Bedingungen überhaupt an mitzuarbeiten. Die Lehrer der sog. „Freien Schulen“ in Liverpool-Vauxhall scheinen Kindern ähnliche Entwicklungsbedingungen zu gewähren (Fernsehbericht WDR III, 3. 2. 75).)

Was ändern nun diese Lehrer im Unterricht mit ihren Schülern? Die Tätigkeiten und die Aufgaben für eigene Zielsetzungen werden von DeCharms (1973) und Rogers (1974) beschrieben. Auch McClelland umreißt das Vorgehen der Lehrer (1973; weitere Literatur s. bei den genannten Autoren).

McClellands Versuche zur Veränderung der Leistungsmotivation wurden immer als Verfahren zur Steigerung der individuellen Planungsfähigkeit angelegt. Obwohl allgemein keine positive Beziehung zwischen der Höhe der Leistungsmotivation und der Schulleistung besteht, scheint die Leistungsmotivation doch eine hohe Bedeutung für die allgemeine „Lebenstüchtigkeit“ zu haben (McClelland 1973). Personen, deren Leistungsmotivation durch ein Training gefördert werden konnte, waren später besser in der Lage, ihr Leben zufriedenstellend zu gestalten; sie machten mehr daraus, ähnlich wie die von DeCharms (1973) beschriebenen Schüler.

---

[1] Es wird nicht übersehen, daß äußere Gegebenheiten als Zwänge gegen solche Veränderungen stehen können. Das Interessante ist aber gerade, daß manche Zwänge sich als durchaus überwindbar erweisen, sobald das Individuum Mut zu eigener Initiative gewonnen hat, und daß es bemerkt, daß viele vermeintliche Zwänge nur in seinem subjektiven Erleben existiert haben, sobald es sie einmal aktiv anzugehen begonnen hat (vgl. auch Künkel 1933).

Da die Arbeitsgruppe um HECKHAUSEN in Bochum die Verfahren noch weiterentwickelt und konkretere Handlungsanweisungen erprobt hat, in denen auch die MEICHENBAUM'sche Verhaltensmodifaktions-Methode (vgl. Kap. 8) integriert ist, gehen wir gleich zu deren Methode über. Naturgemäß kann es sich allerdings nur um einen stark vereinfachten Abriß handeln.

12.7. Das Erlernen von Planung, Selbsteinschätzung und erfolgsorientierter Leistungsmotivation

Bei den zuletzt zu besprechenden Methoden kommt dem Erzieher eine mehr aktive situationsgestaltende Rolle zu als bei der vorn besprochenen therapeutisch orientierten Einfühlungsmethode.
Die Motivation spielt bei der Steuerung der Aufmerksamkeit eine sehr große Rolle. Die Theorie der Leistungsmotivation ist neuerdings stark beeinflußt worden durch die Einbeziehung der sog. subjektiven Erklärungen von Erfolg und Mißerfolg: „Wenn man einen Mißerfolg erlebt, macht es einen Unterschied, wie man ihn sich selbst erklärt: ob man ihn auf innere oder äußere Gründe zurückführt, und bei den inneren Gründen macht es wieder einen Unterschied, ob man den Mißerfolg einer mangelnden Begabung oder mangelnder Anstrengung zuschreibt. Wenn z. B. mangelnde Begabung als Hauptursache für das Versagen bei einer neuen Aufgabe angesehen wird, nimmt mit der Zahl der Versuche die erlebte Wahrscheinlichkeit für spätere Erfolge schnell ab, die Ausdauer ist gering, die gefühlsmäßigen Konsequenzen sind ziemlich deprimierend — verglichen mit den Gefühlen bei einem Mißerfolg, den man nur einer zeitweilig mangelnden eigenen Anstrengung zuschreibt ..." (HECKHAUSEN 1974b, S. 1, Übers. d. Verf.).

Systematisch dargestellt:

Einen *Erfolg* kann man zuschreiben	Einen *Mißerfolg* kann man zuschreiben
— der eigenen Tüchtigkeit oder Begabung	— fehlender Tüchtigkeit oder Begabung
— der Anstrengung	— mangelnder Anstrengung
— dem Glück (Zufall)	— dem Pech (Zufall)
— der Leichtigkeit der Aufgabe	— der Schwierigkeit der Aufgabe

(nach WEINER 1973).

Die ersten beiden Erklärungen (Begabung, Anstrengung) gehen auf innere Faktoren ein, die in der Person liegen, die beiden letzteren (Zufall, Aufgabe) betreffen Faktoren der Außenwelt. Unterschiedlich sind dementsprechend die Möglichkeiten des Individuums, auf diese Gegebenheiten Einfluß zu nehmen: Auf der Seite der äußeren Faktoren liegt der Schwierigkeitsgrad der einzelnen Aufgabe fest; nur Glück und Pech können als variable Größen angesehen werden. Bei einer vorgegebenen Aufgabe wieder hat das Kind nur die Möglichkeit, seinen Einsatz zu erhöhen (Anstrengung) – seine Begabung muß es als relativ fest vorgegeben ansehen. Eine erhöhte Motivation kann also auch nur die Anstrengung beeinflussen. Allenfalls ein Appell an die Anstrengung bringt daher eine Verbesserung der Chance mit sich, die Aufgabe doch noch zu lösen – wenn das überhaupt im Bereich der Fähigkeiten eines Kindes liegt. Ein Hinweis auf die „Dummheit" des Kindes wird es der Lösung bestimmt nicht näherbringen – er wird ihm höchstens noch den letzten Mut nehmen und die Bereitschaft zur Anstrengung auch noch verhindern, weil das Kind sich mit Recht sagen wird, daß – gesetzt, es wäre dumm – der Einsatz ja doch nicht lohnen wird.

Nun können in Individuen aufgrund ihrer Lebenserfahrungen die vier Arten von Ursachenerklärungen zu Erfolg und Mißerfolg sehr unterschiedliches Gewicht haben. Die Ursachenerklärungen hängen mit der überdauernden individuellen Ausprägung des Leistungsmotivs zusammen: Individuen, die eher von Erfolgshoffnung erfüllt sind, neigen dazu, ihren Erfolg mit guter Begabung (und weniger mit Glück oder Aufgabenleichtigkeit) zu erklären, während sie Mißerfolg einem momentanen Mangel an Anstrengung (und weniger einem Fähigkeitsmangel) oder dem Pech zuschreiben (attribuieren, daher Attribuierungstheorie, Weiner 1973, 1975). Entsprechend erleben sie angenehme Gefühle nach Erfolg, während sie nach Mißerfolg kühl bleiben können. – Mißerfolgsängstliche Personen dagegen schreiben ihren Erfolg weniger ihrer Begabung als dem „Glück" zu, und ihre Mißerfolge erklären sie eher mit mangelnder Begabung und weniger mit mangelnder Anstrengung oder Pech. Entsprechend sind sie nach Erfolg nur mäßig glücklich, und nach Mißerfolg sind sie sehr unglücklich (referiert nach Heckhausen 1974b; vgl. Meyer 1973, Weiner 1973, 1975).

Nach diesen Befunden der Motivationsforschung ist verständlich, daß diejenigen, die schon eine erfolgsorientierte Einstellung haben, darin immer weiter bestärkt werden, während diejenigen, die immer eher Mißerfolg erwarten, sich gleichsam in einem Teufelskreis drehen: Sie gewichten für sich selbst die Mißerfolge stärker, und da sie an ihrer als ursächlich erlebten vermeintlich schlechten Begabung nichts ändern können, werden sie eher auf das Glück hoffen, anstatt eine erhöhte Anstrengung auf sich zu nehmen.

Das Überwiegen von Erfolgshoffnung oder Mißerfolgserwartung kann man auf Lernprozesse zurückführen. Bereits im Alter von 3½ Jahren findet man individuelle Unterschiede vor (WAGNER 1969), die sich allerdings im Laufe des späteren Schulschicksals weiter verändern dürften. Manche der Umwelteinflüsse, die zur Motiv-Entwicklung beitragen, sind inzwischen bekannt (HECKHAUSEN & OSWALD 1969, HECKHAUSEN 1972, TRUDEWIND 1975).

In Trainingsprogrammen hat man nun seit kurzem einige der erwähnten theoretischen Erkenntnisse zur gezielten Veränderung der Leistungsmotivation und der Attribuierung bei Kindern eingesetzt (HECKHAUSEN 1974a, b, SCHERER 1972). Dazu führte ein ursprünglich ganz anderer Forschungs-Ansatz, der Nachuntersuchungen anregte:

ROSENTHAL & JACOBSON (1968) hatten die Hypothese, geprüft, daß die Erwartungshaltung des Lehrers einem Schüler gegenüber die Leistung stark mitbestimme. Die Autoren hatten Lehrer darüber instruiert, daß bei bestimmten, willkürlich ausgewählten Schülern in der nächsten Zeit ein besonders hoher Intelligenzanstieg zu erwarten sei. Die Ergebnisse schienen den Behauptungen recht zu geben; allerdings erwies sich dieser „Pygmalion"-Effekt andernorts als nicht wiederholbar. HECKHAUSEN und Mitarbeiter stellten schließlich fest, daß der Effekt unter ganz bestimmten Bedingungen tatsächlich zu erzielen ist. Dazu HECKHAUSEN: „... die Idee des Pygmalion-Effekts ist im Grund bestechend. Warum sollte nicht eine Änderung der naiv-theoretischen Ursachen-Erklärung für Schülerleistungen auf seiten des Lehrers beim Schüler neue Wirklichkeiten schaffen, d. h. dessen Lernmotivation und damit längerfristig dessen Leistungen steigern (wenn auch nicht dessen Intelligenztestpunkte)?! Nur müßte man zunächst einmal auch die Grenzen berücksichtigen ... Das heißt, einen Pygmalion-Effekt von vornherein bei solchen Schülern zu erwarten, die noch nicht das leisten, wozu sie begabungsmäßig in der Lage wären; also bei sog. „underachievern". Um einen Pygmalion-Effekt auf ganz reale Weise herbeizuzaubern, müßten aber ... noch zwei weitere Bedingungen berücksichtigt werden. Sowohl Lehrer wie Schüler sollten bislang Mißerfolg vorwiegend mit Fähigkeitsmangel, also mit motivationsmindernder Wirkung erklärt haben. Wenn dann der Lehrer veranlaßt wird, Mißerfolg von nun ab mit noch mangelnder Anstrengung zu erklären, sollte sich auf die Dauer das Begabungskonzept des Schülers aufhellen, seine Selbstbekräftigung positiver werden, die Lernmotivation und damit Anstrengung und Ausdauer ansteigen, so daß schließlich die Leistungen deutlich besser werden" (1974d, S. 11–12).

Scherer (1972) überprüfte diese Überlegungen mit Klassenlehrern des 4. Schuljahres, die kurz in diese Theorie eingeführt wurden. Die Lehrer lernten, auf unbefriedigende Schüler-Leistungen hin Kommentare nach dem Grundmuster abzugeben: „Du könntest besser, wenn du dich noch mehr anstrengtest." Es wurden mit Tests Schüler ausgewählt, die im Vergleich zu ihrer guten Begabung zu schlechte Schulleistungen brachten („underachievers") und die dabei selbst ihre Mißerfolge auf eine vermeintlich schwache Begabung zurückgeführt hatten. Bereits nach 4¹/₂ Monaten zeigten sich klar die erwarteten Ergebnisse: Die Lernmotivation war erheblich verbessert. „Die Schüler führen Mißerfolge jetzt nicht mehr so sehr auf ihre mangelnde Fähigkeit als vielmehr auf noch unzureichende Anstrengung zurück. Sie senken im Angesicht von Mißerfolg jetzt seltener ihre gesetzten Leistungsziele. Ja, sie erreichen sogar einen höheren Gesamtwert im Intelligenztest, was aber vornehmlich auf eine Leistungssteigerung in Schnelligkeitsaufgaben zurückzuführen ist ... (Die Schüler) haben zu erleben und zu begreifen begonnen, daß die Ergebnisse eigener Leistungsbemühungen weit stärker von ihnen selbst bestimmt werden, als sie bislang dachten" (Heckhausen 1974d, S. 12–13). Wichtig war natürlich, daß die Aufgaben der Leistungsfähigkeit der Schüler angepaßt waren.

Es wurde auch mit Kindern direkt ein Versuch gemacht, ihre Leistungsmotivation durch Zielsetzungsversuche zu verändern (Hanel 1974). Bei den Trainings wurden verschiedene Elemente aus dem Bereich der Motivationstheorie (einschl. Attribuierungstheorie) mit Verfahren der Verhaltensmodifikation nach Meichenbaum (1973) kombiniert: Kinder wurden dazu gebracht, sich realistische mittelschwere Ziele zu setzen, deren Erreichung am meisten vom persönlichen Einsatz abhängt; sie lernten, ihre Erfolge und Mißerfolge auf ihre Ursachen hin neu zu betrachten; sie lernten, sich selbst für ihre Erfolge zu bekräftigen und sie auf ihre Begabung und Anstrengung zurückzuführen; sie lernten ihre Mißerfolge auf noch mangelnde Anstrengung oder zu hohe Zielsetzung zurückzuführen, und das alles mit Hilfe der Beeinflussung der Selbstgespräche.

12.8. Schluß

Das letzte Kapitel fällt u. E. nur scheinbar aus dem Rahmen des Buches heraus. In Wirklichkeit hat es eine wichtige zusammenfassende Aufgabe: Es soll nämlich zeigen, daß die in Kap. 6 bis 11 besprochenen Übungen nicht nur als einzelne Techniken zur Verbesserung eines isolierten kindlichen Leistungsverhaltens anzusehen sind, sondern daß man sie als untergeordnete Teile in einem umfassenderen Erziehungsvorgang einsetzen sollte, der erst über ihren Wert und ihre Wirksamkeit entscheidet. Die Notwendigkeit, die Übungen vorn einzeln darzustellen, ergab sich aus der Anforderung, ihre unterschiedliche Wirksamkeit wissenschaftlich nachzuweisen. Wir haben bei der Darstellung der einzelnen Übungen meist nicht das allen Gemeinsame mit darstellen können, das aber die erwachsenen Trainer immer mit beachten mußten: die Akzeptierung der Kinder, den Respekt vor ihrer Eigenständigkeit, die therapeutisch-pädagogische Zuwendung, die unterstützend-positive Rückmeldung über Erfolge, die Ermutigung nach Mißerfolgen. Das letzte Kapitel sollte daher einige grundlegende Einstellungen erläutern, die hilfreich sind, wenn man bei Kindern Tüchtigkeit, Selbstkontrolle und Selbständigkeit fördern will; es sollte auch Hinweise darauf geben, wie der Erzieher diese hilfreichen Einstellungen allmählich erwerben kann. Für manchen wird es schon wichtig gewesen sein zu erfahren, daß man im Umgang mit Kindern gar nicht andauernd aktiv etwas „tun" muß – etwas regeln, in Gang setzen, anordnen –, daß es vielmehr oft gerade gut ist, einfach da zu sein, zuzuhören, dem Kind die Initiative zu überlassen, daß man dann aber eben in besonderer Weise „da sein" kann – und auch muß.

Die bloße Anwendung von Übungen *ohne* eine entsprechende Gestaltung der mitmenschlichen Beziehung zu den Kindern könnte in einen bösen Drill ausarten, der diesen Kindern nur schmerzliche Erfahrungen vermitteln würde. Daß der Drill in Extremfällen (z. B. bei sehr ehrgeizigen Eltern) durch die Erörterungen des Kapitels 12 wirklich verhindert wird, dürfen wir kaum hoffen; daß wir aber den vielen talentierten Erziehern, auch Lernenden, Unerfahrenen, die nur noch einen kleinen Anstoß und Hinweise brauchten, um ihre Fertigkeiten immer besser zu entwickeln, manche konkrete Anregung geben konnten, das hoffen wir schon. Zu diesen Lernenden zählen wir auch Lehrer und Psychologen in der Praxis, die ja oft in ihrer Ausbildung nicht die integrierende Verhaltensschulung erfahren haben, die sie für ihre tagtäglichen Aufgaben benötigen. Es ist ja oft so, daß genug guter Wille da ist, daß aber bei der Größe der Aufgaben beim Eintritt in die Praxis nicht recht gesehen wird, wo der einzelne sinnvoll beginnen könnte, sein Verhalten zu schulen. Resignation ist die allzu häufige Folge. Es ist zu hoffen, daß einzelne und Gruppen mit den verschiedensten individuellen Voraussetzungen hier eine Reihe von Startpunkten für ihre Übungen finden werden. Es sollte deutlich sein, daß es legitim ist, wenn einzelne für sich unterschiedliche Wege wählen, um ähnliche Ziele zu erreichen. Auch Zielsetzungen und Auswirkungen bei denselben Methoden können aber, wie gezeigt wurde, sehr unterschiedlich sein; hier werden Selbstbeobachtung und „Reflexivität" vom Erzieher verlangt – höhere Bewußtheit seines Handelns. Wenn dazu das Lesen über „Reflexivitäts"-Trainings nicht schon beigetragen haben sollte – dann müßte man wohl jetzt mit dem Üben anfangen.

ALLEN, D. W. & K. A. RYAN, *Microteaching.* Beltz, Weinheim 1972.

AULT, Ruth L., Problem-solving Strategies of Reflective, Impulsive, Fast-accurate and Slow-inaccurate Children, *Child Developm.*, 1973, *44*, 259—266.

AULT, Ruth L., Christine MITCHELL & D. P. HARTMANN, Some Methodological Problems in Reflection-Impulsivity Research. Paper presented at the Biennial Meeting of the SRCD, Denver/Colo. 1975.

AXLINE, Virginia M., *Dibs.* Scherz, München 1972.

AXLINE, Virginia M., *Kinder-Spieltherapie im nicht-direktiven Verfahren.* Reinhardt, München ³1974.

BAERSCH, W., Antwort auf eine Anfrage unter „Elternfragen", in: „Brigitte" ca. Mai 1974.

BANDURA, A. & R. H. WALTERS, *Social learning and personality development.* Holt, Rinehart & Winston, New York 1963.

BERLINER, D. C., Zur Ausbildung von Lehrern — Eine Methode, die sich auf affektive Erfahrungen, technische Fertigkeiten und Protokollmaterialien gründet. In: EDELSTEIN & HOPF 1973.

BERNSTEIN, B., Social class and linguistic development: a theory of social learning. In A. H. HALSEY, Jean FLOUD & C. A. ANDERSON (Hrsg.), *Education, economy, and society.* Free Press, New York 1971, zit. nach HESS & SHIPMAN 1968.

BIGLMAIER, F., Die vorliegenden Untersuchungsverfahren und ihre Validität zur Erfassung der Lese-Rechtschreib-Schwäche. In: INGENKAMP, K.-H. (Hrsg.), *Lese- und Rechtschreib-Schwäche bei Schulkindern.* Beltz, Weinheim 1970, 65—72.

BINAS, D., *Konzentrations-Trainingsprogramm für Kinder des 3. und 4. Schuljahres (KTP 3—4).* Beltz, Weinheim 1973.

BLOCK, J., Jeanne H. BLOCK & D. M. HARRINGTON, Some Misgivings about the Matching Familiar Figures Test as a Measure of Reflection-Impulsivity. *Developmental Psychology* 1974, *10*, 611—632.

BOULBOULLÉ, Anja, Training von aufgabenangemessenem Problemlösungsverhalten bei impulsiven Schulkindergartenkindern: Der Einfluß von Selbstinstruktionstrainings auf die kognitive Impulsivität. Dipl. Arb., Psychol. Institut der Ruhr-Universität Bochum, 1974.

BRANDT, Birgit, Kognitives Verhalten impulsiver und reflexiver Jungen. Dipl. Arb., Psychol. Institut der Ruhr-Universität Bochum 1971.

BRIGGS, Chari H., An experimental study of reflection-impulsivity in children, *Diss. Abstr.*, 1968, *28*, 3891—3892.

BRINKS, G., Zusammenhänge zwischen Impulsivität bzw. Reflexivität und dem Entwicklungsstand verschiedener kognitiver Funktionen bei Kindergartenkindern. Dipl. Arb., Psychol. Institut der Ruhr-Universität Bochum 1970.

BRONFENBRENNER, U., *Wie wirksam ist kompensatorische Erziehung?* Klett, Stuttgart 1974.

BROPHY, J. E., *Mothers as teachers of their own preschool children: The influence of socio-economic status and task structure on teaching specificity.* Mimeo, Austin, Texas 1969.

BÜMLEIN-LEES, Vera, Blickbewegungsstrategien, Entscheidungszeit und Ergebnis beim Lösen visueller Probleme. Dipl. Arb., Psychol. Institut der Ruhr-Universität Bochum 1975.

BÜTTNER, M., Intelligenz- und Leistungsdiagnostik bei impulsiven und reflexiven Grundschulkindern. Dipl. Arb., Psychol. Institut der Ruhr-Universität Bochum 1970 (UB)*.

CAMPBELL, Susan B., DOUGLAS, Virginia I. & MORGENSTERN, Gert., Cognitive styles in hyperactive children and the effect of methylphenidate. *J. of Child Psychology & Psychiatry & Allied Disciplines,* 1971, *12,* 55—67.

CATHCART, G. & W. LIEDTKE, Reflectiveness/impulsiveness and mathematics achievement. *The Arithmetic Teacher,* 1969, 563—567.

CIMIOTTI, E., Die Lösungsstrategien impulsiver und reflexiver Kinder bei Match-to-Standard-Aufgaben, untersucht mit Hilfe von Blickbewegungsregistrierung. Dipl. Arb., Psychol. Institut der Ruhr-Universität Bochum 1972.

DEBUS, Ray L., Effects of brief observation of model behavior on conceptual tempo of impulsive children. *Developmental Psychol.,* 1970, *2,* 22—32.

DECHARMS, R., Ein schulisches Trainingsprogramm zum Erleben eigener Verursachung, in EDELSTEIN & HOPF 1973.

DENNEY, D. R., Modeling effects upon conceptual style and cognitive tempo. *Child Developm.,* 1972, *43,* 105—119.

DRAKE, Diana M., Perceptual Correlates of Impulsive and Reflective Behavior. *Developm. Psychol.,* 1970, *2,* 202—214.

DRINGENBERG, Renate, Kognitive und motivationale Förderung von impulsiven Kindergartenkindern durch Beteiligung ihrer Mütter bei einem Vorschultraining. Dipl. Arb., Psychol. Institut der Ruhr-Universität Bochum 1975.

DÜKER, H., *Untersuchungen über die Ausbildung des Wollens.* Huber, Bern 1975.

DÜKER, H., Untersuchungen über die sogenannte Aufmerksamkeit. Ber. 20. Kongreß der Dt. Ges. f. Psychol. 1955; Hogrefe, Göttingen, 1956, 142—144.

DÜRING, Ingeborg, Der Einfluß mütterlichen Erziehungsverhaltens auf die Genese der Reflexivität und der Impulsivität. Dipl. Arb., Psychol. Institut der Ruhr-Universität Bochum 1972 (UB).

DUNCKER, K., *Zur Psychologie des produktiven Denkens.* Springer, Berlin 1935.

EDELSTEIN, W. & D. HOPF, *Bedingungen des Bildungsprozesses.* Klett, Stuttgart 1973.

EGELAND, B. & R. WOZNIAK, Visual Information Processing Training Program. Experimental Version. Development Report 3, Research, Development and Demonstration Center in Education of Handicapped Children, University of Minnesota, Minneapolis 1975.

ESKA, Brunhilde & Kathryn N. BLACK, Conceptual Tempo in Young Grade-School Children. *Child Developm.,* 1971, *42,* 505—516.

ESSEN, S., Training von aufgabenangemessenem Problemlösungsverhalten bei impulsiven Schulkindergartenkindern: Der Einfluß von Selbstinstruktions-Trainings auf die Intelligenztestleistungen im SON (Snijdes & Snijders-Oomen), Dipl. Arb., Psychol. Institut der Ruhr-Universität Bochum 1974.

EWERT, O., Erziehung ohne Gemüt? S. 70—77 in: „*Die Verachtung des Gemüts, Argumente für eine neue Wertung*". Piper & Co., München 1974.

FERRARO, D. P., Evelyn W. FRANCIS & J. J. PERKINS: Titrating Delayed Matching to Sample in Children. *Developm. Psychol.*, 1971, *5*, 488—493.

FIEDLER, P. A. & WINDHEUSER, H. J., Modifikation kreativen Verhaltens durch Lernen am Modell. Erscheint in: *Zeitschr. f. Entw.-Psychol. u. Päd. Psychol.* 1975.

FINNEY, Betty J., The modification of conceptual tempo in disadvantaged boys. *Diss. Abstr.* 1970, *30*, 3782.

FROSTIG, Marianne & D. HORNE, *The Frostig program for the development of visual perception.* Follett, Chicago 1967.

GAGE, N., Handbuch der Unterrichtsforschung. Hrsg. K.-H. INGENKAMP, Teilausgabe: Beobachtung und Analyse von Unterricht, Beltz, Weinheim 1973.

GERO, V. Hyperkinese. Hampelnde Knaben. *Die Zeit,* Juni 1974.

GIOTT, Else, Erziehungseinstellungen und Impulsivität bei Müttern impulsiver und reflexiver Kindergartenkinder: Untersuchung zur Genese der I-R., Dipl. Arb., Psychol. Institut der Ruhr-Universität Bochum 1973.

GORDON, T., *Familienkonferenz.* Die Lösung von Konflikten zwischen Eltern und Kind. Hoffmann & Campe, Hamburg [3]1974.

GOZALI, J., Impulsivity-reflectivity as problem-solving styles among educable mentally retarded children. *Amer. J. Ment. Deficiency,* 1969, *73,* 863—867.

GRAY, Susan W. Selected longitudinal studies of compensatory education — a look from the inside. Unpubl. Paper, prep. for the Annual Meeting of the APA 1969.

GRAY, Susan W. & R. A. KLAUS, The Early Traning Project and Its General Rationale. In HESS & BEAR 1968.

GRIMM, K.-H., Problemlösungsverhalten impulsiver und reflexiver Kinder bei Aufgaben unterschiedlicher Schwierigkeit. Dipl. Arb., Psychol. Institut der Ruhr-Universität Bochum 1974 (UB).

HAAR, Ulla, Validierungsstudie zum MFF: Die Abhängigkeit des kognitiven Stils Impulsivität-Reflexivität von der Methode seiner Messung: Ist der MFF ein Wahrnehmungstest? Dipl. Arb., Psychol. Institut der Ruhr-Universität Bochum 1973 (UB).

HANEL, J., Der Einfluß eines Motivänderungsprogramms auf schulleistungsschwache mißerfolgsmotivierte Grundschüler der 4. Klasse. Unveröff. Dipl.-Arb., Psychol. Institut der Ruhr-Universität Bochum, 1974, zit. nach HECKHAUSEN 1974a.

HARDESTY, F. P. & H. J. PRIESTER, *Handbuch für den Hamburg-Wechsler-Intelligenztest für Kinder.* Huber, Bern [3]1966.

HARRISON, Algea & Lorraine NADELMAN, Conceptual Tempo and Inhibition of Movement in Black Preschool Children. *Child Developm.* 1972, *43,* 657—668.

HASKINS, R. & J. D. MCKINNEY, Relative Effects of Response Tempo and Accuracy on Problem Solving. Paper presented at the Biennial Meeting of the SRCD, Denver/Colo. 1975.

HECKHAUSEN, H., Die Interaktion der Sozialisationsvariablen in der Genese des Leistungsmotivs. In: C. F. GRAUMANN (Hrsg.) *Handbuch der Psychologie,* Sozialpsychologie, Bd. 7 (2), Göttingen, Hogrefe 1972.

HECKHAUSEN, H., Erziehung und Leistung, in: *Bild der Wissenschaft,* 1969, *4,* 349—353.

HECKHAUSEN, H., Fear of failure as a self-reinforcing motive system. Unpubl. Paper, „Conference on Dimensions of Anxiety and Stress", Athens 1974 (a).

HECKHAUSEN, H., Förderung der Lernmotivierung und der intellektuellen Tüchtigkeiten. In: H. ROTH (Hrsg.) *Begabung und Lernen.* Klett, Stuttgart 1969.

HECKHAUSEN, H., How to improve poor motivation in students. Unpubl. Paper, 18th International Congress of Applied Psychology, Montreal 1974 (b).

HECKHAUSEN, H., *Motivationsanalysen.* Springer, Berlin 1974 (c).

HECKHAUSEN, H., Relevanz der Psychologie als Austausch zwischen naiver und wissenschaftlicher Verhaltenstheorie. 1974, erscheint in: *Psychol. Rundschau* (d).

HECKHAUSEN, H. & A. OSWALD, Erziehungspraktiken der Mutter und Leistungsverhalten des normalen und des gliedmaßengeschädigten Kindes. *Arch. ges. Psychol.* 1969, *121,* 1—30.

HECKHAUSEN, H. & Irmgard ROELOFSEN, Anfänge und Entwicklung der Leistungsmotivation: (I) im Wetteifer des Kleinkindes. *Psychol. Forschung* 1962, *26,* 313—397 und in HECKHAUSEN, H. 1974 (c).

HECKHAUSEN, H. & Ingeborg WAGNER, Anfänge und Entwicklung der Leistungsmotivation: (II) in der Zielsetzung des Kleinkindes. Zur Genese des Anspruchsniveaus. *Psychol. Forschung* 1965, *28,* 179—245 und in: HECKHAUSEN, H. 1974 (c).

HEIDER, Eleanore R., Information Processing and the Modification of an „Impulsive Conceptual Tempo", *Child Developm.,* 1971, *42,* 1276—1281.

HESS, R. D. & Roberta M. BEAR (Eds.), *Early Education.* Aldine, Chicago 1968 (die deutsche Übersetzung „Frühkindliche Erziehung", Beltz, Weinheim 1972, kann wegen Fehlerhaftigkeit nicht empfohlen werden).

HESS, R. D. & Virginia C. SHIPMAN, Maternal Influences upon Early Learning: The Cognitive Environments of Urban Pre-School Children. In: HESS & BEAR 1968.

HIRSCHFIELD, P., Response set in impulsive children, *J. Genet. Psychol.* 1965, *107,* 117—126.

HOFSTÄTTER, P. R., *Psychologie.* Fischer-Lexikon, Frankfurt 1965.

HOSSBACH, Mechthild, Trainingsversuche mit 8jährigen impulsiven Jungen. Dipl. Arb., Psychol. Institut der Ruhr-Universität Bochum 1970 (UB).

IBEN, G. (Hrsg.), *Kompensatorische Erziehung.* Juventa, München 1971.

INGENKAMP, K.-H., *Bildertest 2—3 (BT 2—3).* Beltz, Weinheim 1966.

ISSING, L. J. & ULLRICH, B., Einfluß eines Verbalisierungstrainings auf die Denkleistung von Kindern. *Zeitschr. f. Entw.-Psychol. und Pädag. Psychol.* 1969, *1,* 32—40.

IVEY, A. E., Cheryl J. NORMINGTON, C. D. MILLER, W. H. MORRILL & R. F. HAASE, Microcounseling and attending behavior: An approach to prepracticum counselor training. *J. Couns. Psychol.* 1968, *15,* 1—12 Suppl.

JENSEN, A. F., The Role of Verbal Mediation in Mental Development. *J. Genet. Psychol.* 1971, *118,* 39—70.

KAGAN, J., Body build and conceptual impulsivity in children. *J. Person.* 1966, *34,* 118—128 (a).

KAGAN, J., Developmental studies in reflection and analysis. In: A. H. KIDD & J. L. RIVOIRE (Hrsg.): *Conceptual development in children.* New York: Int. Univer. 1965 (a).

KAGAN J., Impulsive and reflective children: Significance of conceptual tempo. In: KRUMBOLTZ, J. D. (Hrsg.), *Learning and the educational process.* Chicago: Rand McNally 1965, S. 133—161 (b).

KAGAN, J., Individual differences in the resolution of response uncertainty. *J. Pers. Soc. Psychol.* 1965, 2, 154—160 (c).

KAGAN, J., Reflection-impulsivity and reading ability in primary grade children. *Child Developm.* 1965, *36*, 609—628 (d).

KAGAN, J., Reflection-impulsivity: The generality and dynamics of conceptual tempo. *J. abn. Psychol.*, 1966, *71*, 17—24 (b).

KAGAN, J. & Barbara HENKER, Individual differences in conceptual and preceptual strategies. *Ann. Rev.*, 1966, *17*, 1—50.

KAGAN, J. & N. KOGAN, Individual Veriation in Cognitive Processes, in: MUSSEN (Ed.), *Carmichael's Manual of Child Psychology*, 1971, 1273—1366.

KAGAN J. & H. A. MOSS & I. E. SIGEL, Psychological Significance of Styles of Conceptualization. *Monogr. Soc. Res. Child Developm.*, 1963, *28*, 73—112.

KAGAN, J., L. PEARSON & L. WELCH, Conceptual impulsivity and inductive reasoning. *Child Developm.* 1966, *37*, 583—594 (a).

KAGAN, J., L. PEARSON & L. WELCH, Modifiability of an impulsive tempo. *J. Educ. Psychol.*, 1966, *57*, 359—365 (b).

KAGAN, J., Bernice L. ROSMAN, Deborah DAY, J. ALBERT & W. PHILLIPS, Information processing in the child: significance of analytic and reflective attitudes. *Psychol. Monogr.*, 1964, *78*, Nr. 578.

KLAUER, K. J., Über den Effekt eines Schulreifetrainings für die Behandlung der Intelligenzschwäche. In: WEINERT, F. E. (Hrsg.), *Pädagogische Psychologie.* Kiepenheuer & Witsch, Köln [8]1974.

KLEBER, E.-W. & Christine SCHWARZER, Untersuchungen zum Leistungsverhalten von Vorschülern bei konzentrierter Tätigkeit auf einem angemessenen Konzentrationsniveau. Unveröff. Mskr., 14 S., Kiel 1973.

KÖSTER, Ilse, Training von reflexivem Problemlösungsverhalten bei kognitiv impulsiven Vorschulkindern — Einsatz von Montessori- und Frostig-Material, Dipl. Arb., Psychol. Institut der Ruhr-Universität Bochum 1974.

KOHLBERG, L., Early Education: A Cognitive-Developmental View. *Child Developm.* 1968, *39*, 1013—1062 (a).

KOHLBERG, L., Montessori with the Culturally Disadvantaged: A Cognitive-Developmental Interpretation and Some Research Findings. In: HESS & BEAR 1968 (b).

KOPFSTEIN, D., Risk-taking behavior and cognitive style. *Child Developm.* 1973, *44*, 190—192.

KÜNKEL, F., *Krisenbriefe.* Bahn, Schwerin 1933.

LANZETTA, J. T., Information acquisition in decision making. In: HARVEY (Hrsg.), *Motivation and social interaction.* Ronald Press, New York 1963.

LEVENSTEIN, Phyllis, Cognitive growth in preschoolers through verbal interaction with mothers. *Amer. J. Orthopsychiat.* 1970, *40*, 426—432.

LIENERT, G. A. *Testaufbau und Testanalyse.* Beltz, Weinheim 1967.

LITTMANN, E. & Edith KASIELKE, *Zur Diagnostik elterlichen Erziehungsverhaltens.* Berlin, VEB Dt. Verl. d. Wiss., 1970.

LORF, Marianne, Entwicklungsbedingungen der Differenzierungsfähigkeit im Kleinkind- und Vorschulalter. *Probleme u. Ergebnisse d. Psychol.*, 1966, *17*, 7—33.

LUCHINS, A. S., Mechanization in problem solving. *Psychol. Monogr.* 1942, *54*, 1—95.

LURIA, A. R., *The role of speech in the regulation of normal and abnormal behavior.* New York 1961.

MANN, L., Differences between Reflective and Impulsive Children in Tempo and Quality of Decision Making. *Child Developm.* 1973, *44*, 273—279.

MASSARI, D., L. HAYWEISER & W. J. MEYER, Activity Level and Intellectual Functioning in Deprived Preschool Children. *Dev. Psychol.*, 1969, *1*, 286 bis 290.

MASSARI, D. & Mary Lou SCHACK, Discrimination Learning by Reflective and Impulsive Children as a Function of Reinforcement Schedule. *Dev. Psychol.*, 1972, *6*, 183.

MCCLELLAND, D. C., Eziehung zur Tüchtigkeit, in: EDELSTEIN & HOPF 1973.

MCCLUSKEY, Kathleen A. & J. WRIGHT, Reflection-Impulsivity and Age as Determinants of Visual Scanning Strategies in Preschool Activities. Paper presented at the Biennial Meeting of the SRCD, Denver/Colo. 1975.

MEAD, G. H., *Sozialpsychologie*. Luchterhand, Neuwied 1969.

MEICHENBAUM, D. H., Enhancing creativity by modifying what subjects say to themselves. *Amer. Educational Research Journal* 1975, *12*, 129—145 (a).

MEICHENBAUM, D. H., Implications of Research on Disadvantaged Children and Cognitive Training Programs for Educational Television: Ways of Improving Sesame Street. Prepublication Copy, Department of Psychology, University of Waterloo, Waterloo, Ontario, Canada 1971 (a).

MEICHENBAUM, D. H., Kognitive Faktoren bei der Verhaltensmodifikation: Veränderung der Selbstgespräche von Klienten, in: HARTIG, Monika (Hrsg.), *Selbstkontrolle*. Urban und Schwarzenberg, München 1973.

MEICHENBAUM, D. H., The nature and modification of impulsive children: Training impulsive children to talk to themselves. Res. Rep. No. 23, April 10, 1971, Deptmt. of Psychol. Univ. of Waterloo, Ontario, Canada (b).

MEICHENBAUM, D. H., Toward a Cognitive Theory of Self-Control. Research Report No. 48, University of Waterloo, Waterloo, Ontario, Canada 1975 (b).

MEICHENBAUM, D. H. & J. GOODMAN, Reflection-impulsivity and verbal control of behavior. *Child Developm.*, 1969, *40*, 785—797.

MEICHENBAUM, D. H. & J. GOODMAN, Training impulsive children to talk to themselves: A means of developing self-control. *J. abn. Psychol.*, 1971, *77*, 115—126.

MEILI, R., *Lehrbuch der psychologischen Diagnostik*, Huber, Bern 1961.

MESSER, S., Reflection-impulsivity: stability and school failure. *J. Educ. Psychol.* 1970, *61*, 487—490 (a).

MESSER, S., The effect of anxiety over intellectual performance on reflection-impulsivity in children. *Child Developm.*, 1970, *41*, 723—735.

MESSICK, S., Die Erfassung kognitiver Stile und Persönlichkeitsmerkmale und ihr Wert für die pädagogische Praxis. In: INGENKAMP, K. H. & F. MARSOLEK: *Möglichkeiten und Grenzen der Testanwendung in der Schule*. Beltz, Weinheim 1968, 367—382.

MEYER, W.-U., *Leistungsmotiv und Ursachenerklärung von Erfolg und Mißerfolg*. Klett, Stuttgart 1973.

MILGRAM, I. J., The relationship between the measures of the reflection-impulsivity dimension of cognitive style and visual perception. *Diss. Abstr. Intern.* 1970, *31*, 1081 (Diss. U. Maryland 1969).

MÜLLER, R., *Diagnostischer Rechtschreibtest für 2. Klassen (DRT 2)*. Beltz, Weinheim 1966.

NELSON, T. F., The effects of training in attention deployment on observing behavior in reflective and impulsive children. *Diss. Abstr.* 1969, *29*, (7—B), 2659, zit. nach KAGAN & KOGAN 1970.

NICKEL, H. Beiträge zur Psychologie des Lehrerverhaltens. Psychologie in Erziehung und Unterricht, Beih. 67, Reinhardt, München 1974.

NICKEL, H., Die Bedeutung planmäßiger Übung für die Entwicklung einer differenzierenden visuellen Auffassung im Vorschulalter. *Zeitschr. f. Entwicklungspsychol. u. Päd. Psychol.*, 1969, *1*, 103—118 (a).

NICKEL, H., *Die visuelle Wahrnehmung im Kindergarten- und Einschulungsalter.* Huber und Klett, Bern/Stuttgart 1967.

NICKEL, H., Untersuchungen über den Einfluß eines besonderen Trainings auf die visuelle Differenzierungsfähigkeit 4- bis 5jähriger Kinder. Ber. 26. Kongreß d. Dt. Ges. f. Psychol. in Tübingen, 1968. Hrsg. M. Irle, Göttingen: Hogrefe 1969 (b).

NICKEL, H., Untersuchungen zur Bedeutung einer erhöhten Motivation für eine einzelheitliche Auffassung in der visuellen Wahrnehmung vierjähriger Kinder. *Psychol. Rundschau*, 1968, *19*, 10—17 (a).

NICKEL, H., Visuelle Differenzierungsfähigkeit und allgemeine Begabung im Vorschulalter. Manuskript 1968 (b).

NUESSLE, W. P., The influence of conceptual tempo on the hypothesis testing behavior of children. (Diss. U. Pittsburgh) *Diss. Abstr. Intern.* 1972, *32*, (7-B), 4257.

ODOM, R. D., C. W. MCINTRYRE & G. S. NEALE, The Influence of Cognitive Style on Perceptual Learning. *Child Developm.*, 1971, *42*, 883—891.

PALKES, Helen, M. STEWART & B. KAHANA, Porteus Maze Performance of Hyperactive Boys after Training in Self-directive Verbal Commands. *Child Developm.*, 1968, *39*, 817—826.

PERREZ, M., Beate MINSEL & H. WIMMER, *Eltern-Verhaltenstraining.* O. Müller, Salzburg 1974.

POPPELREUTER, W., *Psychokritische Pädagogik.* München, Beck 1933.

POTTSCHULL, Marlies, Impulsivität-Reflexivität bei legasthenischen Grundschulkindern. Dipl. Arb., Psychol. Institut der Ruhr-Universität Bochum 1972 (UB).

PRÜSER, Christa, Vorschulgruppen mit Eltern, *b:e* 1972, *6*, 33—39.

RADATZ, H., Zur Bedeutung der Dimension Impulsivität vs. Reflektiertheit für den Bereich der Erziehung. Diss. U. Bielefeld 1974, im Druck: Schroedel.

REXILIUS, Günter, Autoritarismus und Erziehungsstil als Entstehungsbedingungen für kognitive Reaktionsstile. Dipl. Arb., Psychol. Institut der Universität Gießen 1971.

RIDBERG, E. H., R. D. PARKE & M. E. HETHERINGTON, The Modification of Impulsive and Reflective Cognitive Styles through Observation of Film Mediated Models. *Dev. Psychol.*, 1971, *5*, 369—377.

ROGERS, C. R., *Die klient-bezogene Therapie.* Kindler, München 1973 (Client-Centered Therapy, Constable, London 1973) (a).

ROGERS, C. R., *Die nicht-direktive Beratung.* Kindler, München 1972.

ROGERS, C. R. *Entwicklung der Persönlichkeit.* Klett, Stuttgart 1973 (b).

ROGERS, C. R., *Lernen in Freiheit.* Kösel, München 1974.

ROGERS, C. R., The necessary and sufficient conditions of therapeutic personality change. *J. consult. Psychol.* 1957, *21*, 95—103.

Rogers, C. R. & J. Hart, Looking Back and Ahead: A Conversation with Carl Rogers. In: Hart & T. M. Tomlinson (Hrsg.), *New Directions in Client-Centered Therapy.* Houghton Mifflin, Boston 1970, 502—534.

Rosenthal, R. & Leonore Jacobson, *Pygmalion im Unterricht.* Beltz, Weinheim 1971.

Salkind, N. J., Errors and Latency on the MFFT: A Reassessment of Classification Strategies. Paper presented at the Biennial Meeting of the SRCD, Denver/Colo. 1975.

Santostefano, S. & S. Stayton, Training the preschool retarded child in focusing attention: a program for parents. *Amer. J. Orthopsychiat.* 1967, *37,* 732—743.

Scherer, J., Änderungen von Lehrer-Attribuierungen und deren Auswirkungen auf Leistungsverhalten und Persönlichkeitsmerkmale von Schülern. Dipl. Arb., Psychol. Institut der Ruhr-Universität Bochum 1972.

Scherer, K., *Nonverbale Kommunikation.* Buske, Hamburg 1970.

Schmalohr, E. & K. Schüttler-Janikulla (Hrsg.), *Bildungsförderung im Vorschulalter.* Zur Reform der Vorschulerziehung in der BRD. Eine Tagung des UNESCO-Instituts für Pädagogik Hamburg. Finken, Oberursel 1972.

Schwebel, A. J. & A. J. Bernstein, The Effects of Impulsivity on the Performance of Lower-class Children on Four WISC-Subtests. *Amer. J. Orthopsychiatry,* 1970, *40,* 629—636.

Siegelman, Ellen, Reflective and impulsive observing behavior, *Child Developm.,* 1969, *40,* 1213—1222.

Sigel, I., Informelles Referat im „Forschungsseminar für Lern- und Bildungsprozesse" in Leoni am Starnberger See 1971 (vgl. Edelstein & Hopf 1973) (a).

Sigel, I., The distancing hypothesis: a causal hypothesis for the acquisition of representational thought. In: Jones, M. R. (Hrsg.), Miami symposium on the prediction of behavior, 1968. Effect of early experiences, Univ. of Miami Press, Coral Gables, Florida 1970.

Sigel, I., The Distancing Hypothesis: A neo Piagetian view of the acquisition of representational thought. Unpubl. Paper prepared for the Annual APA Meetings, Miami, Florida 1971 (b).

Skeels, H. M., Adult status of children with contrasting early life experiences. *Monogr. of the Society for Research in Child Development* 1966, *31,* 1—65.

Stein, Nancy L. S., The Modification of Impulsivity Using Two Types of Cue Discrimination Training. *Diss. Abstr.* 1970, *30,* 5303—5304.

Tausch, R. & Annemarie, *Erziehungspsychologie.* Hogrefe, Göttingen [5]1970.

Trudewind, C. *Häusliche Umwelt und Motiventwicklung.* Hogrefe, Göttingen, im Druck (1975).

Wagner, Ingeborg, Aufmerksamkeitstraining mit impulsiven Legasthenikern. Funkkolleg Legasthenie, Deutsches Institut für Fernstudien, Tübingen; Beltz, Weinheim 1974, 3. Studienbegleitbrief, 12. Studieneinheit, S. 94—119 (a).

Wagner, Ingeborg, Aufmerksamkeitstraining mit impulsiven Legasthenikern. Manuskript 21 S., zum Funkkolleg Legasthenie, Süddeutscher Rundfunk 1974 (b);
erscheint in: Legasthenie: Ein neues Konzept der Förderung in Schule und Elternhaus (Hrsg. M. Angermaier), Fischer, Frankfurt, in Vorb. (1976).

Wagner, Ingeborg, Aufmerksamkeitstraining mit Kindern; Farbtonfilme zum Fernstudienlehrgang Legasthenie; Teil I: Vorstellung der Methode, 12 Min., LFT 1002; Teil II: Vier Übungen. „Wie kann ich es schaffen, in der Schule weniger Fehler zu machen?" 25 Min., LFT 1008. Koblenz-Ehrenbreitstein: Landesbildstelle Rheinland-Pfalz 1974 (c).

WAGNER, Ingeborg, Das Zielsetzungsverhalten von vier ausgewählten Gruppen normaler Kleinkinder in Einzel- und in Paarsituationen. Diss. Psychol. Institut der Ruhr-Universität Bochum 1969.

WAGNER, Ingeborg, Entscheidungszeit und Ergebnis beim Hypothesenprüfen: Eine Revision des Reflexivitäts-Impulsivitäts-Konzepts. In Vorb. (1975) (a).

WAGNER, Ingeborg, Entwicklung und Erprobung kompensatorischer Programme für kognitiv und emotional bedingte Kompetenzdefizite bei impulsiven Vorschulkindern. Projektbeschreibung September 1972, Psychol. Institut Bochum (a).

WAGNER, Ingeborg, Programme oder Anregungsmilieu — inhaltliche oder funktionale Förderung — systematisch variierte Experimental-Programme oder einheitliches Curriculum? Thesenreferat, in SCHMALOHR & SCHÜTTLER-JANIKULLA 1972 (b).

WAGNER, Ingeborg, Trainingsversuche mit kognitiv impulsiven Kindern. Literaturbericht. *Archiv f. Psychol.*, 1973, *125*, 288—316.

WAGNER, Ingeborg, Übungen zur Gesprächsführung (Microcounseling) — Erfahrungen mit der Verwendung audiovisueller Hilfsmittel bei der Psychotherapeutenausbildung. Mskr. 1975 (d).

WAGNER, Ingeborg, Reflection-Impulsivity Re-examined: Analysis and Modification of Cognitive Strategies. Paper presented at the Biennial Meeting of the Society for Research in Child Development (SRCD) in Denver/Colo. 1975 (b).

WAGNER, Ingeborg, Vorbildlernen in Trainingsversuchen mit kognitiv impulsiven Kindern. Referat, 29. Kongreß der Dt. Ges. f. Psychol. 1974 in Salzburg; *Zeitschr. f. Entw. Psychol. und Päd. Psychol.*, 1975, 7, 195—202 (c).

WAGNER, Ingeborg & E. CIMIOTTI, Eye movements of cognitively impulsive and reflective children in a visual problem solving task. Proceedings of the 2nd International Conference on Psychology of Human Learning and Problem Solving 1973, Czechoslovak Academy of Sciences, Prague, im Druck.

WAGNER, Ingeborg & E. CIMIOTTI, Impulsive und reflexive Kinder prüfen Hypothesen: Strategien beim Problemlösen, aufgezeigt an Blickbewegungen. *Z. f. Entwicklungspsychol. und Päd. Psychol.*, 1975, 7, 1—15.

WAGNER, Ingeborg & DIETRICH-HOSSBACH, Mechthild, Trainingsversuche mit kognitiv impulsiven Kindern: ein Vierteljahresprogramm. Manuskript 40 S., Psychol. Institut der Ruhr-Universität Bochum 1973.

WARD, W. C., Creativity in young children. *Child Developm.*, 1968, *39*, 737 bis 754 (a).

WARD, W. C., Reflection-impulsivity in kindergarten children. *Child Developm.*, 1968, *39*, 867—874 (b).

WEIGMANN, Maria, Sprachtraining und Dekodierleistung. Eine Untersuchung in Bochumer Schulkindergärten. Dipl. Arb., Psychol. Institut der Ruhr-Universität Bochum 1974.

WEINBERG, R. A., The Effects of Different Types of Reinforcement in Training a Reflective Conceptual Tempo. Diss. Univ. of Minnesota, 1969, zit. nach DENNEY 1972.

WEINER, B., Die subjektiven Ursachen von Erfolg und Mißerfolg: Anwendung der Attribuierungstheorie auf das Leistungsverhalten in der Schule, in: EDELSTEIN & HOPF 1973.

Weiner, B., *Die Wirkung von Erfolg und Mißerfolg auf die Leistung.* Klett, Stuttgart 1975.

Welch, Lois R., A Reevaluation of Reflection-Impulsivity: A Study of Attention Patterns and Free Play Behavior in Four-Year-Olds. Paper presented at the Biennial Meeting of SRCD, Denver/Colo. 1975.

Wright, J. C., The Kansas Reflection-Impulsivity Scale for Preschoolers. University of Kansas 1971 (Central Midwestern Regional Educational Laboratory, Inc., 10646 St. Charles Rock Road, St. Ann, Missouri 63074; 314/429-3535).

Wygotski, L. S., *Denken und Sprechen.* Frankfurt 1969.

Yando, Regina M. & J. Kagan, The Effect of Task Complexity on Reflection-Impulsivity. *Cogn. Psychol.*, 1970, *1*, 192—200.

Yando, Regina M. & J. Kagan, The Effects of Teacher Tempo on the Child. *Child Developm.*, 1968, *39*, 27—34.

Zaporoshets, A. V., The Development of Perception in the Preschool Child. *Monogr. of the Soc. for Res. in Child Developm.*, 1965, *30*, Nr. 2, VII, 82—101.

Zelniker, Tamar, Aspects of Information Processing Related to Differences in Conceptual Tempo. Paper presented at the Biennial Meeting of the SRCD, Denver/Colo. 1975.

Zelniker, Tamar, W. E. Jeffrey, Ruth Ault & Jacquelynne Parsons, Analysis and Modification of Search Strategies of Impulsive and Reflective Children on the Matching Familiar Figures Test. *Child Developm.*, 1972, *43*, 321—335.

Zigler, E. & E. C. Butterfield, Motivational Aspects of Changes in IQ Test Performance of Culturally Deprived Nursery School Children. *Child Developm.*, 1968, *39*, 1—14.

Zucker, J. & G. Stricker, Impulsivity-reflectivity in preschool headstart children and middle class children. Zit. nach Milgram 1969.

* Diplom-Arbeiten des Psychologischen Instituts der Ruhr-Universität Bochum, die durch (UB) gekennzeichnet sind, können durch die Universitäts-Bibliothek Bochum ausgeliehen werden.

ANDERSON, A.: Wie kleine Kinder denken lernen. Lampion-Hefte, Hyperion, Freiburg/Br. 1968

BAAR, Edeltrut: Arbeitsblätter für die Schulreife-Entwicklungshilfe. Verlag für Jugend und Volk, Wien 1958

Farben, Formen, Mengen und Zahlen (62 005), Schroedel-Verlag, Hannover 1971

FROSTIG, Marianne: Programm zum Training der visuellen Wahrnehmung, deutsche Bearbeitung von REINARTZ, Dortmund 1972

Kinder Kolleg, Schneider-Verlag, München

LÜK-Arbeitshefte (Lerne — Übe — Kontrolliere), Mini-Lük, Mini-Mini-Lük, Vogel-Verlag, Wilhelmshaven

Malen — Kleben — Denken, Carlsen, Reinbek b. Hamburg

Österr. Gesellschaft für die Fürsorge und Erziehung des Kleinkindes: Anleitung zur Anfertigung von Spielen für schulreif werdende Kinder. Verl. Jungbrunnen, Wien

Ravensburger Spiel- und Spaß-Bücher, Maier, Ravensburg

SCHÜTTLER-JANIKULLA, K. & R. OUART, Arbeitsmappen zum Sprachtraining und zur Intelligenzförderung. Finken-Verlag, Oberursel/Ts.

THURSTONE, Thelma G.: Learning to think series. Chicago 1950

WACKER, H. & A. KERN: Meine Bildermappe. Eine Vorfibel in Bildern für Schulanfänger. Herder, Freiburg 1958

Zeitschriften „*Sesamstraße*" und „*Spielen und Lernen*";

weiteres Material in fast allen populären Periodika; kann auch ausgeschnitten werden aus z. B. buntem Schmuck-Geschenkpapier u. ä., aus bunten Anzeigen in Zeitschriften.

Spiele (meist nach VEDES-Katalog des Spielwarenhandels K 73)
nur mit Bildmaterial:
Differix, Schau genau, Sehen und Ergänzen, Wir legen Geschichten, Memory, Puzzles, Magnetische Legespiele, Contact, Mikado, masco
evtl.: Malen mit Schablonen (Play-Stano, Spirograph), Modellbau, Konstruktionsspiele, Modellieren, Mikroskopieren
mit Buchstabenmaterial:
ABC-Druckerei, Wir drucken, Kinderpost, Kinderschreibmaschine, Scrabble für die Jugend, Buchstabieren: 100 Wörter für Abc-Schützen, Sehen und Ergänzen, Sprich genau — Hör genau.